JN085939

SOVIETECHNO

共産テクノ
ソ連編　四方宏明

★ はじめに～共産テクノとは？

　本書は『共産テクノ ソ連編』の〈増補改訂版〉である。

　筆者が初めて共産テクノという言葉を使ったのは、2014 年 5 月 1 日、All About テクノポップでの記事「共産テクノ序章～共産テクノとは何ぞや？」だ。知る限りにおいて、この言葉を過去に使った人はいない。というか、そもそもそんな発想をする人はあまりいなかったのだろう。

　まずは「共産テクノ」の「共産」の部分を定義したい。コミュニズム（共産主義）という用語は 19 世紀から成立していたが、第二次世界大戦後、世界はイデオロギーによって大きく二分された。一つは米国を中心とした資本主義陣営（西側）。もう一つはソ連を中心とした共産主義陣営（東側）。その二陣営が対立していた状況は冷戦と呼ばれていた。チャーチルは、東側の閉鎖性を批判して、東西の境界線を鉄のカーテンと呼んだ。一般的にはベルリンの壁が崩壊し、ゴルバチョフとブッシュによる冷戦終結宣言のあった 1989 年を冷戦の終わりとしているが、「共産テクノ」ではソ連が消滅した 1991 年までをその期間とする。つまり、1991 年以前から共産主義陣営で活動していたアーティストであることが一つの判定基準となる。あくまでも時代背景であり、アーティストが共産主義者であったとか、イデオロギー的な意味はない。同時に本書では、共産テクノ系アーティストがソ連崩壊後どのような活動をしてきたかという点にも言及している。

　次は「共産テクノ」の「テクノ」の部分。ここで言う「テクノ」とはデトロイトテクノから発祥するクラブミュージックではなく、70 年代終盤に発生したテクノポップ及びほぼ同時期に勃興したニューウェイヴ系の音楽を指す。それなら、共産テクノポップとか共産ニューウェイヴと言うべきかもしれないが、「共産テクノ」という語感がシンプルで、単に気に入ったのだ。もちろん、クラブミュージックとしてのテクノもテクノポップに影響されているわけで、全く関連性がないわけではない。ゼロ年代におけるエレクトロは、テクノ、ハウス、テクノポップ（またはエレクトロポップ）を吸収している。また、テクノポップを電子音楽の一つの発展系と考えれば、シンセサイザーを中心とした電子楽器を駆使した音楽はルーツとしての意味を持つ。テクノポップ～ニューウェイヴが備えた雑食性から、ディスコ、レゲエ、ラップ、歌謡曲等にもその守備範囲は及んでいく。本書でも「共産ディスコ」（「Red Disco」という呼称もある）や「共産レゲエ」等という呼び名も使っている。

　すなわち「共産テクノ」とは、「冷戦時代にソ連を中心とした共産主義陣営で作られていたテクノポップ～ニューウェイヴ系の音楽」と本書では定義する。構想段階では、この定義に従って、ソ連と東欧諸国を中心とした全ての共産主義陣営を地域として網羅する計画であった。しかしながら、ソ連だけで想定した以上の質と数の共産テクノ系アーティストが発掘され、第 1 弾は「ソ連編」としてソ連に絞ることにした。嬉しい誤算である。

続編として東ドイツ、ポーランド、チェコスロバキア、ハンガリーの共産テクノを網羅した『共産テクノ 東欧編』も 2018 年に出版したので、こちらもぜひ読んで欲しい。

　本書は「共産趣味インターナショナル」シリーズの一つであるが故、共産趣味的好奇心で読んでもらって一向に構わない。同時にソ連という未知なる国家における特定のジャンルに的を絞った音楽研究本でもある。筆者の場合、まだ十分発掘されていない領域であることが一番の動機だ。

　現在まで 25 年近くテクノポップ及びその系譜上にある音楽を調べ続けているが、私たちが普通に知っているテクノポップとは、日本、英国、ドイツ、米国等のアーティストによるものである。ほとんどの西側諸国で 80 年代に活動したテクノポップ～ニューウェイヴと呼べるアーティストが見つかっており、多くはディスクガイド本やネット上でも紹介されている。しかしながら、鉄のカーテンに阻まれ、言語のハードルも高い東側諸国のテクノポップ系アーティストを紹介した媒体は日本語では存在せず、海外でも書籍としてまとめられたものはない。西側諸国に留まらず、そのムーヴメントは鉄のカーテンを超えて東側諸国にも多大な影響を与えていたことを本書は解明しようと試みた。

　2016 年に出版された初版の『共産テクノ ソ連編』はおかげさまで完売した。Amazonで中古本は 1 万円近い価格で取引されている。今回、〈増補改訂版〉として新たに三つのコンテンツを書き下ろした。一つ目は、現在進行形の「ロシアン・ハードベース」である。時代的に共産テクノの定義からは外れるが、ソ連時代の文化背景も引きずっている珍しくロシアの名前が入っている音楽ジャンルだ。二つ目は、「共産テクノ West」。こちらは地域的に共産テクノの定義から外れるが、西側から見たソ連を題材にしたテクノポップ～ニューウェイヴ系（イタロディスコ～ニュービートも多い）の作品を集めてみた。三つ目は「El Club de la Computadora へのインタビュー」。共産趣味的センスで、ソ連時代のスポーツテクノを現代に再現したアルゼンチンのユニットだ。

　本書では、ソ連内の共和国ごとにアーティスト（グループを含む）をピックアップして章を構成した。各章では、共産テクノの全体像をつかむべく、対象アーティストだけでなく、他の派生するアーティスト（プロデュース、楽曲提供、コラボを含む）や彼らがいた文化的背景についても記述した。

　さあ、これより未知なる「共産テクノ」の世界へタイムスリップ！

2021 年 9 月　音楽発掘家　四方 宏明

凡例

- ロシア語単語に既に定着しているカタカナ表記がある場合は（多くは国名、地名、人名等の固有名詞）、それにできるだけ遵守する（Wikipedia日本語版を参考）。英語以外の外国語（エストニア語、ラトビア語、リトアニア語等）についても同様の扱いをする。
例：ソビエト、モスクワ、ゴルバチョフ

- 定着したカタカナ表記がない場合は、できるだけ本来の原語発音に近いカタカナ表記を採用する。

- 英語またはアルファベット表記で読み方がわかる場合は、カタカナ表記なしで、そのまま原語のみを表記する。原語に関わらず、広く知られる単語はカタカナ表記のみとする。

- アーティスト名・グループ名においてロシア語等、読みづらい言語の場合は、名前についてはカタカナ表記を最初にして、（　）内に原語の表記を載せる。
例：フォルム（Форум）

- アルバム名・曲名については、原語表記をし、その日本語訳を（　）内に載せる。
例：『Белая ночь（白夜）』

- 作品のジャケットは、「アーティスト名」「作品名」「レーベル名」「リリース年」の順に記載する。複数のレーベルからのリリースがある場合、「/」で区切り、最大二つまで記載する。当時、テープアルバムとして自主出版された作品にはレーベル名が存在しない、または確認できないものが多くあり、その場合は「不明」とした。

例：フォルムの作品

Форум
『Белая ночь』
(Juli@, 1984/ Мелодия , 1987)

	主要な出来事
1917	二月革命
1917	十月革命
1918	バルト三国独立
1919	テルミン発明
1921	新経済政策（ネップ）実施
1922	ソビエト連邦成立
1923	機関誌『レフ（ロシア・アヴァンギャルド）』創刊
1924	レーニン死去
1929	第一次五ヵ年計画開始
1934	社会主義リアリズム公式化
1936	スターリン憲法制定
1936	エクヴォディン（ソ連初のシンセサイザー）開発
1936-38	大粛清
1939	独ソ不可侵条約
1940	バルト三国を併合
1945	ヤルタ会談
1946	チャーチルの「鉄のカーテン」演説
1953	スターリン死去
1955	マレンコフ解任、ブルガーニン就任
1955	ワルシャワ条約調印
1956	スターリン批判
1957	スプートニク1号打ち上げ
1958	ブルガーニン解任、フルシチョフ首相兼任
1958	ANS シンセサイザー開発
1961	ガガーリン、人類初の宇宙飛行
1961	ベルリンの壁建築
1962	キューバ危機
1964	フルシチョフ解任、ブレジネフ就任
1964	『クルガゾール』創刊
1968	プラハの春
1969	アニメ映画『チェブラーシカ』公開
1972	映画『惑星ソラリス』公開
1979	ソ連のアフガニスタン侵攻
1980	モスクワ・オリンピック
1981	レニングラード・ロッククラブ設立
1982	ポリヴォクス（ソ連製シンセサイザー）発売
1982	ブレジネフ死去、アンドロポフ就任
1984	アンドロポフ死去、チェルネンコ就任
1985	チェルネンコ死去、ゴルバチョフ就任
1985	モスクワ・ロックラボラトリー設立
1986	チェルノブイリ原子力発電所事故
1986	ペレストロイカ提唱
1986	ハレー彗星接近（ベガ計画）
1989	ベルリンの壁崩壊
1989	マルタ・サミット（冷戦終結宣言）
1990	バルト三国、暫時独立宣言
1991	ロシア連邦大統領エリツィン就任
1991	ソ連崩壊

年表

7

ソビエト社会主義共和国連邦   ソビエト社会主義共和国連邦

ソビエト社会主義共和国連邦

　共産テクノとして対象としたのは、通称ソ連ことソビエト社会主義共和国連邦が存在した 1922 年から 1991 年の間に活動を開始したアーティスト達である。ソ連は、米国と覇権を争った今は亡き超大国。ソ連崩壊以降のアーティスト活動についても言及しているが、あくまでも主体はソ連時代と考えて欲しい。現在は、ロシア、ウクライナを始め、15 の独立国家となっているが、本書ではタイムスリップして、ソ連の連邦構成共和国ごとにアーティストを紹介していく。別にマルクス＝レーニン主義及びソ連共産党を支持しているからではない。

　ソ連崩壊前の人口は、約 2.9 億人（これ以降の各構成国の人口についても 1989 年頃の統計を基にしている）。80 年代に連邦内には 15 の共和国が存在し、その共和国全てが独立国家となった。ソ連崩壊時には、既にバルト三国が脱退しており、12 ヶ国にまで減っていた。全ての共和国は、独自の国旗、国章、国歌（ロシアの国歌は、ソ連と同じ）、首都を持っていた。また、共和国内に自治共和国や自治州もあり、ロシア内のチェチェンのように独立紛争の火種となっているケースもある。

　インターネット、書籍、当時のソ連を知る現地の人々への聞き込み等、様々な調査を行ったが、共産テクノと呼べそうなアーティストが現在までに発見されたのは、ロシア、ウクライナ、白ロシア（現在のベラルーシ）、カザフ（現在のカザフスタン）、エストニア、ラトビア、リトアニア（以上三つはバルト三国）の 7 共和国である。ソ連の中枢であったロシアとヨーロッパの影響が強いバルト三国で活動したアーティストがやはり多い。ウズベクやモルドバ出身のアーティストもいるが、多くの活動拠点はロシアである。日本でも 2005 年に「恋のマイアヒ」でブレイクした O-zone を輩出したモルドバ（ソ連時代はモルダビアだが、現在のロシア内のモルドヴィア共和国とは無関係）と現在も SvanSikh という上質のエレクトロ系が活動するグルジア（2015 年に日本政府は「ジョージア」の呼称に変更）の 2 国には共産テクノ的シーンがあったのではないかと仮説を立ててみたが、現在の所、発掘されていない（一部、出身者はいる）。

ロシア・ソビエト連邦社会主義共和国

ロシア連邦

ロシア・ソビエト連邦社会主義共和国

　連邦構成国内において面積、人口（1億4,738万人）共に最大となる共和国であり、ソ連崩壊後のロシア連邦も世界最大の面積を誇る。ソ連時代、ロシアはソ連の約半数の人口（51.4%）であり、都市人口も多かった故、本書で紹介する6割弱のアーティストはロシアを活動拠点とした。

　80年代におけるソ連のロックを語る上で重要なのが、ロッククラブの存在である。口火を切ったのは、ソ連のロックミュージックの中心と呼ばれたレニングラード（現サンクトペテルブルク）で1981年に始まったレニングラード・ロッククラブである。設立当初は、KGB、共産党、コムソモール（共産青年同盟）の監視の下に政府にとって（特に政治的な意味で）相応しくないアンダーグラウンドで活動するロック系アーティストを排除する目的であったが、ペレストロイカを経て規制は緩和された。このような馴れ合い的な状況に反発するアーティストもいたが、ロッククラブはソ連でのロック振興に一定の役割を果たした。その後、1985年にはモスクワやスヴェルドロフスク（現エカテリンブルク）にロッククラブが発足し、他の都市も続いた。ちなみに首都としてのオリジナリティを主張したかったのか、モスクワ・ロッククラブではなく、モスクワ・ロックラボラトリーと名乗っている。

　アーティストの活動拠点地域分布を見てみると、やはりソ連最大の都市である首都モスクワが最多である。もちろん他の大都市と同じく、出身は他共和国も含め、必ずしもモスクワでなく、上京して活動というパターンも多い。続くは、ソ連第2の都市、前述のロッククラブが始まったレニングラードである。この二大拠点以外にも、モスクワ近郊のゼレノグラード、ロシア内で3番目に人口が多いノヴォシビルスク、ヴォルガ川西岸に位置するヴォルゴグラード、閉鎖都市チェリャビンスク70（現スネジンスク）からも共産テクノ系アーティストが見つかっている。

ヴィチスラーフ・ミシェーリン Вячеслав Мещерин

ガガーリンも宇宙で聴いたソ連電子音楽のパイオニア

Hot Butter
『Popcorn』
（Musicor, 1972）

テクノポップのルーツと呼ばれている曲の一つに、Hot Butter の「Popcorn（ポップコーン）」という曲がある。その頃、テクノポップという用語はまだ生まれていなかったが、インストルメンタルながら、ポップな電子音楽であり、元祖テクノポップと言っても差し支えない。オリジナルは、作曲者でもある米国に移住したドイツ人、Garshon Kingsley。彼は、フランス人のJean-Jacques Perrey とのコンビ、ディズニーランドの「エレクトリカル・パレード」の原曲として知られる「Baroque Hoedown」を作った Perrey & Kingsley の一員としても知られる。「Popcorn」の原曲は、Kingsley が 1969 年にアルバム『Music to Moog By』に収録され、彼のユニット、1972 年に First Moog Quartet で再カヴァーした。同年、その Quartet のメンバーだった Stan Free を中心とした Hot Butter による「Popcorn」が全世界的にブレイクした。そのブレイクぶりは、カヴァー曲の多さからも推し量れる。「Popcorn Song」という「Popcorn」

だけで成り立っているサイトによると、2016年1月現在、577組のアーティストが、773のヴァージョンの「Popcorn」を28の言語（原曲はインストルメンタルであるにもかかわらず！）を作っている。

　オリジナルから遅れること約10年、ソ連での「Popcorn」のカヴァーは、1979年のヴィチスラーフ・ミシェーリン（Вячеслав Мещерин）の楽団によるものである。正式名称は、ロシア語で、Ансамбль электромузыкальных инструментов（АЭМИ）под управлением Вячеслава Мещерина とやたら長ったらしい名前で、意味的には「ヴィチスラーフ・ミシェーリン率いる電子楽器楽団」となる。英語では、Mescherin and his Elektronik Orchestra と表記されることも多い。

　では、ソ連の電子楽器の進歩を追いながらミシェーリン楽団及び初期の電子音楽アーティストに触れてみたい。電子楽器の歴史の1ページは、ソ連から始まった。シンセサイザーのルーツと言われ、ソ連の発明史にも残るテルミンは、物理学者でもあったテルミン博士として知られるレフ・テルミン（Лев Термен）が1919年に発明した。彼は、1922年にソ連の初代指導者だったレーニン（Ленин）の前でもテルミンのデモンストレーションを行い、レーニンも感銘を受けて実際に演奏したという逸話もある。ロシア語では、テルミンヴォクス（Терменвокс）というのが一般名である。ちなみに初期のテルミン奏者として最も有名なClara Rockmore は、ソ連に属していたリトアニアのヴィリニュス生まれである。

　ソ連は、国策として、資本主義国家に対抗すべく共産主義国家として理想のイメージを作り上げる必要があった。冷戦中にソ連が米国と宇宙開発競争を行ったのは、その典型である。ユートピア実現のための電化政策の一環とし

Gershon Kingsley
『Music to Moog By』
(Audio Fidelity,1969)

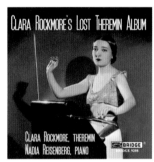

映画『テルミン』(1993)

Clara Rockmore
『Lost Theremin Album』
(Bridge, 2006)

エクヴォディン 宣伝ポスターより（1960）

АЭМИ ЦТ и ВР
『АЭМИ ЦТ и ВР』
（Мелодия , 1978）

АЭМИ п / у Вячеслава Мещерина
『Easy USSR part 1:60-70's』
（Лёгкие /Epic, 2001）

て、様々な電子楽器の開発は 1950 年代まで盛んに行われた。ただし、電子楽器自体や人々を楽しませることに興味があったというよりも、ソ連の威信を示すためのプロパガンダとしてである。

シンセサイザーという言葉が生まれたのは、1956 年とされるが、1936 年に開発され 1950 年代にミュージシャンが使えるようになったエクヴォディン（Экводин/Ekvodin）は、ソ連初のシンセサイザーとされる。これは、宣伝ポスターで演奏をしているアンドレイ・ヴァロージン（Андрей Володин）が開発した。1958 年にはブリュッセルで開かれたワールド・フェアで金賞に輝いている。ミシェーリンは、エクヴォディン演奏の先駆者であり、ソ連で最も多くの電子楽器を所有していた。

ミシェーリン楽団は 1957 年にソ連国営ラジオ局内に設立されたが、本国でもそれほど名前が知れ渡っていたわけではない。しかし、彼が率いた楽団の音楽は、ラジオ、テレビ、劇場、店舗、エレベーター、ビーチなどで人々の耳に無意識に入ったはずである。環境音楽、ラウンジミュージックの先駆けと呼んでもよかろう。しかも、地球だけではなく、宇宙でも、聴けたのだ！　1959 年にソ連政府は、ミシェーリンにソ連の人工衛星「スプートニク」のためのソ連共産党の党歌「インターナショナル（Интернационал）」（1944 年までソ連の国歌）を電子音楽として作ることを要請した。音源は存在するようだが、残念ながら未発表作品である。そんな縁もあってか、世界初の有人宇宙飛行を成し遂げたユーリイ・ガガーリン（Юрий Гагарин）も宇宙でミシェーリンの音楽が頭の中で流れたと言うほど、彼のファンであった。

ミシェーリンは 1995 年に亡くなったが、2001 年以降、レトロフューチャーな共産キッチュの価値が再発見され、ミシェーリン楽団の

作品集は、『Easy USSR』シリーズとしてロシ
アだけではなくヨーロッパで CD 化された。60
〜 70 年代の作品集『Easy USSR part 1』では、
前述の「Воздушная кукуруза（Popcorn）」に
加えて「Последний год в школе（学校最後の
年）」という曲が収録されている。なんと、こ
れは舟木一夫の「高校三年生」のインストル
メンタル・カヴァー！ 原曲は 1963 年で日本
で発表され流行ったが、翌年の 1964 年に作
られたものだ。70 〜 80 年代の作品集『Easy
USSR part 2』からの「Упрямый робот（不屈
のロボット）」は、1986 年の作であるが、テ
クノポップにも通じるスペースエイジのロボ
ポップとして注目したい。未発表作品を集めた
『Easy USSR part 3』という謎の非公式リリー
スも存在する。

シンセサイザーの話を続けよう。先ほどの
ヴァロージンによるエクヴォディンの開発に
も協力したエフゲニー・ムルジン（Евгений
Мурзин）が 1958 年に開発したのが、ANS シ
ンセサイザーである。ロシア語表記では、АН
С となるが、これはロシアの作曲家、アレク
サンドル・ニコライヴッチ・スクリャービン
（Александр Николаевич Скрябин）に捧げた
ものである。1967 年に設立されたモスクワ実
験電子音楽スタジオは、ANS シンセサイザー
を入手し、1971 年時点での ANS による作品
集『Музыкальное приношение（音楽の捧げ
もの）』（ジャケットは ANS）を制作した。

この作品にも収録されているが、ANS を使っ
たミュージシャンとして有名なのが、エドゥア
ルド・アルテミエフ（Эдуард Артемьев）で
ある。彼の代表作は、日本でも知られる 1972
年のソ連 SF 映画『Солярис（惑星ソラリス）』
のサウンドトラック。テーマ曲であるバッハ
の「イエスよ、わたしは主の名を呼ぶ」は、映
画の感動のラストシーンを飾る。アルテミエ

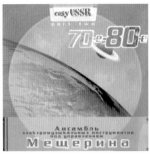

АЭМИ п / у Вячеслава Мещерина
『Easy USSR part 2: 70-80's』
（Лёгкие у/Epic, 2002）

АЭМИ п / у Вячеслава Мещерина
『Easy USSR part 3: Неизданное』
（Epic, 2004）

V.A.
『Музыкальное приношение』
（Мелодия , 1990）

エドゥアルド・アルテミエフ
『ソラリス』
(メロディア , 1972)

Coil
『ANS』
(Threshold House, 2004)

V.A.
『Советская электронная музыка』
(不明 , 2010)

フは、アンドレイ・タルコフスキー（Андрей Тарковский）監督の作品を他にも手がけているが、この作品によりソ連の電子音楽のパイオニアとしても知られることとなった。

　ANS シンセサイザーはソ連以外のアーティストによっても使われた。共に Psychic TV のメンバーだった John Balance と Peter Christopherson を中心とする英国の Coil は、その名も『ANS』という DVD と 3 枚の CD からなるボックスセットを残している。ジャケットから堂々たる ANS の姿が窺えるが、リリースの年となった 2004 年に Balance は不慮の事故で亡くなった（Christopherson は 2010 年に死去）。

　話をソ連に戻そう。ソ連の電子音楽に始まり、スペースエイジポップ、そしてテクノポップへと繋がっていく音源の発掘・編集の試みもなされている。日本を含める西側でもそうであったが、テクノポップは必ずしも、ロックやニューウェイヴの系譜上にいない。比較的最近のものでは、『Советская электронная музыка（ソビエトの電子音楽）』というそのまんまなタイトルの 3 枚組コンピレーションがある。音質からして、非公式に編集されたと推測されるが、これもまた著作権にゆるいロシアらしい。ここまでに紹介したミシェーリン楽団、アルテミエフの作品に加えて、後述するゾディアック（Зодиак）、ユーリイ・チルナフスキー（Юрий Чернавский）や今まで未発表だったテレビ・ラジオの使用曲などで構成されている。まだ、ソ連でテクノポップが花開いていなかった時代の曲に注目すると、アレクサンドル・ザチェピン（Александр Зацепин）、ヴァレリー・プリカズチコフ（Валерий Приказчиков）などが挙げられる。

　30 タイトル以上の映画音楽を手がけたザチェピンの 1981 年のアニメ『Тайна третьей

プラネティ（邦題：第三惑星の秘密／英題：The Mystery of the Third Planet）』からのサウンドトラックは、スペースエイジポップ・ファンにはぜひ聴いてほしい。ロマン・カチャーノフ（Роман Качанов）監督による SF 小説をもとにしたアニメは、日本も含めて世界中で公開された。カチャーノフは、日本でも有名な人形アニメ『チェブラーシカ（Чебурашка）』の監督としても知られる。日本版 DVD を探してみると、『アリス大空歴険記』と題された日本のアニメ風の装丁の DVD を発見。でも、怪しい。「歴険記」という表記は中国語である。恐らく、台湾・香港向けだと推測する。結果、日本版は見つからなかった。

　プリカズチコフは 1963 年にデビューし、エレクトロン（Новый Электрон）、1969 年からノヴィ・エレクトロン（Новый Электрон）を率いたソ連で最初のインスト・サーフロック系バンドのリーダーかつギタリスト。ソ連版 The Ventures または寺内タケシとブルージーンズと比喩できるが、イージーリスニング寄りである。1968 年の「Быстрее звука（音より早く）」で、ギター演奏のところどころに電子音を挟んでいるのは、実験精神の賜物と考えたい。その後、ロシアでも再発掘され、2004 年にアルバムとして初 CD 化された。

　テルミンから始まるソ連のシンセサイザー史の中でミシェーリンなどのアーティストは、西側の人々が知らなかった次の共産テクノの時代への準備をしてくれたのである。

Александр Зацепин
『Тайна третьей планеты』
（Мелодия , 1981）

謎の日本風版 DVD（2000）

Валерий Приказчиков
『Surf』
（Мелодия , 2004）

コーラ・ベルドィ　Кола Бельды
ハバロフスク近郊ナナイ族の口琴テクノ

Кола Бельды
『Поёт Кола Бельды』
（Мелодия , 1974）

共産テクノの発掘に協力してくれたヤロスラフ・ゴドィナ（Ярослав Годына）が教えてくれた曲が、コーラ・ベルドィ（Кола Бельды）の「Ханина Ранина!（ハニーナ・ラニーナ！）」。YouTube でも公開されているミュージッククリップが、シュールの極みなのである。収録音源も不明なこの曲は、1968 年に発表された。ファンがベルドィに敬意を表して、同じく 1968 年に公開されたソ連時代の映像『Город и песня（都市と歌）』から借用し、クリップとして完成させた。ハンブルクからやってきた西ドイツ人が撮ったとされるオリジナル映像は、約一時間で 60's サイケデリック感のある映像に音楽が組み合わさっており、長編ミュージッククリップとも言える。

この曲は、摩訶不思議なサウンドである。シンセサイザーが使われているわけでもなく、あえて言えば、アジアの北方少数民族音楽とサイケデリックロックを融合させ、オペラのように歌っている。本人もテクノポップ（1968 年だから、もちろんそんな観念もない）をやっている意識なんてゼロだと確

信するが、ボヨーン・ボヨーンと鳴る口琴がシ
ンセサイザー的役目を担っている。『ゴルバチョ
フはロックが好き？』の著者でもあるアルテ
ミー・トロイツキーは、ベルドィについて「70
年代のツンドラ志向のヒットを生み出した、ソ
ビエトのスノーオペラもどき」と評している。

愛嬌たっぷりの風貌のベルドィは、ハバロフ
スク近郊のナナイ族の村で 1929 年に生まれた。
ちなみに K-POP アイドル・グループ、Super
Junior の元メンバーのハン・グン（韓庚）もナ
ナイ族（中国）である。

テノール・バリトンの声を操るベルドィの
才能が認められ、1972 年に「Увезу тебя я в
тундру（あなたをツンドラへ連れていく）」は
ソ連の「紅白歌合戦」に当たる年末のテレビ歌
番組で「その年の歌」となる。1974 年にデビュー
アルバム『Поёт Кола Бельды（歌うコーラ・
ベルドィ）』を発表した。

1989 年にリリースされた実質のラストアル
バムとなった『Белый остров（白い島）』では、
自らのルーツとなるナナイ族だけでなく、エス
キモー、ウルチ族、ドルガン族、チュクチ族、
マンシ族、ユカギル族、エヴェンキ族、エヴェ
ン族、ハンティ族そしてサーミ人にわたる北方
少数民族音楽を歌っている。一般受けするかは
疑問だが、少数民族マニアにとっては希少価値
が高い、たまらない内容である。

北欧的風貌のトナカイ遊牧民としても知られ
るサーミ人の歌として「Белый остров（White
Island）」がある。この曲は、New Composers
の章で解説した Magnit によって、ベルドィの
歌の部分を残しながら、プログレッシヴハウス
風リメイク版が作られた。最終小節だけ 4 拍子
じゃなく、つんのめるグルーヴ感。李博士 VS
電気グルーヴに近いノリを感じる。

Кола Бельды
『Приди , весна』
（Мелодия , 1985）

Кола Бельды
『Белый остров』
（Мелодия , 1989）

Magnit
『White Island』
（Prime, 1994）

ツェントル　Центр

バンド・リーダーは米ソ友好ソングをリリース

Центр
『Трамвайное депо』
(Zenith, 1982/2007)

Центр
『Стюардесса летних линий』
(Zenith, 1983/2007)

　ツェントル（Центр）は、ヴァシリー・シュモフ（Василий Шумов）が中心となって結成されたソ連のニューウェイヴの先駆け的バンド。70年代末にモスクワをベースに活動していた777という名前からツェントルと改名し、多くのメンバーチェンジを経て、休止を挟みつつも、現在も活動をしている。ツェントルは多作なバンドであり、1982年のデビューアルバム『Трамвайное депо（路面電車停留所）』から80年代だけでも計15作品を発表している。

　詳しくはコラムに書いたが、アレクサンドル・クーシュニル（Александр Кушнир）というロシア人ジャーナリストの『100のソ連ロック・テープアルバム』という本でツェントルのアルバムが2枚選ばれている。『Стюардесса летних линий（スチュワーデスの夏のライン）』（1983年）と『Чтение в транспорте（移動中の読書）』（1984年）だ。デビュー作も含めて、内容的には、ニューウェイヴ～テクノポップ的アプローチも窺えるが、ガレージパンクまたはアヴァンギャルドなロックンロールの方がその形容には相応しいだろう。良く言えば初期衝動

を感じるし、悪く言えば散漫な乱作の印象も拭えない。『スチュワーデス……』では、チルナフスキー＝マテツキーの章で紹介したディナミク（Динамик）のウラジミール・クズミン（Владимир Кузьмин）が一時的だが、メンバーだった。ここまで紹介したジャケットは、ソ連のカルト的アーティストの作品をするレーベル、Zenith からの CD 再発盤を基本的に掲載した。

CD 化されていない（できない）アルバムとして『Любимые песни（好きな曲）』（1985 年）がある。最初に聴いた時、ソ連の懐メロみたいな曲が聴こえたと思うと、ツェントルの演奏に切り替わるのである。早すぎるマッシュアップ？　しかし、少なくともサウンドから、その二つの曲に脈絡は感じられない。これは CD 化が難しいのも判る。

ここまであまり褒めていないソ連時代のツェントル（その後かなりテクノな方向へ向かう）だが、共産テクノという文脈では、リーダーのシュモフのソロ作は、評価に値する。デビュー作『My District』は、シュモフが米国のロサンゼルスに在住する女の子へ結婚プレゼントとして自室で宅録した作品。ラストの「Kasparyan - Stingray Wedding Song（USA-USSR）」からは、Kraftwerk の「The Model」へのオマージュが感じられる。1990 年にシュモフはこのアルバムのプロデューサーだった Joanne Stingray の妹、Judy と結婚し、米国に移住したが、副題の「USA-USSR」は両国の友好のためと思われる。このアルバムは、米国向けにリリースされ、日本盤も存在する。その後、シュモフは米国に舞台を移すが、2009 年よりロシアに戻り、ソロ及びツェントルとして活動を続けている。

80 年代だけでも、ツェントルは激しくメンバーが入れ替わり、その数は 15 人を超える。

Центр
『Однокомнатная квартира
+ Чтение в транспорте』
(Zenith, 1983+1984/2008)

Центр
『Любимые песни』
(不明 ,1985)

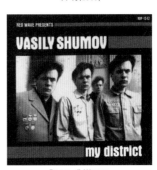

Василий Шумов
『My District』
(Gold Castle, 1986/1989)

Александр Барабашев и Ночной Прос
пект『Привет , Москва！』
(不明 , 1987/Azia, 2004)

Ночной Проспект
『Кислоты』
(不明 , 1988/Future,1995)

Владимир Кузьмин
『Моя любовь』
(Мелодия , 1987)

他の元メンバーの作品を紹介する。ナチノイ・
プロスペクト（Ночной Проспект）は、アレク
セイ・ボリソフ（Алексей Борисов）とイワ
ン・サカロフスキー（Иван Соколовский）の
二人が中心になって 1985 年に結成された。ボ
リソフはそれ以前にツェントルに在籍し、サカ
ロフスキーは 80 年代末にツェントルで活動す
る。50 ～ 60 年代のロックンロールを演奏して
いたプロスペクトという学生グループから発展
した。

　このバンドもツェントルに負けずに多作で、
年に 3 枚ほどのアルバムをリリースしている。
初期においては、ロックンロールをベースに
したチープなテクノ、後期にいくに従って、
実験音楽となっていった。こちらも、多作が
仇となったか、作品の質にバラツキが見られ
る。『Кислоты（アシッド）』（1988 年）が前述
の『100 枚のソ連ロック・テープアルバム』と
して選ばれているが、インダストリアル過ぎ
て難解である。アレクサンドル・バラバシェ
フ（Александр Барабашев）とコラボした
『Привет, Москва!（こんにちは、モスクワ！）』
（1987 年）の方が、Taco の「踊るリッツの夜」
のような世界で取っつきやすく、試みとしても
面白みを感じる。

　もう一人の有名な元ツェントルのメンバー
は、前述の大御所的なクズミンである。彼は
1983 年以降ソロとして 28 枚のアルバムをリ
リースしているが、その中で『Моя любовь（マ
イ・ラヴ）』（1987 年）は、オールドウェイヴ
感も残しつつ、最もエレクトロポップに接近し
た作風となっている。少し遅れ気味だが、ソ連
にも時代の空気は伝わっていたのである。

チルナフスキー＝マテツキー　Чернавский - Матецкий

2 トラック録音機だけで名作を作り上げた人力テクノ二人組

チルナフスキー＝マテツキー・プロジェクト
（Чернавский - Матецкий Проджект）は、ユーリ
イ・チルナフスキー（Юрий Чернавский）とウ
ラジミール・マテツキー（Владимир Матецкий）
の共同プロジェクト。プロジェクトの部分を抜い
て、単にチルナフスキー＝マテツキーと表記さ
れることもある。この名義での唯一のアルバム
『Банановые острова（バナナ諸島）』は、ソ連
のポップ・ロック史において先進的な作品と評価
されている。

Чернавский - Матецкий Проджект
『Банановые острова』
（不明 , 1983/APEX, 1995）

1983 年 2 月にテープアルバムとしてリリース
されたが、その内容（何に問題があるかは聴く限
り不明）が問題視され、ソ連崩壊まで発禁処分と
なった。しかし、このアルバムは、サミズダート
として百万枚単位で流通した。サミズダートとは、
発禁となった書籍や音楽を複製し、地下流通させ
た出版物を指す、つまり地下出版である。ソ連に
限らず、強権政治を行う共産主義国家で反体制派
が行使した流通手段でもあった。音楽の場合、磁

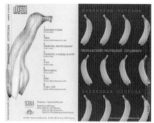

CD の裏ジャケットとなったテープアルバム
のジャケット

Чернавский / Матецкий
『Банановые острова』
（Мирумир , 2013）

ユーリイ・チルナフスキー

気テープが主要メディアとなったためマグニティ
ズダートという用語も使われる。オリジナル盤
リリース後、リマスター音源が 1995 年に CD 化
され、2013 年にはジャケットを一新し、「ユー
リイ・チルナフスキー作品集（Антология Юрия
Чернавского）」の第一弾として 1,000 枚限定の
アナログ盤が発売されていることからも、カルト
的な人気が今もあるのだろう。

　タイトルにちなんで、ジャケットもアンディー・
ウォーホルが描いた The Velvet Underground の
デビュー作『The Velvet Underground & Nico』
へのオマージュととれるバナナを描いたジャケッ
ト。Alan Parsons Project を思わせるプログレ風
味も混在するが、ニューウェイブとテクノポップ
の実践がこの作品で行われている。それ以上に注
目すべきなのが、レコーディング手法にあった。
当時のソ連において、マルチトラック録音機は普
及していなかったのである。このアルバムは、ハ
ンガリー製の 2 トラック録音機「STM」を創造
的に駆使することによってレコーディングがなさ
れた。2013 年のジャケットを飾ったのが、その
録音機である。周到な計画に基づいた 1 週間以
上のリハーサル、限りないテープの切り貼り、2
回のオーバーレイなどのプロセスによってプロ
フェッショナルなレベルの音質へと導かれた。工
夫と努力で成し遂げた、原始的テクノロジー環境
における人力テクノである。

　アルバムの中で共産テクノの真髄と言える曲
が、「Робот（ロボット）」。実際に、Kraftwerk の
「The Robots」からのインスピレーションである
というメンバーの発言があり、考えられうるテク
ノなモチーフが溢れるミュージック・クリップも
制作されている。YouTube でもこのクリップは
公開されているので、ぜひ見て欲しい。そこはか
となくロシア的情緒があるが、当時、MTV でこ
のクリップが流れていても違和感はなかったであ
ろう。

この二人組の内、首謀者は、モスクワからは南東へ 480km に位置するタンボフ出身のチルナフスキーである。彼は優れたサウンド・エンジニアでもあったが、ミュージシャンとしての才能がジャズ畑に始まる幅広い活動から窺える。この作品を作った時点で、チルナフスキーは既に 35 歳であり、既にクラースヌィ・マーキ（Красные маки）、カルナヴァル（Карнавал）、ディナミク（Динамик）、ヴィショールィ・リビャータ（Весёлые Ребята）といったグループで活動していた。彼は、ウラジミール・クズミン（Владимир Кузьмин）が中心となって結成されたディナミク（意味は「スピーカー」）に加入した。若干シンセサイザーが使われているが、基本オールドウェイヴなバンドであった。ちなみにチルナフスキーは、『Динамик II』のジャケットの一番右端の眼鏡の人。

『バナナ諸島』の制作に関しては、彼がメンバーとして 1982 年に加入したヴィショールィ・リビャータ（意味は「愉快な仲間」）のメンバーが協力している。また、相棒のマテツキーはメンバーではなかったが、このバンドに作曲家として楽曲を提供しており、ちょうど『バナナ諸島』の時期と重なる左の EP『Тонкий лед（薄氷）』でのタイトル曲は、彼によるもの。

ちなみにロシア語圏では、「ヴィア（ВИА）」とか「アンサンブル（Ансамбль）」という言葉をバンド名の前につけることがよくあり、ヴィア（ВИА）・ヴィショールィ・リビャータと表記されることも多い。ウクライナ出身のセクシー女性グループのヴィアグラ（ВИА Гра）もその一つ。もっとも、彼女たちの場合、ED 治療薬の「バイアグラ」の意味も暗喩するためにつけた理由の方が大きい。アンサンブルは、オーケストラほど大所帯でない室内楽の演奏団体という意味のフランス語が語源。「ВИА」は「ヴォーカル・インストルメンタル・アンサンブル」で「歌と演奏の団体」

Владимир Кузьмин и Динамик
『Динамик I』
（不明 , 1982/ Мирумир , 2012）

Владимир Кузьмин и Динамик
『Динамик II』
（不明 , 1982/ Мирумир , 2012）

Весёлые Ребята
『Тонкий лед（EP）』
（Мелодия , 1983）

Весёлые Ребята
『На чём стоит любовь (EP)』
(Мелодия, 1970)

Весёлые Ребята 『Дискоклуб』
(Мелодия, 1981)

Весёлые Ребята
『Минуточку!!! 』
(Мелодия, 1987)

のような意味となる。しかし、ヴィアグラが演奏していた記憶はあまりない。

　チルナフスキーがヴィショールィ・リビャータに在籍したのは、1982年から1983年という短い期間だった。彼が自ら望んで脱退したというよりも、なんらかの圧力で脱退を余儀なくされたようだ。バンドは1966年にパヴェル・スラボードキン（Павел Слободкин）を中心に結成され、驚くことに現在も活動している。ソ連ではスーパーグループと言っても過言ではなく、1970年に発表された4曲入りデビューEP『На чём стоит любовь（何が愛を終わらせたのか）』は、1,600万枚近いセールスを記録している。70年代においては、軽めのポップス、時にはクラシカルなアレンジもある音楽性であった。

　1981年に発表された『Дискоклуб（ディスコクラブ）』では、ディスコに接近。これはシリーズ化されており、他のアーティストも同様のディスコ・アルバムをリリースしている。「Фантазия «Нам 13 лет»（ファンタジア « 私たちは13年 »）」は、13分を超える壮大なファンキーディスコミュージックとなっている。

　前述の『薄氷』も含め、アルバム『Минуточку!!!（ちょっと待って!!!）』などの80年代の作品群では、『バナナ諸島』の影響もあったのか、テクノポップ～ニューウェイヴ的な楽曲がかなり目立つ。これ以降、アルバムのリリース数は減っているが、2013年に通算13枚目となるアルバム『Как прекрасен этот мир（この素晴らしき世界）』を発表し、今も健在である。

　話をチルナフスキーに戻そう。前述の「ユーリイ・チルナフスキー作品集」では、彼のソロまたはコラボレーション作を再発している。これを追っていくと、彼のその後の活動が読み取れる。『バナナ諸島』の翌年、1984年に今度はソロ名義でテープアルバム『Автоматический комплект（自動設定）』をリリースした。『バナナ諸島』の

不遇なる発禁処分にもめげることなく、彼は新しいホームスタジオで、「Робот（ロボット）」をさらに発展させた近未来的テクノポップの世界観を追求した。Kraftwerk、YMO、Telex に通じるという意味での最初のソ連製テクノポップ・アルバムという評もある。機材もアップグレードされ、Mini Moog、Jupiter-8、TASCAM の 8 トラック録音機などが使用された。『バナナ諸島』に収録されなかった「Заводные куклы（からくり人形）」、1991 年に歌手・俳優でもあるセルゲイ・クリロフ（Сергей Крылов）によってカヴァーされた「Какаду（オウム）」、後に映画のサントラとしても使われたテクノ化されたタンゴ曲「Танго（タンゴ）」などが収録されている。

ボーナストラックとしては、チルナフスキーが提供した曲が追加されている。注目すべきは、ナタリヤ・ヌルムハメドヴァ（Наталья Нурмухамедова）による実験的エレクトロファンク「Малиновый сироп（ラズベリー・シロップ）」。元々ウラジミール・プリスニコーフ（Владимир Пресняков）・ジュニアのために作られたこの曲は、彼のバッキングヴォーカルを残して、ウズベク（現在のウズベキスタン）出身のシンガー、ヌルムハメドヴァの曲として日の目を見た。彼女が 1988 年にリリースしたソロアルバム『Малиновый сироп（ラズベリー・シロップ）』にもタイトル曲として収録された。ミュージック・クリップでは、おばちゃん的風貌のナタリヤが、ソ連の場末っぽいディスコでファンキーに歌うシュールな光景が繰り広げられている。

Юрий Чернавский
『Автоматический комплект』
（不明, 1985）

Юрий Чернавский
『Автоматический комплект』
（Мирумир, 2013）

再び、チルナフスキーのソロ作に戻る。彼はソ連崩壊前後、海外での活動にシフトしていく。1990 年にドイツのベルリン、1994 年に米国のハリウッドへ活動拠点を移した。そのような環境の中でベルリンで制作、Jury 名義で発表されたのが、アルバム『Beyond the Banana Islands』。そのタイトルからも『バナナ諸島』の続編という思

Наталья Нурмухамедова
『Малиновый сироп』
（Мелодия, 1988）

Jury
『Beyond the Banana Islands』
(General Records, 1994)

Юрий Чернавский
『По ту сторону Банановых островов』
(Мирумир , 2013)

アーラ・プガチョワ
『百万本のバラ』
(日本ビクター , 1983)

いが窺える。ただ、90年代という時代背景もあって、テクノポップというよりも長尺曲が多いアンビエントテクノ的な作品である。「ユーリイ・チルナフスキー作品集」としての再発の際、ジャケットは刷新され、ロシア語表記のタイトル『По ту сторону Банановых островов（バナナ諸島を超えて）』となっている。

　日本おいてYMOやMoonridersなどのテクノポップ界のミュージシャンが手がけた歌謡曲（その多くはテクノ歌謡と呼ばれた）の発掘が行われてきたが、チルナフスキーについても同様の試みをしてみたい。モスクワ出身のアーラ・プガチョワ（Алла Пугачёва）は、1965年に歌手デビューした。ちなみにデビュー曲のタイトルは「Робот（ロボット）」であるが、ピアノ曲で別にテクノではない。

　プガチョワは、日本でも知られる数少ないソ連製歌謡曲「ミリオン роз（百万本のバラ）（原題は「Миллион алых роз（百万本の赤いバラ）」）」を歌った人である。この曲はオリジナルではなく、現在のラトビアの歌謡曲『Dāvāja Māriņ（マーラが与えた人生）』（1981年）をルーツとし、ロシア語詞は訳詞ではなく、新たに書かれたものである。本国では1982年にリリースされ、日本盤も1983年に続き、加藤登紀子によるカヴァーが1987年にシングルとしてリリースされヒットした。プガチョワは、ソ連でも国家を代表する歌手であり、2億5千万枚（出典：ブリタニカ）を超えるモンスター級のレコード売上を達成している。

　プガチョワは1984〜1989年にかけてチルナフスキーと組んで、テクノ化を果たした。共産テクノ歌謡の誕生である。『Алла Пугачёва поёт песни Юрия Чернавского（アーラ・プガチョワ、ユーリイ・チルナフスキーの歌を唄う）』は、当時そのような形で発表されたわけではなく、彼女がチルナフスキーと作り上げた全曲を「ユーリイ・

チルナフスキー作品集」として新たに編集したアルバムである。プガチョワはチルナフスキーについて「ポップミュージック現象の中で最も重要な人物」と彼の才能を買っている。

シングルとしてヒットした「Белая дверь（白いドア）」（1985年）ではシンセサイザーのアレンジが効いたバラード歌謡のレベルであるが、プガチョワ自身も出演したミュージカル映画『Сезон чудес（不思議の季節）』（1985年）で使用された「Робинзон（ロビンソン）」はテクノ歌謡の域に達している。さらに、この曲は「Superman」というタイトルになり、西側ヨーロッパ向けに最初に英語でヒットしたソ連の曲である。スウェーデンでシングルとしてリリースされ、スウェーデンのチャートで1位になった。また、「Superman」はスウェーデンの5人組少年バンド、The Pinks によってカヴァーされた。

Алла Пугачёва
『Алла Пугачёва Поёт Песни Юрия Чернавского』（Мирумир, 2013）

「ユーリイ・チルナフスキー作品集」として最後に紹介するのが、チルナフスキーが手がけたヴァレリー・レオンティエフ（Валерий Леонтьев）の作品を集めた『Маргарита（マルガリータ）』である。ソ連の僻地、コミ共和国に生まれたレオンティエフは1972年にコンサートを中心に音楽活動を始め、今までに30枚以上のアルバムを発表し、今も現役として活躍している。ソ連〜ロシアの音楽界における偉大な歌手と評されるかたわら、滑稽にも見えるマッチョすぎる風貌も災いして、時代遅れの象徴的イメージも持たれている。1982年には、チルナフスキーとは関係ないが、ショパンの名曲「ロンド ハ短調」をディスコ調アレンジにして、スキャットで歌うというシュールな映像も公開している。

Алла Пугачёва
『Superman』
(World Record Music, 1985)

このアルバムタイトルともなってる「Маргарита（マルガリータ）」は、1986年にチルナフスキーがディスコショーのために制作し、セルゲイ・ミナーエフ（Сергей Минаев）が最初に歌った曲。テープアルバムとして流通し、ヒッ

Валерий Леонтьев
『Маргарита』
(Мирумир, 2013)

Сергей Минаев
『Назад в будущее』
(Русский Хит , 2002)

Валерий Леонтьев
『Грешный путь』
(Мирумир , 2013)

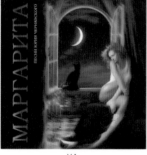

V.A.
『Маргарита . песни Юрия Чернавского』
(不明 , 2011)

トしたが、正式のアルバムに収録されることはなかった。その後、レオンティエフの 1990 年のアルバム『Грешный путь（罪深き道）』で再度レコーディングされ、さらなるヒット曲となった。それ以降も、ハードロック的なものを混ぜてしまったアレンジも含む複数のヴァージョンが作られた。ミナーエフのオリジナルは、ガゼボあたりを思わせる哀愁のエレクトロポップ的アレンジで、個人的には一番しっくりとくる。

チルナフスキーの話はまだ終わらない。彼は、現在まで 200 以上の楽曲を作っている。加えて、サウンドトラック、アニメーション、ゲーム音楽と多岐にわたる活動をしてきた。現在はロシアではなく、米国のビバリーヒルズに住んでいる。

『Маргарита. Песни Юрия Чернавского（マルガリータ〜ユーリイ・チルナフスキーの歌）』（2011 年）は、チルナフスキー自身の作品と彼が楽曲提供、アレンジ、プロデュースを行った作品集である。「ユーリイ・チルナフスキー作品集」での収録曲に加えて、既に紹介したセルゲイ・クリロフ、セルゲイ・ミナーエフの楽曲、アンドレイ・ラージン（Андрей Разин）、ヴィショールィ・リビャータのメンバーでもあったアレクセイ・グルィジン（Алексей Глызин）、前述のウラジミール・プリスニコーフ、ミハイル・バヤールスキー（Михаил Боярский）、エストニアのマリュー・リャニク（Marju Länik/Марью Ляник）、n'Nass、チューマ（ЧЮМА）など合計 35 トラックが収録されている。

注目したいアーティストが二人いる。一人目のバヤールスキーは、俳優そして現在はプーチンの支持者としても知られている。彼のアルバム『Лунное кино（月のシネマ）』（1987 年）は、チルナフスキーとの共作で副題として「ミハイル・バヤールスキー、ユーリイ・チルナフスキーの歌を歌う」とある。これは、元々は映画のサントラとしてインストルメンタルとして制作されるはず

だったものが、発展してこのような形となった。このアルバムからの曲は『マルガリータ』には収録されていない。

もう一つのチューマは、チルナフスキーとマトヴェイ・アニーチキン（Матвей Аничкин）が、テクノをするために組んだユニット。ユニット名は、彼らの名前の頭文字を並べただけである。このユニットとして唯一発見できた曲「Doctor Change」（1989 年）は、The Art of Noise 的な作品。チルナフスキーの自伝的映画と思われる『Здравствуй мальчик Бананан（ハロー、バナナボーイ）』（1990 年）からこの曲の映像がYouTube で公開されているので、ぜひ見てほしい。彼が関わったアーティストも終盤に登場する。

アニーチキンは、1986 年にチルナフスキーがSPM レコードを設立する際にサポートしていた仲である。彼自身もリーダーとして「ヤングの声」を意味するマラディ・ガラサー（Молодые Голоса）から「航海」を意味するクルイズ（Круиз）というバンドで活動してきた。面白いことに、マラディ・ガラサーは今で言うところのソフトロック、クルイズはメタル寄りのハードロック、そしてこのチューマと音楽性がコロコロと変わっていく。共産テクノの文脈ではないが、マラディ・ガラサーはレアグルーヴ的に評価できる。

日本ではほぼ無名のチルナフスキーだが、彼はソ連のポップミュージックにおける最大の貢献者の一人、共産テクノでのキーパーソンと記したい。

Михаил Боярский
『Лунное кино』
（Мелодия , 1987）

Молодые Голоса
『В разгаре лета』
（Мелодия , 1980）

Круиз
『Круиз -1』
（Мелодия , 1987）

フォルム　Форум

名曲も盗作疑惑曲もあるソ連テクノポップの先駆者

Форум
『Белая ночь』
(Juli@, 1984/ Мелодия , 1987)

　1983 年に当時のレニングラード（現サンクトペテルブルク）で結成されたフォルム（Форум）は、ソ連で最初のテクノポップ・バンドと一般的には位置付けられている。厳密には最初ではないのだが、少なくともこの分野で一般リスナーに広く受け入れられた先駆者的テクノポップ・バンドと言えよう。カタカナで「フォルム」と書くと、日本語で「型」のように取れるが、日本語では、「公開討論会」または単に「集まり」「集会場」という意味になる。ちなみにその後、80 年代終盤に共産圏の民主化を進めた政治団体としてチェコスロバキアに「市民フォーラム」、ハンガリーに「民主フォーラム」、東ドイツに「新フォーラム」があったが、そういう文脈で命名したのだろうか？

　デビューアルバムは、1984 年の『Белая ночь（白夜）』。ちなみに、サンクトペテルブルクでは白夜の時期、最長 19 時間近い日照時間となる。アルバムのタイトル曲は、彼らの代表曲で、OMD や Naked Eyes あたりを感

じさせる、ホロリとする哀愁のテクノポップ。聴けば聴くほど、癖になる感じ。「Давайте созвонимся（呼びあいましょう）」は、シンセ音中心の実験的な曲。割とルックスが普通だから、かえってシュールだ。

一つ、問題作がある。「Улетели листья（葉が飛んだ）」は、聴き覚えのある曲。英国ポップ・ファンなら判る、The Korgis の「Everybody's Got to Learn Sometime（永遠の想い）」のカヴァーに聴こえる。James Warren が作詞作曲したこの曲は、1980 年にシングル・チャートで本国英国では 5 位、米国でも 18 位まで行ったヒット曲。今までに The Dream Academy、Yazz、Army of Lovers、Beck 等、複数のアーティストにカヴァーされた。フォルムの曲は、ソ連の詩人ニコライ・ルブツォーフ（Николай Рубцов）の「Улетели листья с тополей（ポプラの木から葉が飛んだ）」というロシア語の詩を The Korgis の曲に当てはめてリメイクしたものだとばかり思っていた。

追跡調査を進めていくと、興味深い事実が発覚した。この曲の作曲者は、後に触れるモロゾフ（Морозов）となっており、ウォーレンのクレジットがないのである。つまり、カヴァーととられるほど似ている曲は、オリジナルとしてリリースされていたのだ。これって、盗作疑惑ということになるが、ソ連時代の事情を知る現地の音楽通に訊いてみたところ、これはフォルムに限ったことではないと、別に驚きもしない。西側のヒット曲をオリジナル作者のクレジットをせずに発表するというのは、ソ連では珍しくないと。さらに面白い事に、その曲が、ソフィーヤ・ロタール（София Ротару）やヴィタス（Витас）といったアーティスト（共にウクライナ）によってさらにカヴァーされている。チルナフスキーの章で解説したアーラ・プガチョワと並ぶ、ポップスの女王として君臨し

The Korgis
『Everybody's Got to Learn Sometime』
（UK Rialto, 1980）

Николай Рубцов詩集
『Selected Verse』
（Москва , 2005）

София Ротару
『Монолог о любви』
（Мелодия , 1987）

「Мелодия」のロゴが見えるフォルムのア
ナログ・リリース

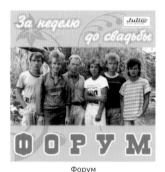

Форум
『За неделю до свадьбы』
（Juli@, 1987）

てきたロタールがニューウェイヴに影響された
アルバム『Монолог о любви（愛のモノローグ）』
でフォルムを3曲カヴァーした。髪型もニュー
ウェイヴだが、その中に「Улетели листья（葉
が飛んだ）」が収録されており、フォルムのみ
がクレジットされている。ソ連における西側の
楽曲のカヴァーに関しては、追加調査委員会を
発足し、別にコラム「盗作疑惑調査委員会」と
して書いてみたい。

　フォルム・ファンとしては残念な結果となっ
たが、気を取り直し続ける。ここで、まずはソ
連での音源リリースについて説明したい。現在
の旧ソ連圏でもその傾向が見られるが、どれが
公式リリースでどれが非公式なのか、その判別
が混迷を極めることがある。タイトルが違って
いても、選曲が大幅に重なるアルバムも多い。

　さらに60年代から80年代にかけて、マグ
ニートアルバム（магнитоальбом）という直
訳すると「磁気アルバム」、つまり、「テープア
ルバム」が幅を利かしていた。ソ連崩壊まで
メロディヤ（Мелодия）という国営レコード
会社が、音源リリースを実質的に独占してい
た。しかし、テープアルバム（テープシングル
もある）は、メロディヤを通さずに、しかも安
価で流通させられる裏技として機能した。イン
ディーレーベル的な役割もあったと言えよう。
フォルムの場合、『Белая ночь（白夜）』は、
最初、1984年にJuli@からテープアルバムと
してリリースされ、1987年にメロディヤから
アナログ、一般で言うところのLPとしてリリー
スされた。

　前置きが長くなったが、正式ディスコグラ
フィからは外されている1987年のテープアル
バム『За неделю до свадьбы（結婚式の前の
週）』を聴いてみると、テクノポップ度はさら
に上昇している。オープニングの「Мечтатель
（夢想家）」は、ド派手なアレンジで The Art of

Noise を彷彿とさせる。「Закодирована дверь（暗号化されたドア）」は、十八番の琴線に触れる哀愁のテクノポップ路線。テクノポップの真骨頂となる「Компьютер（コンピュータ）」は、エレクトリックドラムが炸裂する縦ノリのピコピコ全開曲！　過剰とも言えるアレンジに意気込みを感じる。フォルムで一枚選べと言われたら、このアルバムを推薦する。

　ここまでが、共産テクノの文脈でのフォルムの黄金期と言えよう。メンバーはかなり流動的で、14 人ほどの人たちが入れ替わりこのバンドに所属した。3 人の重要人物がいるので、順番に紹介する。

　まず、バンドの首謀者とされているのが、アレクサンドル・モロゾフ（Александр Морозов）。ロシア菓子を由来とする洋菓子で有名な「モロゾフ」と同じロシア語のスペルである。発音は「マロザフ」に近いのだが、ここでは日本人には馴染みがあるモロゾフと表記する。ちなみに、お菓子のモロゾフは、もともとロシア人のモロゾフ一家が神戸で始めたチョコレート店を由来とする。1931 年に会社を設立したが、出資者の日本人と裁判沙汰になり、モロゾフ家は会社から追い出されるという悲しい結末になってしまった。

　話をフォルムのモロゾフに戻そう。フォルム加入前は作曲家として活動し、タチアナ・カチェルギナ（Татьяна Кочергина）等に曲を提供しており、フォルムが結成された 1983 年には「премия Ленинского комсомола（レーニン・コムソモール賞）」（コムソモールとは、ソ連の共産主義青年同盟）も受賞している。彼は、フォルム以降も現役として作曲家、歌手として活躍し、ロシア、ウクライナ、モルドバ（出身地）で「Народный артист（人民のアーティスト）」という栄誉にも輝いている。この賞は、1919 年にソ連政府によって設立され、解体後の旧ソ

Александр Морозов
『Хрустальные цепи』
(Sintez, 1992)

Татьяна Кочергина
『Уроки музыки』
(Мелодия , 1981)

Александр Морозов
『Жизнь хороша моментами』
(Almazz, 2006)

Валерий Леонтьев
『Премьера』
（Мелодия , 1985）

Мануфактура
『Зал ожидания』
(不明 , 1984/Bomba-Piter, 2010)

Виктор Салтыков
『Новое и лучшее』
（CD Land, 2011）

連諸国に引き継がれた。名前からしても共産主義的なムードが漂う。

また、モロゾフはフォルム在籍中、チルナフスキーの章で登場したマッチョなヴァレリー・レオンティエフのアルバム『Премьера（プレミア）』(1985 年)に対し全曲の作曲を担当した。副題は「ヴァレリー・レオンティエフ、アレキサンドル・モロゾフを歌う」である。チルナフスキーの関連作品にもあったが、作曲家としてのモロゾフは既にネームバリューがあったと思われる。

初期フォルムのヴォーカリストのヴィクトール・サルティコーフ（Виктор Салтыков）は、フォルムと同じくレニングラードで1976 年に結成されたマヌファクトゥーラ（Мануфактура）のヴォーカリストとして80 年代初頭に加入し、頭角を現した。バンドの名前は、その響きからも窺える「工場」を意味する。サルティコーフがいた時代、デビュー作『Зал ожидания（待合室）』を1983 年にテープアルバムでリリースした（2010 年に CD 化）。70 年代の面影を残しつつ、ニューウェイヴに影響を受けたアートロック調で、聴きごたえがある作品。レゲエ調の「Невский проспект（ネフスキー大通り）」では、サルティコーフの歌唱は、Sting に通じるものがあり、多少なりとも The Police に影響を受けていたと推測する。バンドは、1983 年のレニングラード・ロック・フェスティバルで優勝し、これからと期待されたが、ベーシストのウラジミール・アルブゾフ（Владимир Арбузов）の病死やメンバーの徴兵もあり、解散してしまった。その後、サルティコーフはフォルムに移籍。

フォルムの全盛期は、サルティコーフのヴォーカルによって支えられていた。その後のバンド活動は後述するが、彼はソロとしても第一線で活躍してきた。テクノポップという

文脈では、他のメンバーの誰よりもサルティコーフのソロ作にフォルムの継承を感じる。ベスト盤『Новое и лучшее（New & Best）』では、フォルムの往年のヒット曲をエレクトロ化した「Белая ночь（白夜）」やタチアナ・オヴシエンコ（Татьяна Овсиенко）とデュエット曲「Берега любви（愛の岸辺）」を収録している。タチアナは 1966 年生まれの結構芸歴の長いシンガー。ウクライナで生まれ育ったが、ソ連崩壊後はロシア国籍。ユーロダンスとロックが融合したミラージュ（Мираж）というグループで活動後、ソロに転向。サルティコーフのハスキーなヴォーカルとの相性もよく、いい意味で年輪を感じる。今なお、熟年コンビとして活躍しているのは、同世代の人間にとっては嬉しい事である。

Таня Овсиенко
『Красивая девчонка』
（SNC, 1993）

　サルティコーフの公式サイトに書かれたフォルムの成り立ちを読んでみると、首謀者はモロゾフではなく、アレクサンドル・ナザロフ（Александр Назаров）であり、ナザロフがモロゾフを招いたと主張している。ナザロフ、モロゾフ共に、ロシアではよくある同じアレクサンドルという名前であるから混同してはいけない。ナザロフは、フォルム加入前は、フォルヴァルト（Форвард）というハードロック系のバンドで活動していた。基本的に、フォルムでは、モロゾフが作ったメロディーをナザロフがアレンジし、サルティコーフが歌うという役割分担がされていた。

Александр Назаров
『Верни мне прошлое , скрипач』
（Jeff, 1993）

　フォルムは 1994 年まで継続するが、モロゾフとナザロフの間に不協和音が流れ、1987 年にサルティコーフ、1990 年にはナザロフが、エレクトロクルブ（Электроклуб）へ移籍した。代わって、アウクツィオーン（АукцЫон）というバンドから新ヴォーカリスト、セルゲイ・ラゴージン（Сергей Рогожин）を迎え、バンドメンバーは一新された。主にキーボード担当

Александр Назаров
『Ты мне нужна』
（Вигма , 2011）

フォーラム
『Никто не виноват』
（Мелодия , 1988）

フォーラム
『Черный дракон』
（RGM, 1992）

エレクトロクルプ
『Электроклуб-2』
（Мелодия , 1989）

のウラジミール・サイコ（Владимир Сайко）
がソングライティングを手がけ、1988 年にア
ルバム『Никто не виноват(誰のせいでもない)』
をリリースしたが、バンドとしては下降気流に
入ってしまう。

　1992 年には最終的には主要メンバーはいな
くなり、一時はラゴージンとサイコの二人だけ
になった。そんな状況下、1994 年の解散まで
に 3 枚のアルバムをリリースしたが、既にこの
時点でフォルムではなくなったと言えよう。結
果、ユーロビートをハードロックのヴォーカリ
ストが歌ったような残念なサウンドになってい
る。よくある話だが、オリジナル・メンバー達
は 2004 年頃から交流を始める。2011 年には
一時的に再結成ツアーを行ったくらいだから、
今も覚えているファンがいるのであろう。

　エレクトロクルプ（Электроклуб）は、名
は体を表す（意味は「エレクトロクラブ」）エ
レクトロポップ・バンド。デビューアルバム
『Электроклуб』（1987 年）では、期待したほ
ど成功は収められず、結成当時の主要メンバー
が順番に抜けていった。サルティコーフ加入後
のアルバム 『Электроклуб-2（エレクトロクル
プ -2）』（1989 年）時点では、別のバンドと言っ
てよく、フォルムが吸収合併したような状態に
なった（最終的に 3 人がフォルムから移籍）。
男性がみんな懐かしのマレットヘアーで、ジャ
ケットだけからはハードロックかニューウェイ
ヴなのかどっちつかずだよと突っ込みたくなる
が、フォルム的な哀愁のテクノポップ路線を感
じる。バンドとしては、サルティコーフの途中
加入も手伝って、そこそこの成功を収めながら
も、1993 年に解散した。

　その後、解散したはずのエレクトロクルプは、
ナザロフを中心に 3 人の女子をフロントにした
アレクサンドル・ナザロフ ＆ エレクトロクル
プ（Александр Назаров и Электроклуб）名

義で 復活。『А я люблю, как девушку, милую Москву!（少女みたいな可愛いモスクワを愛してる！）』というアルバムを発表している。メインヴォーカルはナザロフで、3 人はコーラス部隊またはお飾り的な存在となっている。サウンドも哀愁というよりも下世話なロシア風ユーロダンス化してしまった。

　これ以上話をややこしくするつもりはないが、メンバーが多いフォルムは複数の派生ユニットを作った。フォルムのメンバーだったニコライ・カブルコフ（Николай Каблуков）とコンスタンチン・アルダシン（Константин Ардашин）の二人も、新グループを結成した。なんとフォルムの代表曲と同じ、ベラヤ・ノーチ（Белая ночь）というのがバンド名！　気が引けたのか、「Белая ночь（白夜）」をカヴァーしてないが、1989 年に『Стали чужими（見知らぬ人になった）』を発表。フォルムの輝きをもう一度という意気込みは感じるが、オケヒットが無駄に使われた曲もあり、哀愁のテクノポップとは違った意味で切なくなってしまう作品である。Electric Light Orchestra の元メンバーがジェフ・リン抜きでやっていた ELO Part II（後に The Orchestra に改名）を思い出し、脇役が集まってしまった感は歪めない。

　当時、ソ連でどれほどフォルムのレコードが売れたのか不明だが、旧ソ連圏の人たちに尋ねてみると、彼らは知られた存在である。大衆に広く知られるレベルでソ連の共産テクノのひとつの時代を飾り、主たるメンバーもソ連崩壊後も活躍したという点でフォルムを評価したい。

Александр Назаров и Электроклуб
『А я люблю, как девушку, милую Москву!』
（Rec, 1996）

Белая ночь
『Стали чужими』
（Juli@, 1989）

Форум
『Grand Collection』
（Квадро - Диск , 2008）

《コラム1》盗作疑惑調査委員会

怪しいカヴァー？盗作？そこから見えるソ連の黒歴史

Нина Пантелеева
『Золотая коллекция ретро』
(Bomba Music, 2005)

　フォルム（Форум）の章で既に解説したが、彼らのオリジナル曲「Улетели листья（葉が飛んだ）」は、The Korgis の「Everybody's Got to Learn Sometime（永遠の想い）」にあまりにも似ている。盗作または巷で言うところのパクリと思われてもしょうがないレベルの似方である。これが発端となって、ソ連時代の実態調査に乗り出すことにした。ウクライナ在住のヤロスラフ・ゴディナ（Ярослав Годына）が、様々な貴重な情報を提供してくれた。彼はモスクワでオーディオ系雑誌の編集長の経験もあり、ソ連崩壊時に 15 歳で、ソ連の音楽事情を知るにはうってつけの人である。今回の調査は、誰かを批判や糾弾する目的ではない。実態を探り出し、できるだけ客観的にその背景を理解するためである。

　ソ連に正式に原作者のクレジットが入ったカヴァーももちろん存在するが、多くの西側で流行っていた曲は、ロシア語で歌われている。クレジットが確認できるもの、不明なものがあり、また原作者の了承を得たのかそうでないのかの判別は大変難しい。以下の三つのタイプに分類できる。

【正規のカヴァー曲】

　正しい原作者のクレジットが一応されたタイプ。ソ連内の歌をカヴァーする場合、このタイプが基本となる。西側の楽曲に対して使用許可をとって、著作権使用料がどの程度支払われていたかは謎である。ニーナ・パンテレーエワ（Нина Пантелеева）の「Каникулы любви（恋のバカンス）」（1965 年）は、ソ連歌謡のヒット曲である。最初は「Песня о счастливой любви（幸せな愛の歌）」というタイトルでリリースされた。本国では「У моря у синего моря（海の、青い海の）」という出だしの歌詞で呼ばれることが多いが、日本を代表する双子デュオ、

ザ・ピーナッツ
『恋のバカンス』
(Bomba Music, 2005)

ザ・ピーナッツの「恋のバカンス」（1963年）の
カヴァー曲である。この場合、作曲をした宮川泰
（Миягава）とクレジットはされている。興味深い
ことに、歌詞にかなりの改変がなされている。例え
ば、オリジナルの「裸で恋をしよう、人魚のように」
という箇所は健全なる共産主義国家として相応しく
ないと判断されたのか、無難な歌詞に入れ替わって
いる。昨今のタガが外れた感もあるロシア・ウクラ
イナのセクシー路線とは、雲泥の差がある。

Здравствуй , Песня
『Синяя песня』
（Мелодия , 1980）

【怪しいカヴァー曲】

明らかにカヴァーだが、出典が曖昧またはいい
加減なタイプ。ズドラーストヴィ・ピェースニャ
（Здравствуй, Песня）というディスコグループの
「Синяя песня（青い歌）」は、Neil Sedaka がヒッ
トさせた「One-Way Ticket（恋の片道切符）」をミュ
ンヘンディスコ（Giorgio Moroder や Boney M に代
表されるきらびやかなシンセディスコ）調にアレン
ジしたもの。1980年にリリースされたが、その前
年に英国のディスコグループ、Eruption がカヴァー
でヒットさせた後を受けたものと思われる。クレ
ジットは、Neil Sedaka とロシア語歌詞 A. アジゾ
フ（А. Азизов）となっている。しかし、Sedaka は歌っ
ただけで、作詞作曲は Hank Hunter と Jack Keller
によるものである。国営レーベルからリリースであ
るが、著作権に関してはいい加減なのである。The
Beatles のカヴァーもかなりの数が存在するが、一
部は英国のフォークソングとしてクレジットされて
いた。著作権対策というよりも、西側の退廃的音楽
の影響を隠蔽しようとする意図もあったと考える。

【盗作疑惑曲】

これはカヴァーであるという表示は全くなく、あ
くまでもオリジナルとして発表されたもの。フォル
ムの「葉が飛んだ」もその一つであるが、他に
も紹介する。1968年のテレビ番組「Калиф - аист
（カリフ・コウノトリ）」で使われた The Beatles の

『Калиф - аист』DVD
（不明 , 1968）

The Beatles
『Can't Buy Me Love』
(Capitol, 1964)

Цветы
『Летний вечер』
(Bomba, 2006)

Eagles
『Hotel California』
(Asylum, 1976)

「Can't Buy Me Love」は、この曲を演奏したバンドマスターと思われるゲオルギー・ガラニャン（Георгий Гаранян）とクレジットされている。ソ連で大人気だった Eagles ネタもある。フラワーズという意味のソ連の大御所ロックバンド、ツヴェティ（Цветы）の「Летний вечер（夏の夜）」（1979 年）は、微妙にアレンジを変えながらも、Eagles の「Hotel California」に激似だ。クレジットは、バンドのリーダーでもあるスタス・ナミン（Стас Намин）となっている。ソ連のThe Beatles と比喩されたこともあったようだが、ソ連の Eagles と堂々と名乗ってほしい。「Hotel California」は元ネタとして人気があるようで、ミフィ（Мифы）の「Земляничная поляна（野いちご）」（1981 年）はレゲエっぽいアレンジでオリジナリティを主張しているが、やはり似すぎている。

　怪しいカヴァーや盗作疑惑曲が多い状態になったのには、大きく3つの理由が考えられる。

1) 著作権という観念は存在したが、その実施については選択的であった。
2) 退廃的とされている西側のアーティストのカヴァーを堂々とやることは、好意的に受け止められなかった。
3) 西側の曲を利用するのは、ソ連でヒット曲を作るための有効な手段であった。また鉄のカーテンのお陰で、法的問題になる可能性も低かった。

　現在のようにインターネットで世界中の情報が共有されることを予想せずに、起こってしまった故の黒歴史である。

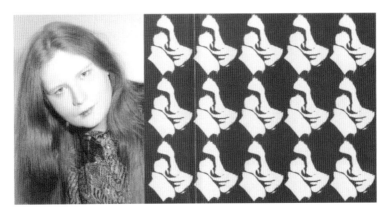

アレクセイ・ヴィシュニャ　Алексей Вишня

早すぎたトランスジェンダー？ 早すぎたチルウェイヴ

　チルウェイヴとは、2010 年代初頭に台頭してきたリヴァーヴが効いたヴォーカル、ノスタルジックなメロディーなどを特徴にした耽美的なエレクトロポップのサブジャンル。米国が震源地となり、Washed Out、Toro Y Moi、Memory Tapes などが代表的なバンドである。アレクセイ・ヴィシュニャ（Алексей Вишня）の「В этом году（今年）」を聴いた時、「これって元祖チルウェイヴ！」と驚き、どうして 80 年代ソ連において彼がこんな音楽を作れたのか、不思議でならなかった。ヴィシュニャは多くのバンドに関わり、知名度という観点からは、キノ（Кино）を中心に置くべきかもしれないが、共産テクノの文脈における奇才と呼ぶべきヴィシュニャを中心に話を進めていく。

　アレクセイ、またの名をアリョーシャ（Алёша）は、レニングラード出身。名前からは男性、写真からは両性具有者的、声はカウンターテノール（男性による女声に相当する高音域）と、謎めいた人である。彼は、ソビエトロックにおける著名なプロデューサー、アン

Кино『46』
（Yanshiva Studio, 1983/ Мороз , 1994）

Кино『Это не любовь ...』
（Yanshiva Studio, 1985/ Мороз , 1998）

Кино
『Группа крови』
(Yanshiva Studio, 1988/ Мороз , 2008)

Кино
『ブラッド・タイプ』
(Gold Castle, 1989)

Алексей Вишня
『Вишнёвое Кино』
(Мороз , 2014)

ドレヤ・トロピーラ（Андрея Тропилло）に師事し、彼が関わっていたキノのセカンドアルバム『46』（1983年）に始まり、『Это не любовь...（これは愛ではない……）』(1985年)、『Группа крови（ブラッドタイプ）』(1988年)でヴィシュニャ自身のホームスタジオでサウンド・エンジニアとして関わる。なお、『Группа крови』は、『ブラッド・タイプ』という邦題で、日本盤 CD もリリースされている。このリリースも、ツェントルの項で書いたヴァシリー・シュモフのソロ作『My District』と同じく米国人の Joanne Stingray が絡んでおり、キノは「ソ連の人気 No.1 バンド、ワールド・デビューアルバム」と紹介されている。

　キノはニューウェイヴ的要素も兼ね備えたレニングラード出身のバンドであるが、後期のキノはソ連版 The Cure と例えられる。キノのリーダーだった朝鮮民族の血が流れる、ヴィクトール・ツォイ（Виктор Цой）は、1990年に弱冠 28 歳で交通事故による不慮の死を遂げた。ちょっと中途半端な数字だが、彼の生誕 52 周年として、ヴィシュニャがカヴァーしたキノの 3 曲（作詞作曲はツォイ）を集めた EP『Вишнёвое Кино（ヴィシュニャのキノ）』が、2014年にリリースされている。新しく録音されたヴィシュニャによるチルウェイヴ的カヴァーが、オリジナルを超える出来なのである。正直なところ、キノの原曲を聴いた時はあまり印象に残らなかったが、このカヴァーで「キノは実にいい曲やっていたんだ！」と再発見できた。

　少し話が逸れるが、日本にも関係ある話題を一つ。キノの歌の中にソ連の若者たちのアンセムと呼ばれている「Перемен!（チェンジ！）」という歌がある。ナディェージュダ・カーディシヴァ（Надежда Кадышева）が、そのカヴァー曲を彼女のアルバム『Русский альбом

（ロシアのアルバム）』（2006年）に収録しており、後にテレビの歌番組でも公開している。カーディシヴァは、1988年に結成された「金の指輪」という意味のザラタヤ・カリツォー（Золотое кольцо）というバンドの一員として、ワールドツアーをし、来日を6度も果たしている。1993年にはそのまんまなタイトルの日本盤『Made in Japan』をリリース。ロシア、ウクライナ、ベラルーシの民謡や懐メロを現代風アレンジで聴かせる、ベタであるが取っつきやすいコンセプトだ。例えば、日本でも有名な「カリンカ」などを演奏している。問題のキノのカヴァーは、キノのガチのファンにとっては必ずしも快く受け入れなかったが、同時に「これはゴミだめ、すなわちパンクだ！」という非難と賞賛が混じった反応もある。

Надежда Кадышева
『Русский альбом』
（Квадро , 2006）

　話を本題となるヴィシュニャのソロ作品に移そう。彼のひねくれた性格を表すデビュー作『Последний альбом（最後のアルバム）』（1984年）では、まだ生楽器中心で習作的イメージが拭えない。しかし、冒頭で紹介したチルウェイヴ的名曲「今年」で始まるセカンドの『Сердце（ハート）』（1987年）で、彼の本領が発揮される。2曲目の「Расчёска（ヘアブラシ）」は、完全に女声で60年代リバイバル風テクノポップとなっている。この曲のクレジットは、エレーナ・ヴィシュニャ（Елена Вишня）となっており、女声のヴィシュニャには女性の名前をつけている。

Алёша Вишня
『Сердце』
（不明 , 1987/Hobbott Proline, 1995）

　3作目の『Танцы на битом стекле（割れたガラスの上で踊って）』（1989年）では、The Art of Noise を意識したようなサンプラーを多用したサウンドとなる。ポスト・ペレストロイカを感じさせる Roxy Music のようなセクシーなジャケットとなっている。

　ソ連時代の最後の作品となった『Иллюзии（イリュージョン）』（1991年）では、2作目の

Алексей Вишня
『Танцы на битом стекле』
（不明 , 1989/ Мелодия , 1991）

Алексей Вишня
『Иллюзии』
(不明 , 1989/ Мелодия , 1991)

ДК
『Кисилёв』
(Fuzz, 1984)

ДК
『Непреступная забывчивость』
(不明 , 1987 /SNC, 1995)

『ハート』のチルウェイヴ的要素を取り戻し、テクノポップ的「Камикадзе（カミカゼ）」、ネオアコ＋プログレ的「Иллюзии（イリュージョン）」などが聴き所となる。

　ヴィシュニャは、ソロと並行して、キノ以外の作品にも関わっているので、順に紹介する。DK（ДК）は、思想家でもあるセルゲイ・ジャリコフ（Сергей Жариков）がモスクワを拠点に1980年に結成したローファイ系実験バンド。ジャズロックが変異を起こして出来上がった元祖共産ポストパンクと呼んでもいい。今風に言えば、レフトフィールド系。言葉尻的にもソ連（左翼）だから、しっくりくる。

　入れ替わっていった40人ぐらいの構成メンバーによる1990年までの活動であったが、『Лучшие звуки диван-кровати（ソファベッドのベストサウンド）』（1983年）、『Кисилёв（キシリョフ）』（1984年）等数多くの作品（初期はオープンリール）を自主流通させ、後に多くのCD化もなされている。カルト的でありつつも、ソ連ではかなりの人気があったと思われる。

　アルバム『Непреступная забывчивость（罪とまでは言えない程度の忘れっぽさ）』（1987年）で、ヴィシュニャも、女声ヴォーカル、シンセサイザー等を担当し、DKの一員として活躍した。

　ヴィシュニャが関わったもう一つのレフトフィールド系がアヴィア（АВИА）であるが、こちらは、ストランヌィ・イーグリィ（Странные Игры）の章で別途紹介したい。

　レニングラードにホームスタジオを構えるヴィシュニャは、ここでのシーンに大きく貢献した。同じくレニングラード出身のニューロマンティックス系バンド、ロシア語で「コーヒー」を意味するコーフェ（Кофе）のデビュー作『Балет（バレエ）』（1984年）も、ヴィシュニャのスタジオでレコーディングされた。デビュー

後、彼らはレニングラード・ロッククラブに属し、ライヴ活動を行った。このクラブは、前述のキノ、アヴィアやフォルムの章で書いたマヌファクトゥーラなどレニングラード出身のロックバンドに活動の場を与えた。

テレヴィーザル（Телевизор）から二人のメンバーが加入後、セカンドの『Баланс（バランス）』（1986年）で、シンセサイザー、サンプラー、シークエンサーを駆使するテクノポップ・バンドへと変身した。「Зеро（ゼロ）」は、テレビの歌番組で放映される人気曲となった。後にヴィシュニャのプロデュースで、ナタリヤ・サローキナ（Наталья Сорокина）が1994年に「Ставлю на зеро（ゼロに置く）」としてカヴァーした。ラガマフィンとテクノが混在した秀逸なカヴァーであるが、ヴィシュニャは、「エーデルワイス」とKraftwerkの「The Model」から拝借してアレンジをしたとネタばらしをしている。

残念ながら1987年にコーフェは解散し、3人のメンバーはペトリヤ・ネステロワ（Петля Нестерова）を結成し、ヴィシュニャのスタジオで『Кто здесь?（ここに居るのは誰?）』（1989年）を製作する。これはボーナス曲を追加して、『Ностальгия（ノスタルジア）』（1996年）として発表された。

ソ連崩壊後のヴィシュニャとして特筆すべき作品は、『Виагра для Путина - проект Полит. Техно（プーチンのためのバイアグラ - プロジェクト政治テクノ）』（2003年）。プーチン、エリツィン、ゴルバチョフなどの歴代大統領、ソ連に亡命した元日本共産党員の袴田陸奥男を父に持つ有能女性政治家として知られるイリーナ・ハカマダ、ロシア自由民主党党首のウラジミール・ジリノフスキー、当時の米国大統領のジョージ・ブッシュ等の政治家の発言をサンプリングしたテクノ！ まるで、日本で2002年

コフェ
『Балет』
（不明, 1984）

コフェ
『Баланс』
（不明, 1986/Baran, 2013）

Петля Нестерова
『Ностальгия』
（Manchester Files, 1996）

Алексей Вишня
『 Виагра для Путина
（проект Полит . Техно ）』
（不明 , 2003）

Ирина Хакамада
『Sex в большой политике』
（Астрель , 2011）

に2chテクノ板のネタスレからブレイクした
「ムネオハウス」（鈴木宗男の声をサンプリング）
ではないか！ ロシア通だった鈴木宗男に関わ
るムネオハウスが、知られていた可能性はある。
今作品はヴィシュニャがムネオハウスに触発さ
れた結果なのか、その真相は解明できていない。

　タイトルはプーチンだが、日本人の血を引く
ハカマダのサンプリング声が多く、ヴィシュ
ニャのお気に入りみたいだ。しかし、彼女に捧
げたと思われる東洋的なリズムのディスコ曲
「Японская манжу（日本のまんじゅう）」は、
中国語「イー、アール、サン、スー」で始ま
る。わざと間違えた確信犯なのか、単に混同し
ているのかは定かではない（前者であることを
望む）。共産主義者の父を持ちながら、市場経
済主義者のハカマダは、ロシアの政治家の本性
を暴露する『Sex в большой политике（政治
における SEX）』という本を出版した。

　「Техно-woman（テクノ・ウーマン）」のサ
ウンドは、Kraftwerk の「The Robots」を拝借
している。こそっとパクったのではなく、わざ
と分かるようにやっている。いたずらっぽい笑
顔が目に浮かんでしまう。そんなヴィシュニャ
は、共産テクノが生んだ奇才であり、トリック
スターである。

ストランヌィ・イーグリィ　Странные Игры
アメリカで初めて公式にリリースされた元祖共産2トーン

　「奇妙なゲーム」を意味するストランヌィ・イーグリィ（Странные Игры）は、レニングラードで1982年に結成された。いち早くロックが市民権を得たソ連の都市、レニングラードで設立されたレニングラード・ロッククラブを活動の場としていた。しかしながら、ストランヌィ・イーグリィとしての活動は、1985年までとなり、その後、二つのグループに分裂するものの、90年代中盤に再結成されたソ連の元祖スカ・バンドだ。

　約10人のメンバーが関わった大所帯の構成であったが、最初はアレクサンドル・ダヴィダフ（Александр Давыдов）がヴィクトール・サラグフ（Виктор Сологуб）とクリミアで出

Странные Игры
『Метаморфозы』
（АнТроп , 1983）

Странные Игры
『Концерт в Ленэнерго』
(不明 , 1984)

会う事から始まった。他のバンドにも関わった
様々なメンバーが出入りし、バンドの名前は変遷
したが、1982 年にストランヌィ・イーグリィに
落ち着いた。

　1983 年にデビュー作『Метаморфозы（メタ
モルフォーシス）』を発表。黒いサングラスと格
子柄のジャケットからは、2 トーンの影響が窺え
る。2 トーンとは、ジャマイカ発のスカとロンド
ンパンクが融合し、70 年代終盤に始まったムー
ヴメントである。The Specials、The Selector、
そして日本でも人気があった Madness 等が代表
的な 2 トーンのバンドだ。メンバーの黒いサン
グラスがやけに目立つ写真から、ファッション的
にも意識していたのだろう。サウンドも 2 トー
ン的で、スカビートを主軸といるが、どこか変な
のだ。アルバムのタイトル曲は、スカでありなが
ら、「白鳥の湖」といったクラシックのネタを挟
んだり、遊び心がある。低予算のミュージックク
リップでは、払い下げのミリタリージャケットを
着たメンバー達が戯れている。また、彼らの歌詞
は、トリスタン・ツァラ（Tristan Tzara）等のフ
ランスのダダイズム系詩人やフランスのシャンソ
ンを元ネタとして使っている。もう一つのジャ
ケットは、ロシアになってから発売されたカセッ
トのジャケットだが、ソ連のバンドとしては、超
過激だ。

　彼らはツアーも行い、1983 年〜 84 年のライヴ
録音が、アルバムの追加ヴァージョン『Концерт
в Ленэнерго（レネネルガ電力網でのコンサー
ト）』として発売された。ロシア構成主義のジャ
ケットがかわいい。ライヴでは、オリジナル曲
に加えて、Deep Purple の代表曲「Smoke on the
Water」のスカ・ヴァージョンも披露している。

　1984 年に設立者となったダヴィダフを含めた
2 人のメンバーが音楽的趣向の違いが理由で、脱
退。新バンド、ヴィハト（Выход）としての活動
を目指すが、同年に心臓発作で急死するという悲

劇が起こった。

　バンドは活動を続け、もう一人の設立当時からのメンバーであるサラグフを除いて、「スタンダード」を意味するスタンダルト（Стандарт）という派生バンドでよりロックンロール的な活動をしたが、リリースはなかった。しかし、その内容は、ニコライ・グセフ（Николай Гусев）のアルバム『Исправленному - Верить（心変わりを信じろ）』（1996年）に反映され、「Johny B. Goode」「Honky Tonk Woman」をまるで Devo と The Residents がカヴァーしたようなひねくれたセンスに溢れている。なお、アルバム名と同名のソ連映画（1959年）が存在し、元ネタになっている可能性が高い。

　1985年にバンドとしての2枚目フルアルバムとなる『Смотри в оба（目を開け）』をリリース。この時点で、2トーン的なサウンドは多少残るものの、アヴァンギャルド路線が際立ってくる。バンド名に相応しいストレンジポップに転身したと言える。「Трубопровод Уренгой - Помары - Ужгород（トランス・シベリアン・パイプライン）」「Песенка да-да（ダダの歌）」等、曲名からも彼らの方向性が窺える。

　バンドは既に活動停止状態であったが、ソ連のロックバンドを「レッドウェイヴ（Red Wave）」と称してを4枚組アルバム『Red Wave: 4 Underground Bands from the USSR』が1986年に発表された。収録されたのは、ストランヌィ・イーグリィに加えて、アクヴァリウム（Аквариум）、キノ（Кино）、アリサ（Алиса）である。これは、ツェントル（Центр）の章にも登場する、ソ連ロックの伝道師的米国人、Joanna Stingray によって、西側（米国）で公式にリリースされた最初のソ連ロック・アルバムである。このアルバムは、当時米国のレーガン大統領とソ連のゴルバチョフ書記長にも届けられたという逸話もある。

　彼らの音源は、『Свободная культура. Звуки

Николай Гусев
『Исправленному - Верить』
(Manchester, 1996)

Странные Игры
『Смотри в оба』
(АнТроп , 1986/ Мелодия , 1988)

V.A.
『Red Wave: 4 Underground Bands
From the USSR』
(Big Time, 1986)

Странные Игры
『Свободная культура .
Звуки северной столицы』
(Moroz, 1995)

АВИА
『Жизнь И Творчество Композитора Зу
дова』
(Яншива Шела , 1986/ Раритет , 2009)

АВИА
『Урок русского языка』
(Мелодия , 1988)

北の首都のサウンド）』というレニングラードのバンド音楽を集めたコンピレーションにも収録されている。やはり、レニングラードはソ連ロック史にとって特別な都市だったことが窺える。その後、ストランヌィ・イーグルィは新しい音源のリリースはないものの、1996 年から再びメンバーが結集し、ライヴを行っており、現在もバンドは存続している。

ストランヌィ・イーグルィは解散というより、1985 年に分裂する。ソロとしても活動したグセフ、アレクセイ・ラホフ（Алексей Рахов）、アレクサンドル・コンドラシュキン（Александр Кондрашкин）等は、アヴィア（АВИА）を結成し、創立時からのメンバーだったヴィクトール・サラグフは弟のグレゴリー・サラグフ（Григорий Сологуб）とイーグルィ（Игры）となった。

アヴィアとは、「エアライン」という意味もあるが、「アンチ・ヴォーカル・インストルメンタル・アンサンブル（Анти Вокально-Инструментальный Ансамбль）」の略である。ソ連で楽団を意味するヴィア（ВИА）に対するアンチテーゼと思われる。アヴィアのデビュー作『жизнь и творчество композитора Зудова（作曲家ズードフの生涯と作品）』（1986 年）には、ソ連のトリックスター的存在、アレクセイ・ヴィシュニャ（Алексей Вишня）が、シンセサイザーとコーラスで参加している。音楽だけでなく、総合芸術としての表現をモットーとし、ロシア構成主義やスターリン時代のアスリートのパレードをコンサートでは再現した。テクノポップからクラシック、ジャズ、ロックと分類されることを拒否するような縦横無尽のサウンドである。彼らを見た米国のジャーナリストは、Devo を引き合いに出したが、そのエキセントリックさは The Residents の方に近い。

ソ連において、ロシア・アヴァンギャルドまた

はロシア構成主義の影響が如実に窺えるアーティストは多いが、アヴィアもその典型である。彼らのシングル『Урок русского языка（ロシア語レッスン）』では、文字通り「私は話す」「あなたは話す」「彼は話す」……等、ロシア語動詞の格変化が学べる。Kraftwerk 的な事をやろうとしたら、Trio（ドイツのノイエ・ドイチェ・ヴェレ）のようになってしまった感じのユーモアに溢れる曲となっている。この曲を含んだセカンドの『Всемъъ（すべて）』は、彼らにとって最初のソ連の国営レーベル、メロディヤからのリリースとなった。バンドは西ヨーロッパでもツアーをし、英国の Hannibal レコードから発売された『AVIA』（1990 年）は、雑誌『Q』において星四つの高評価を獲得した。

　ストランヌィ・イーグリィからの 3 人のメンバーからスタートしたアヴィアであったが、ここまでメンバーの加入・脱退があったものの、バンドは活動を継続し、1991 年に『Ypa!（万歳！）』を発表。オープニングのタイトル曲は、7 分を超えるエキセントリックなハードロック。続く「Голова（頭）」は、80 年代の Moonriders（もちろん日本の！）的センスに溢れている。彼らが Moonriders を知っていたとは思えないが、そんなひねくれたセンスを持つ人たちは意外と万国共通なのかもしれない。

　アヴィアは現在もライヴ活動をしているが、実質的なスタジオ録音アルバムとしての最終作品が、『Песни о природе и любви（自然と愛の歌）』（1994 年）である。多少リラックスした感はあるが、ホーンセクションを中心としたバラエティに溢れた音楽性が楽しめる。

　通常、創立メンバーがいなくなり、分裂してしまったバンドというのは求心力がなくなってしまうのだが、アヴィアに関して言えば、それは当たらない。2 トーンからスタートしたストランヌィ・イーグリィから、ロシア・アヴァンギャルドというソ連ならではの総合芸術の源流を取り込み、よ

АВИА
『Всемъъ』
（Мелодия , 1988）

АВИА
『Ypa !』
（Zona, 1991）

АВИА
『Песни о природе и любви』
（General, 1994）

ABИA
『Легенды русского рока』
(Moroz, 2005)

HOM
『Брутто』
(Мелодия, 1989)

HOM
『К чортям собачьим』
(HOM, 1990)

り完成されたストレンジポップへと発展させた。『Легенды русского рока（ロシア・ロックの伝説）』のシリーズの一つとして、彼らのベスト盤が発表されているのも、その証と言えよう。

この人たちは、どうやら派生グループを作るのが好きなようだ。アヴィアと並行して、グセフとラホフは、他のメンバーと1987年にノム（HOM）を結成。ノムは、非公式青年会（Неформальное Объединение Молодёжи）の略である。アヴィアと違い、ノムは現在も音源をリリースしており、スタジオ録音アルバムだけでも、15枚になるアクテイヴな活動を続けている。

ノムとしてのデビュー作『Брутто（全部ひっくるめて）』（1989年）に収録の「У карытцу машек（カールィツェ・マーシェクには）」は、東洋的メロディーにブルースが入り込むストレンジポップに出来上がっている。クリップもどこかヘン……アヴィアの路線を感じつつも、狂気のコメディー演劇のようである。

続くセカンド『К чортям собачьим（クソったれの犬に）』（1990年）では、11曲中6曲に対して映像が制作されている。ノムは、活動の一環として、他にも映画、書籍、ポスター等も発表するマルチメディア戦略をとっている。彼らの映像を見てみると、そこには華やかな世界とは懸け離れた滑稽とも言える労働者が登場するものが多い。さすが、プロレタリアートの国、ソ連の青年会である。サウンドは進化しつつも、その作風は、ソ連崩壊後も引き継がれていく。2014年のライヴ映像をYouTubeで見てみると、ヴィジュアル的にもショーアップされたステージをしており、笑い声も聞こえ、かなり楽しそうである。

アヴィアに加入しなかったサラグフ兄弟は、新たなメンバーを加えて、イーグリィとして活動することになった。1986年に放ったデビューシングル『Le Fleur de Papier』は、『Смотри в оба（用心しろ）』に収録されていた「Бумажные цветы

（ペーパー・フラワー）』をフランス語で歌ったスピード感のあるニューウェイヴ曲である。

　それまでのライヴでレパートリーであった曲を一挙にレコーディングし、1989 年に同時に 2 枚のアルバム『Крик в жизни（人生での叫び）』『Детерминизм（決定論）』をリリース。アヴィアがアヴァンギャルドを目指し、ストレンジポップになったのとは対照的に、イーグリィはよりポストパンクなバンド的サウンドを目指した。ストランヌィ・イーグリィのルーツであった 2 トーンが英国産であったように、多分に英国的な、The Smiths や Sister of Mercy 的な要素も見受けられる。バンドはその後休止状態になり、2009 年には弟のサラゴフは急死してしまう。しかし、2013 年より兄のサラゴフの息子、フィリップ（Филипп）の加入により再結成されている。

　最後にもう一つの派生グループ。ヴィクトール・サラゴフは別れたはずのアヴィアのメンバー、ラホフとデッドゥシュキ（Deadушки）というエレクトロニックなグループとしても 1996 年から現在まで活動している。「ушки」は「耳」なので、「死んだ耳」。同時に「じいさんたち」を意味する「дедушки」とも掛けてると思われる。デビュー作は、1998 年の『Искусство каменных статуй（石像のアート）』では、ブレイクビーツやドラムンベース系のサウンドを聴かせてくれる。

　1982 年に結成されたストランヌィ・イーグリィのメンバー達はグループとして分裂・派生をしながらも、常に時代の先駆者であった。

Игры
『Крик в жизни』
（不明, 1989）

Игры
『Детерминизм』
（不明, 1989）

Dead ушки
『Искусство каменных статуй』
（Утекай, 1998）

ジャンナ・アグザラワ　Жанна Агузарова

逮捕歴あり、火星出身と言い張るソ連版 Lady Gaga

Браво
『Браво』
(Мелодия , 1987)

　　　筆者のロシア語の先生に「ロシアに Lady Gaga みたいな人はいるのか？」と訊いてみたところ、教えてもらったのが、ジャンナ・アグザラワ（Жанна Агузарова）。確かに彼女のエキセントリックさは、Lady Gaga を思わせる。今も現役だが、彼女のルーツは 80 年代ソ連に辿れる。彼女の出生については、情報が交錯している。ロシアの Wikipedia によると、1962 年生まれであるが、彼女は 1967 年だと訴えている。同じく、出生地は、シベリアの首都と呼ばれるノヴォシビルスク、ウズベキスタン、ウラジカフカスという複数の情報がある。どちらにしても地方出身者のようである。しかし、彼女は火星からやってきたと言い張っているので火星出身 1967 年生まれとしておく。

　　　1982 年に彼女がモスクワに上京、1983 年にロックンロール・バンド、ブラーヴォ（Браво）のメンバーとなる。しかし、1984 年に重大事件が発生した。ジャンナは偽名を使ったパスポートを所持していていた罪状で当局により逮捕され、半年に渡る強制労働となる。お勤め終了後、ブラー

ヴォに復帰した彼女の全盛期が始まる。当時、ポップスの世界で活躍する女性歌手はソ連にも多かったが、ロックの世界で女性がリードヴォーカリストとして活躍するのは珍しく、彼女は先駆者と言える。ロシアのロックンロールの女王と呼ばれる所以である。

ブラーヴォは、2枚の自主制作テープアルバムを発表後、1987年に公式アルバム『Браво（ブラーヴォ）』をリリース。ロカビリー的でありながらも少し前に英国で流行っていた2トーン的趣向があり、ニューウェイヴ的「Розы（Roses）」や The Police あたりを思わせるレゲエ・ナンバー「Верю Я（I Believe）」「Старый Отель（Old Hotel）」など聴きどころも多い。

「Old Hotel」は、オスタルギー（東ドイツに対するノスタルジー）映画としても貴重な『グッバイ、レーニン！』にて、劇中にラジオから流れてくる。同じ共産主義国として、東ドイツでは、ソ連の流行歌が浸透していたわけである。この映画は、ベルリンの壁崩壊前後の東ドイツの家族に起こる悲喜劇を描いた作品として、ドイツ歴代興行記録を更新し、日本でも公開され、DVD もあるのでぜひ見て欲しい。

『グッバイ、レーニン！』DVD
（ドイツ , 2003/ 日本 , 2004）

また、ジャンナは歌うだけではなく、一部の作詞もしている。1987年にモスクワの新聞「モスコフスキーコムソモーレツ（Московский комсомолец」で、ベスト女性シンガーとして、アーラ・プガチョワ、ソフィーヤ・ロタールに続いて、ジャンナが3位に選ばれている。

1986年には、より実験的かつエレクトロなナチノイ・プロスペクト（Ночной Проспект）のアルバム『Гуманитарная жизнь（人道的生活）』にゲスト・ヴォーカルとして参加した。既にツェントル（Центр）の章で紹介したナチノイ・プロスペクトだが、近未来的なジャケットの今作品は実験性とポップのバランスがとれている。後に難解すぎる方向へ行く彼らは、この路線を続けるべ

Ночной Проспект
『Гуманитарная жизнь』
（不明 , 1986/ Союз , 1996）

Жанна Агузарова
『Русский альбом』
(General, 1990)

Zhanna Aguzarova
『Nineteen Ninety's』
（Lava, 1993）

Zhanna Aguzarova
『Nineteen Ninety's』
（Lava, 1993）

きだったと感じる。また、ジャンナのその後を予感させる。

1988 年にジャンナは、ブラーヴォを脱退し、ソロとして活動を始めた。なぜか音楽学校に入学した彼女は 1990 年に卒業し、ソロ作『Русский альбом（ロシアのアルバム）』を完成させる。理由は不明だが、最初のリリースは彼女の了解なしにされ、後に正式にリリースされた。ブラーヴォ時代の路線に近いレゲエ調「Марина（マリーナ）」やキャバレー感が漂うエレクトロポップ「Звезда（スター）」等を収録した彼女の代表作となった。

ソ連が崩壊する年、1991 年にジャンナは米国のロサンゼルスに移住。1993 年に同じく米国に移住したツェントルのリーダー、ヴァシリー・シュモフの全面的サポートのもとにツェントルの曲をリメイクし、米国デビュー作『Nineteen Ninety's』で新天地の活路を見出そうとした。あまりツェントルを評価していない事が影響しているが、この組み合わせから化学反応は感じられない。好事家にはうけるかもしれないが、米国市場向きとは言えない内容だ。米国で成功できなかったジャンナは、レストランのシンガー、DJ、運転手をしていたとの報告もある。

1996 年にはロシアに帰国、ブラーヴォの 15 周年ツアーにも参加（1993 年にも一時的に再結成）し、2003 年に『Back 2 Future』でソロとしてカムバックを果たした。『Nineteen Ninety's』から曲、新曲、そして彼女の代表曲の「I Believe」のハウスリミックスが収録されている。現在もエキセントリックさに溢れるジャンナであるが、ソ連時代の彼女の歌に輝きを感じる。近年の彼女のツアーでも、ソ連時代の曲がレパートリーとなっている。

ラジオノフ＆チハミロフ　Родионов и Тихомиров

ソ連スポーツ委員会の推奨の「スポーツテクノ」

　中古レコード店でエサ箱と呼ばれるバーゲンコーナーで、意外な掘り出し物に出会うことがある。それは、レコードハンターのカンに頼るしかない世界。当たり外れはあるが、当たった時の喜びは至上である。実際にモスクワの蚤の市でも結構見かけた中古レコードの一枚が、『Ритмическая гимнастика（リズミック体操）』（1984 年）だ。英語で副題は、「Aerobic Exercises」となっており、ジャケットからも察しがつく通り、エアロビクスのための音楽である。「リズミック体操」……なんといい響きなんだ！

　このレコードは、ソ連スポーツ委員会が先生を代替する目的でグループ、個人、家族に向けて真面目に制作したものである。全 16 曲は、ウォームアップ、体操、リラックスと約 30 分のコースとなっている。歌はないが、先生と思われる女性によるかけ声が、ラップのような効果を生み出している。肝心のサウンドは、なぜか宇宙的な効果音が混じったフュージョン寄りのテクノポップとファンキーディスコの折衷。テレビでも、同様のリズミック体操の番組が

V.A.
『Ритмическая Гимнастика』
（Мелодия , 1984）

収録された体操図解入りブックレットの一部

А.Родионов и Б.Тихомиров
『Пульс 1.』
(Мелодия, 1985)

Zigmar Liepinš
『Пульс 2』
(Мелодия, 1985)

1984 年から 1990 年まで放映され、有名な体操選手、スケート選手、女優、ダンサー等が登場した。ぜひ、このレコードをどこかのフィットネス・クラブで使って欲しいものである。このレコードは、複数のミュージシャンによって制作されたが、キーボードを担当したのが、モスクワ出身のアンドレイ・ラジオノフ＆ボリス・チハミロフ（Андрей Родионов и Борис Тихомиров）の二人だ。ラジオノフは 1 曲提供し、チハミロフは 2 曲の作曲と全体のプロデュースをした。

　このコンビはエアロビクスに留まらず、スポーツテクノの世界を開拓した。翌年にこの二人の名義で発表されたのが、「Спорт и музыка（スポーツと音楽）」シリーズとしての第 1 弾『Пульс 1 Музыкальный компьютер（パルス 1 コンピュータ・ミュージック）』（1985 年）だ。A 面はラジオノフ、B 面はチハミロフによる作曲となり、「クロスカントリー競争」「水泳」「マラソン」「ローラースケート」などのスポーツがテーマのインストルメンタル 12 曲。「どうしてスポーツの楽曲がこんなにテクノになる必然性があるのか？」「本人たちは便乗しただけではないか？」と疑問が湧く不思議な作品。1 曲あたり 2 分弱のものが多く、45 回転 12 インチ盤となっている。こちらもソ連スポーツ委員会が、国民に体を鍛える文化の重要性を強調する大義のもと、練習、体育祭、競技、活動的な娯楽のために制作された。やはり、国営レコードからリリースするには大義が重要だ。

　その後も「スポーツと音楽」シリーズは、続いた。第 2 弾の『Пульс 2（パルス 2）』は、ラトビア出身のジグマルス・リエピンシュ（Zigmars Liepiņš）が担当。彼は、70 年代にラトビアで人気のあったジャズロックバンド、Modo のキーボード奏者。全体にプログレが多少入ったフュージョン的サウンドだが、1 曲目

の「Танец-85（ダンス 85）」は、ZE レコードにも通じるミュータントディスコ！ 意図せずに、偶然そうなった気がする。

第 3 弾の『Пульс 3（パルス 3）』は、ジャズロック系のアルセナル（Арсенал）。イングランドにも同じ意味の「アーセナル FC」があるが、「兵器工場」という物騒な名前のこのバンドは、ソ連で最初のジャズロックバンドとされる（1972 年結成）。全体にフュージョン気味だが、このシリーズの決まりごとなのか、テクノ寄りのスペースディスコとなっている。

アルセナル
『Пульс 3』
（Мелодия, 1986）

今までの「スポーツと音楽」は 12 インチ形式だったが、ウラジミール・オシンスキー（Владимир Осинский）の『Аэротон（エアトーン）』は、フルアルバムの LP 形式となっている。アルバムには「スポーツと音楽」と書いてあるが、曲名からは、「Тайфун（台風）」「Самба（サンバ）」等とどこがスポーツなのか分からなくなってしまった。サウンドも、テクノ度は低く、テクニカルなフュージョンと言うべき。

Владимир Осинский
『Аэротон』
（Мелодия, 1986）

オシンスキーと冒頭に登場したチハミロフは、共同で『Без царя в голове, опера-блеф（頭の中に王はいない - オペラ・ブラフ）』（1990 年）をリリースしている。オペラの舞台のために作られたのであろうか、短い曲が 27 曲収録されている。一部電子音楽的アレンジもされているが、全体にコミカルで、クラシック、ポップス、フュージョン、ロック等なんでもありの雑種的作品である。

ラジオノフ＆ボリス・チハミロフは、もう一枚コンビで共産テクノ史に刻むべき作品『512 Кбайт - Компьютерная музыка（512 KB - コンピュータ音楽）』（1987 年）を発表している。ラジオノフは、当時、日本製 PC、Yamaha MSX の 2 台を所有しており、このアルバムの楽曲とジャケットのアートワークの制作に使われた。2 台の MSX の総メモリー容量

В . Осинский , Б . Тихомиров
『Без царя в голове , опера - блеф』
（Мелодия, 1990）

А . Родионов и Б . Тихомиров
『512 Кбайт』
(Мелодия ,1987)

裏ジャケット

Zonophone Orchestra/ А . Родионов
『Комета Галлея』
(Мелодия ,1985)

が 512 KB であったことから、このアルバムの タイトルは、『512 KB』となった。裏ジャケットに写っているのが、Yamaha MSX のマシーン。90 年頃まで共産圏へ 16bit PC の輸出が禁じられていたにも関わらず、ソ連で MSX が手に入れられたのは驚きである。

『512 KB』は、スポーツテクノではなく、コンピュータがテーマのテクノポップ的コンセプトアルバムである。また、PC を使って制作されたソ連で最初のテクノポップ・アルバムとされている。そこでは、ロックの文脈とは微妙にずれたテクノポップが堪能できる。『パルス 1』と同様に作曲は二人で分担。「Пульсар（パルサー）」とサブタイトルが付いた A 面はチハミロフ、「512 Кбайт（512 KB）」とサブタイトルが付いた B 面はラジオノフが中心になってそれぞれ作曲した。4 曲のインストルメンタルと 7 曲の歌もので構成され、ラジオノフとゲスト 3 人がヴォーカルをとっている。ラジオノフの「Персональный компьютер（パーソナルコンピュータ）」は、シングルとしてもリリースされた。

ラジオノフは、Zonophone Orchestra とのスプリットシングル『Комета Галлея（ハレー彗星』を 1985 年に発表した。1986 年は、ハレー彗星が約 76 年周期で地球に接近した年。この時期、金星及びハレー彗星探査ためにソ連はベガ 1 号・2 号の打ち上げを含むベガ計画を主導していた。こちらも、スペースエイジのレトロ感溢れるテクノポップとして記憶に留めるべき作品である。なお、現在モスクワ在住のラジオノフとチハミロフには共産テクノの生き証人として、インタビューに成功したので、ぜひ彼らの生の声を感じ取ってほしい。

(左から、チハミロフ、筆者、ラジオノフ)

ラジオノフ＆チハミロフにモスクワでインタビュー

エアロビクス、ブレイクダンス、スター・ウォーズに触発された MSX ミュージック

　2015 年 7 月にモスクワに渡航した。一番の目的は、アンドレイ・ラジオノフ＆ボリス・チハミロフ（Андрей Родионов и Борис Тихомиров）に会うことである。ロシアの Wikipedia によれば、このデュオはパソコンを使ってコンピュータミュージックを作った先駆者的ミュージシャンとされている。今回、『共産テクノ』を執筆するにあたって、ソ連時代を実体験したミュージシャンに直接話を訊くのが必須であると感じていたので、貴重な機会だった。

　まず、ラジオノフ（インタビューでは愛称のアンディ）にメールをしたところ、彼は快くインタビューの申し出を承諾してくれた。同時に筆者がテクノポップという言葉を使った際、アンディには「（クラブミュージックとしての）テクノが好きではない」と念を押され、テクノポップはテクノとは違うということを説明をしなくてならなかった。そして、アンディは長らく会っていなかったチハミロフ（インタビューではボリス）にコンタクトし、二人とモスクワ南部の郊外に位置するアンディのホームスタジオでインタビューとなった。アンディは茶目っ気があり、ボリスは紳士然としている。彼らの音楽史に加えて、ペレストロイカ前後のソ連のリアリティを感じ取ってほしい。

四方：アンディ、インタビューを快諾してくれてありがとう！　僕はソ連のテクノポップのシーンで何が起こったのかをずっと調べています。そんな中、あなたがソ連時代に残した作品に魅了されました。あなたなら、共産主義時代の生き証人として、貴重な意見が伺えると考えたのです。まずは、あなたの生い立ちについて教えて下さい。

アンディ：僕は 1954 年 7 月 3 日にモスクワに生まれました。僕のお父さん、Dr. ボリス・ラジオノフは 94 歳で、まだ健在です。僕のお母さんは、2008 年に亡くなりました。僕が 10 歳の時、両親は離婚したのです。

四方：あなたには、ミュージシャン、作曲家、コンピュータプログラマー、ゲームプログラマー、数学者と、アートと科学に渡る才能があります。どのようにそれらの幅広い能力を培ってきたのですか？

アンディ：お父さんは、若かりし頃、二人の子供を欲しがっていました。一人は数学者に、もう一人はミュージシャンになって欲しかった。でも、僕が唯一の子供でした。だから、一人で二役ができる子供になろうとしたのです（笑）。

四方：なんて、親孝行な息子なんでしょう（笑）！

アンディ：真面目に話しますと、16 〜 17 歳の頃、数学にとても秀でた教育を学校で受けました。僕たちは高校レベルの数学コースに加えて、古い真空管のマシーンを使ってコンピュータプログラムの特別コースやコンピュータ数学を勉強しました。学校卒業時点で、ラボラトリープログラマーとしての学位が与えられました。

四方：音楽教育についてはどうだったのですか？

アンディ：同時に僕は、デュナエヴスキー子供音楽学校（Детская музыкальная школа имени И. Дунаевского）でピアニストとして勉強をしていました。ここは、モスクワにおいて子供向けの音楽教育機関として最も優秀な学校の一つです。僕のピアノの技量はそこで育てられたのです。

四方：この時期、どのような音楽を好んで聴いていたのですか？

アンディ：The Beatles、Rolling Stones 等の新しいロックの時代となっていました。僕は友達とグループを作って、学校のパーティやサマーキャンプ（пионерский лагерь）で演奏をしたり、コンテストに出たりしました。1967 年頃から全ては始まりました。自作のエレキギターや音楽機材で演奏したのは、とても面白かった。ギターの

本体、電気のパート、エフェクター、アンプ等も自作しました。僕も含めてほとんどの友達は、アマチュア無線もしていて、すごい情熱でそれらを作りました。

四方：DIY でエレキギターを作るとは、驚きです。グループではどのような役割を担っていたのですか？

アンディ：僕は、学校のバンドでは、リードギタリストとしてポップな音楽を演奏していました。同時に、自分で楽曲を作り始め、バンドでそれらの演奏もしていました

四方：その後、どうしたのですか？

アンディ：いくつかの高校生バンドで、ギタリストから転向し、電子オルガンを弾いていました。また、自分で楽曲も作り続けていました。ほとんどは、インストルメンタルです。残念なことにその時期の音源は残っていません。当時、レコーディング機材もスタジオも持っていなかったからです。

四方：その後、オラヴャンヌィエ・ソルダチキ（Оловянные Солдатики/ ブリキの兵隊）のキーボーディストとして活動をしましたが、どのような音楽をやっていたのですか？

アンディ：政治的な内容を避けたロシアンロックのようなものです。政治的側面を除いても、ロックバンドをやるということは、当時のソ連では問題だったのです。僕たちは、合法的でも公式でもなかったバンドなんです。だから、僕たちのコンサートも合法的ではなく、僕たちが受け取った報酬も合法ではありませんでした。このようなことで、監獄送りになることも珍しくありませんでした。僕たちの楽曲は、ラジオでもテレビでも流されることはありませんでした。例外は、公式に発注されたり、アニメや映画のために録音された歌や曲です。しかし、僕たちは無料のテープアルバムを制作して、人々はそれをダビングして拡散していき、家で聴いていたのです。だから、僕たちは世間で知られており、人気もありました。

四方：インストルメンタルだけでなく、歌詞のある歌も作っていたのですか？

アンディ：はい。僕たちの歌詞は哲学的で、言説や回想をもとにしています。

四方：ボリス、あなたがどのような環境で育てられたかについても教えてください。

ボリス：お父さんは外交官、お母さんは法律家でした。叔父さんのユーリイ・ヤクシェフ（Юрий Якушев）は、ボリショイ劇場で独奏者をしていました。

インタビュー

四方：音楽家であった叔父さんの影響は大きかったのですか？

ボリス：叔父さんはよく僕をピアニストとしてコンサートに招いてくれました。チャイコフスキーの演奏を一緒にしました。

四方：あなたが生まれたのはモスクワですが、お父さんの仕事でシリアのダマスカスにいたこともあるんですよね。

ボリス：はい。そういった経験から、中近東の音楽にも興味を持ちました。1983年には伝統民族音楽のレコードをプロデュースしました。また、アフリカ諸国やインドへの遠征ツアーもオーガナイズしたのです。

四方：音楽の勉強はどこでしたのですか？

ボリス：ピアニストそして作曲家になるために、モスクワにあるグネーシン音楽大学（Российская академия музыки имени Гнесиных）を卒業しました。

四方：あなたはロシアのコンピュータミュージックを築いた一人として知られています。あなたのようなクラシック畑の人がどうしてこの領域に注目したのか、大変興味があります。どうしてコンピュータミュージックをしようと思ったのですか？

ボリス：僕がまだ学生だった頃、ギター、電子オルガンに加えて、音楽に新しい音色を探していました。そして、ゲレオス（Гелеос）というロックグループを結成したのです。僕はANSシンセサイザー（ミシェーリンの章を参照）を習得し、電子系の新しい音色を作り出しました。その頃までに、僕は電子音楽における新しい表現手法を見出したのです。アンディと出会うことで、この分野でプロとしての仕事をすることとなりました。

四方：僕はあなたたちの名前が1984年のアルバム『Ритмическая гимнастика（リズミック体操）』でクレジットされているのを偶然に発見しました。リズミック体操とはエアロビクスのことですね。どのようにしてこのプロジェクトに参加することになったのですか？

アンディ：これは、ボリスを通じてです。僕たちが最初にどのようにどこで出会ったのか正確に覚えていませんが、その後、ボリスはメロディヤでの最初の『エアロビクス』シリーズとなる実験的作品のために1曲書いて欲しいと頼んでくれたのです。Roland Jupiter-8とRoland TR-808で作った僕のテープアルバム『Летать（飛ぶ）』を聴いて、彼は頼んだと思うのです。このアルバムは、完全に僕一人でトラック毎にレコーディ

ングしていったとても気合いの入った作品でした。ボリスからの依頼は、僕にとって、メロディヤのスタジオでレコーディングができる作曲家の仲間入りができた第一歩だったのです。

四方：ボリス、どうしてアンディをこのアルバムに迎えることにしたのですか？

ボリス：僕たちは、今までそれぞれ新しい音楽を作っていました。でも、スタジオでの準備とレコーディングを行うには、このアルバムの作曲家として一つになる必要があったのです。

四方：メロディヤは、モスクワでの唯一のスタジオだったのですか？

アンディ：メロディヤは、ソ連ではアナログ盤を作るために用意された唯一のスタジオであったことを理解しないといけません。他にも、二つ大きなスタジオがありました。一つは、映画音楽のための「モスフィルム（Мосфильм）」。もう一つは、特にラジオのために使われた「GDRZ（ГДРЗ：Государственный дом радиовещания и звукозаписи）」です。オスタンキノ・テレビ塔（Останкинская телебашня）にも小さなスタジオがありましたが、マルチチャンネル機材もなく、実質的にサウンドプロセッサーもありませんでした。だから、音楽制作には向いていなかったのです。
ミュージシャンの中には自分でマルチチャンネルのスタジオを作ろうとした人もいましたが、4～8トラックを超えない機材でも大変高価で、当時プロフェッショナル用音楽機材を入手することは大変困難でした。ソ連以外の国に行って、機材を買い、持って帰るしか方法がなかったのです。しかし、メロディヤは24チャンネルのテープレコーダーと大きな最新型高品質サウンドプロセッサーを備えたマルチチャンネルのスタジオを三つ持っていました。メロディヤでレコーディングをすることは、すべてのミュージシャンの夢でした。

ボリス：僕たちは、メロディヤ・スタジオと電子音楽への改革のために一緒に仕事をしました。その結果、初めてシンセサイザーとパソコンのサウンドがスタジオで鳴らせるようになったのです。

四方：ボリス、このアルバムであなたがとった具体的な役割は何だったのですか？

ボリス：僕は、メロディヤに新しい音楽テクノロジーの活用を強化することを提案しました。これは、新しいシリーズのエアロビクス、スポーツ、そしてコンピュータ音楽を発明するのに必要だったのです。

アンディ：ボリスは『エアロビクス』プロジェクトのエディター的存在で、これをやること自体、完全に彼のアイデアでした。ちなみにボリスは 1953 年、僕は 1954 年生まれで、僕たちはほぼ同い年です。

四方：エアロビクスのための作品であるにもかかわらず、楽曲は意外にもコズミック・サウンドを取り入れたエレクトロニックなものですね。どうしてそうなったのかとても興味があります。エアロビクスの先生の声はほとんどラップに聞こえ、まるでエレクトロのようです（笑）。

アンディ：僕にとっては、自分の音楽を使う悪い例でした。僕の綺麗なメロディーで出来上がった音楽は、手と足の動きについてのバカげた言葉を話す女性の声で劣化してしまいました（笑）。しかしながら、これはメロディヤのコミュニティに入っていくための入り口だったので、そのステップを踏んだのです。残念ながら、僕自身は僕のパートを録音したマスター音源を持っていません。しかし、後になって、「In the Old Castle」というタイトルでリメイクしています。

四方：『エアロビクス（Ритмическая гимнастика）』というテレビ番組もあったのですよね。これはソ連では人気があったのですか？

アンディ：はい。ほとんどのソ連の女性達はテレビのそばでジャンプしていました（笑）。ボリスのターゲッティングは当たったわけです。

四方：ソ連政府はどうしてエアロビクスを推奨していたのですか？

アンディ：僕も知らないけど、たぶん全ての種類のスポーツと名がつくものはソ連文化の重要な部分でした。フィジカルなカルチャーだったのです（笑）！

四方：1985 年には、あなたはボリスと共に 12 インチシングル『Пульс 1 Музыкальный компьютер（パルス 1 コンピュータ・ミュージック）』をリリースします。どうして再び二人でやることになったのですか？

アンディ：彼にとっても僕にとってもこれはとても好都合だったのです。ボリスは作曲家兼プロデューサー、僕は作曲家兼サウンド・プロデューサー。彼はメロディヤや他の音楽団体に対しての力を使って、僕たちのアイデアとプロジェクトを前進させ、僕は自分が秀でているシンセサイザーとコンピュータのテクノロジーを使って、制作を前進させるという役割分担をしていたのです。

四方：ソ連の人たちは、実際にこのレコードを体育祭、競技、活動的な娯楽のために鳴らしていたのですか？

アンディ：もちろんです。僕たちの音楽の全ての公共での演奏に対しては、著作料が受け取れました。しかし、ほとんどの収入は、アナログ盤からの著作料でした。

四方：ということは、多くのレコードを売れば売るほど、収入が増えるわけですね。それじゃ、共産主義ではなく、資本主義ですね。

アンディ：その通りです。収入が仕事の質によって変わるということは、ソ連での仕事としては大変珍しかったということを言わなくていけません。レコードはレコード店で売られ、売れたら、店は工場にさらなる発注をします。それぞれの盤に対しての著作料の率をベースに支払われます。だから、音楽の人気が出るほど、僕たちは儲かったのです（笑）。

四方：ソビエトロックの歴史について読んでいると、ロック・アルバムをリリースしたり、公式のコンサートでロックを演奏するには多くの制限があったと理解しています。多くのロック・ミュージシャンはテープアルバムとして地下出版するしかなかったと……その理解は正しいでしょうか？

ボリス：プロでないミュージシャンについて言えば、それは本当です。

四方：メロディヤからのリリースが難しいプロでないミュージシャンの場合、テープアルバムをリリースしていたのですか？

アンディ：もちろん、それは幅広い聴衆の間で人気を獲得する非商業的方法としてありました。加えて、そのような人気によって、プロでないミュージシャンはメロディヤからのオファーそしてリリースが期待できました。

四方：メロディヤからリリースする場合、具体的にこれはダメといった検閲基準はあったのですか？

ボリス：明文化された基準はありませんでしたが、ロックは検閲されました。でも、だいたいどんなのがダメなのかは推測できました。

アンディ：ボリスは、スポーツをテーマに使うというとても頭のいいステップを踏みました。僕が 1985 年に米国を訪問した際、ブレイクダンスが流行っていることに気づき、それを取り入れました。検閲する人には、ブレイクダンスの文化背景を理解できないと考

えました。だから、何の問題もありませんでした。『パルス1』は、特別なソ連版のブレイクダンスです（笑）。

四方：ペレストロイカで状況は変わったのですか？

アンディ：ペレストロイカ後、検閲システムはなくなりました。音楽芸術委員会のようなものがあって、それがペレストロイカ前は障害だったのです。

ボリス：同時に委員会は、音楽の質を保つ機能を持っていました。ミュージシャンがシンプルな間違いをしたら、直してくれたのです。

四方：それについては僕は知りませんでした！　メロディヤを通じた政府のコントロールには、いい点も悪い点もあったとうことですね。

アンディ：はい、僕たちは、音楽の質の向上のためにやってくれたことには感謝しています。委員会は質の低いコンテンツをフィルターする役割を持っていたのです。

ボリス：メロディヤは音楽タレントの育成も支援していました。しかし、ペレストロイカ後は無くなりました。

四方：メロディヤはいいプロデューサー的役割も担っていたんですね。『パルス1』は100万枚以上売れたとありますが、一枚のレコードの値段は？

アンディ：1.5ルーブル、当時のレートで約2米ドル（1987年のレートで約320円）です。

四方：非公式のテープアルバムも売っていたのですか？　こちらの値段は？

アンディ：非公式のテープアルバム、例えば僕がやっていたオラヴャンヌィエ・ソルダチキのテープアルバムなんかは無料配布をしていました。でも、『パルス1』のような工場で製品化されたテープアルバムは同じカセットテープでもレコード店で正規の値段で売られていました。

四方：アーティストが他のアーティストの楽曲をカヴァーした場合、カヴァーされたアーティストにもロイヤリティは入るのですか？

アンディ：その場合、楽曲をカヴァーする承諾を依頼する特別な書類を書かないといけま

せん。

四方：カヴァーされたのが、西側のアーティストの場合は？

**ボリス：ソ連のアーティストが西側のアーティストの楽曲をメロディヤのレコードでカ
ヴァーしたら、メロディヤがロイヤリティを支払います。**

四方：ボリスと二人で、7インチシングル『Комета Галлея（ハレー彗星）』を 1985
年にリリースしています。これはソ連とフランスがベガ 1 号とベガ 2 号でベガ計画をやっ
ていた背景からですか？

**アンディ：アイデアはとてもシンプルでした。ハレー彗星が近づいてきたから、この出来
事を単純になんらかの形で表現したかったのです。**

四方：では、1987 年にラジオノフ＆チハミロフとしてリリースした重要なアルバム『512
Кбайт - Компьютерная музыка（512 KB - コンピュータ音楽）』についてさらに教え
てください。このようなタイプの音楽は当時、ソ連ではどのように呼ばれていたのですか？
　ちなみに海外では、シンセポップやエレクトロポップ、日本ではテクノポップと呼ばれ
るのが一般的でした。

**アンディ：僕たちは、コンピュータ技術のみで作られたから、コンピュータミュージック
と呼んでいました。テルミンは、厳密にはコンピュータミュージックではありません。だ
から、（少なくともソ連では）コンピュータミュージックは存在しなかったのです。僕た
ちは、コンピュータを作曲とレコーディングの道具として使いました。ジャンルという観
点からは、シンフォニーの要素があるエレクトロポップと言ってもいいでしょう。**

四方：あなたたちがコンピュータミュージックを作る上で、インスパイアされたアーティ
ストとかはいたのですか？

**アンディ：正確に言うのは難しいですね。僕が時代を超えて好きなのは、Alan
Parsons Project です。しかし、『512 KB』はコンセプトに基づいた作品という点
を除いては、この種の音楽と一線を画しています。僕たちは、単に新しいスタイルとサウ
ンドで今までになかった試みをしたのです。個人的には、作品の内容は『スター・ウォー
ズ』の世界観に影響されました（笑）。**

四方：『スター・ウォーズ』はどこで見たのですか？

インタビュー

アンディ：1980 年に米国を訪問した際、『スター・ウォーズ：エピソード 5/ 帝国の逆襲』の上映初日に観たのです。

四方：それは凄い！ 『スター・ウォーズ』はソ連でも公開されていたのですか？

アンディ：ペレストロイカが始まるまで、ソ連では観ることができませんでした。というのも、レーガン大統領時代に米国の戦略防衛構想は通称、「スター・ウォーズ計画」と呼ばれ、政治的な意味合いがありました。

四方：今までの作品はインストルメンタル中心でしたが、『512 KB』ではヴォーカルが増えています。なんらかのメッセージを含めたポップミュージックを作る意図があったのでしょうか？

アンディ：『512 KB』はコンセプトアルバムで、全ての歌詞はコンピュータを念頭に置いて書かれています。だから、コンピュータ志向は、作曲やレコーディングの道具だけではなく、歌詞にも表れています。また、我々の社会がグローバルなコンピュータ化を迎えた時期であった故に現実の生活においても、コンピュータは重要なテーマでした。僕たちはこのコンピュータ化のプロセスをできるだけ加速させようとしていたのです（笑）。

四方：こちらのアルバムも成功したと理解しています。どれくらい売れたのですか？

アンディ：『パルス 1』と同様に 100 万枚程度は売れました。

四方：アルバム・タイトル『512 KB』は、使用機材であった Yamaha MSX の 2 台分の総メモリー容量ですよね。MSX は音楽のために使うようになったのですか？

アンディ：僕たちは、MSX を音楽やゲームを作るための最初のパソコンとして使いました。個人的には、プログラミングのためにも使いました。僕は、MSX をプログラミング C 言語を駆使して、自作のアニメーションとグラフィック・ライブラリーでカスタマイズして、多くのコマンド・ライン・ユーティリティやマウスで操作できるグラフィック・エディター（パターン・エディター）を作りました。全てを完了するのには、約 2 年かかりました。その後、四つのコンピュータゲームを制作し、全てを学校教育を目的にソ連の文化省に売ったのです。

四方：どんなコンピュータゲームを作ったのですか？

アンディ：アドベンチャーゲームのようなものです。このゲームの最も面白いところは、

ランダムに創り上げられた宇宙で構成されていて、同じゲームをクリアする度に違う結果になるのです。星と惑星が別次元にあり、違った文明が存在し、プレイヤーは毎回違うモノが必要になります。だから、ゲームは何度やっても繰り返さないのです。

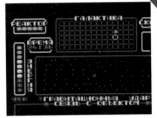

『Возвращение на Землю
（地球への帰還）』
（1988 年）

四方：ゲームのためのゲーム音楽も作ったのでしょうか？　ゲーム音楽は日本では一つの音楽ジャンルとして成立しています。

アンディ：はい。これらのゲームのために音楽を作曲しました。三つのポリフォニーからなる大変シンプルな音楽ですが、特別に MSX のために作られたミュージカル・エンジンで演奏することができました。

四方：MSX 以外に『512 KB』では、どのような電子楽器を使ったのですか？

アンディ：Yamaha SFG、Roland Jupiter-4/Jupiter-8 といったシンセサイザーや Roland TR-808/TR-909（現在のカルト的楽器です！）といったドラムマシンです。後に Atari ST 1040、Commodore Amiga 500/2000、最後に IBM PC 互換機等のパソコンも加わりました。

四方：ソ連での電子音楽の歴史を見てみると、1920 年から 1950 年代くらいまでソ連は電子楽器の発展に力を入れていたと理解しています。例えば、テルミン（Терменвокс）、エクヴォジン（Экводин）、ANS シンセサイザー等。同じ印象を持っていますか？　しかし、1960 年代以降、発達が止まってしまったような気がしますが、どうなんでしょう？

アンディ：最終的に全てはヴァーチャルになってしまいました。最近のパソコンなら、現実的にハードウェアをベースにしたプロセッサーよりも優れた状態で何百ものポリフォニーサウンドが演奏できてしまいます。パソコンと MIDI コントローラーだけで、プロ級の音楽パレットが作れます。

『Майор Пистолетов
（ピストレトフ少佐）』
（1988 年）

四方：『512 KB』に戻りますが、アンディは A 面、ボリスは B 面と、一緒にやるというよりも分かれてアルバムを作っていますね。『パルス 1』につい

ても同様です。どうしてですか？

アンディ：僕たちの作曲のスタイルは違うので、一緒に実際の制作をすることはありませんでした。でも、自分たちのアイデアの実現という意味では共同作業でした。だから、それぞれの作曲者がそれぞれの面を担当するというのは合理的な考え方でした。

А. Родионов
『Персональный компьютер』
（ Мелодия , 1986 ）

四方：『Персональный компьютер（パーソナルコンピュータ）』という７インチ・シングルを 1986 年に発表していますが、これは『512 KB』に収録された同名の曲と同じですか？ 『512 KB』の先行シングルのような位置付けだったのですか？

アンディ：はい、全く同じ曲です。でも、先行リリースではありません。「パーソナルコンピュータ」は特別な実験的プロジェクトで、片面に楽曲、もう片面にデジタルに録音されたゲームを収録しています。これは、僕が MSX ベーシックで書いた「月面着陸」というシンプルなゲームで、パソコンから移植したのです。レコードプレーヤーから直接、もしくはカセットデッキ経由でオーディオシグナルとしてデータを移して、このゲームを MSX 機にロードできるのです。ソ連ではまだフロッピーディスクが一般に普及しておらず、高価であったため、パソコンのデータ保存にはカセットテープがまだ使われていたのです。

四方：当時としては独創的な試みがなされた『512 KB』は、ソ連のポップミュージック史において重要な節目となる作品だと感じています。同じような意見を、旧ソ連にいた人から聞くことをありますか？

アンディ：時折、このアルバムを思い出した人から E メールをもらうことがあります。彼らは、私とボリスに温かい言葉で感謝の気持ちを伝えてくれます。とても光栄なことです。

四方：アルバムは成功したのに、それ以降ボリスと組んで活動はしなかったのはなぜですか？

アンディ：とても特殊なタイミングでした。ペレストロイカが始まって、状況が変わってしまいました。僕自身は、既に作品を完成させるのに十分な音源があったので、ソロアルバム『Виртуальный мир（ヴァーチャル・ワールド）』を作ることを決めていまし

た。一方で、ボリスもアルバムに十分な音源があ
りました。だから、僕たちは別々に作品を発表し
ていくことになりました。振り返ってみると、間
違った方向だったかもしれません。僕たちの力は、
一緒になって最高のものになったはずです。もと
もと別々にやっていくきっかけを作ったのは僕で
すから、僕の方により責任があります。しかし、
これから再び一緒にやっていけたらと考えていま
す。以前と同じくらいの成功が収められることを
望んでいます。

А . Родионов
『Виртуальный мир』
(SoftMediaBrain, 2000)

四方：思いを共有してくれてありがとうご
ざいます。二人のコラボレーションが起
こることを僕も望んでいます。『512 KB』の後、あなたは、AEM（Ассоциации
электроакустической музыки）という電子音楽協会でも活躍しましたが、この協会
の主たる目的は何だったのでしょう？

アンディ：一言で言いにくいですが、複数の目的がありました。最初の目的は、ロシア
における現代音楽としての電子音楽の普及です。エドゥアルド・アルテミエフ（Эдуард
Артемьев）は既に協会にいました。そして、ミュージシャンが働きやすい環境に整備す
ること。最後にフランスにセンターがある国際的な組織に一員となることでした。

四方：ソ連が崩壊して、何が一番変わりましたか？

アンディ：良くなったこともありますが、同時に悪くなったこともあります。ソ連が持っ
ていたうまく機能していたメカニズムが無くなってしまいました。例えば、音楽の委員会。

四方：現在のロシア及び世界の音楽についてどう思いますか？

アンディ：私見を述べると、ロシアを含めた世界中のポップミュージックは以前よりも魅
力がありません。ラジオやテレビから流れてくるほとんどの音楽は、僕にはとても原始的
で単純に聞こえます。音楽制作がパソコンさえあれば誰にでもできてしまうものになった
のも原因でしょう。他人の音楽を借用し、ループさせて、自分自身で音楽を作らない人た
ちもいます。

四方：アンディ、ボリス、僕の長い質問に答えてくれてありがとう。お二人の活躍を期待
します。

インタビュー

1987

アリヤーンス　Альянс

モスクワ版 Duran Duran、共産ナウロマンティック！

アリャンス
『Я медленно учился жить』
(不明, 1984)

　80年代初期、ニューウェイヴやテクノポップの流れの中で、Duran Duran や Visage 等を代表とする退廃的なイメージとヴィジュアルを売りにしたニューロマンティックスというムーヴメントがあった。Tei Towa が仕掛けた今田耕司扮する KOJI1200 の「ナウロマンティック」あたりのイメージである。「アライアンス」を意味するアリヤーンス（Альянс）は、お化粧している写真こそ見つかっていないが、ソ連のニューロマンティックスの先駆けと言えよう。

　アリヤーンスは、1981年にセルゲイ・ヴァロージン（Сергей Володин）が中心となりモスクワで結成された。バンドはライヴ中心に活動していたようだが、1984年にはデビュー作『Я медленно учился жить（僕はゆっくりと生きることを学ぶ）』をリリース。この時期は、典型的なニューロマ・サウンドというよりもレゲエやスカのビートと取り入れたニューウェイヴの色彩が強い。しかしながら、バンド活動はその後たち切れとなっていく。

1986 年に再始動となり、その頃には始動していたモスクワ・ロックラボラトリーなどにも参加したが、中心人物であったヴァロージンは脱退し、イゴール・ジュラヴリョフ（Игорь Журавлёв）とオレグ・パラスタエフ（Олег Парастаев）が中心となり運営された。ジャケットが存在しないが、この時期の『Неизвестный альбом（不明なアルバム）』（1987 年）に収録されている楽曲は確かに Duran Duran をかなり意識していると突っ込みたくなる。公式タイトルかタイトルがないから、そう呼ばれているかは謎である。

この後バンドは分裂し、パラスタエフは元アリヤーンスのヴァーロジン、ディミトリー・アセトロフ（Дмитрий Осетров）と組んで、「新しいロシア・グループ（Новая Русская Группа）」を意味する NRG（НРГ）を結成し、1990 年に『Проснись（覚醒）』を発表した。多少大袈裟なプログレ感があるが、壮大でメランコリックな世界を奏でており、評価できる。

また、メロディヤからは『НРГ / Альянс（NRG/ アリヤーンス）』という分裂したバンドのスプリットアルバムという通常考えられないリリースをした。

アリヤーンスの方は、女性ヴォーカリストのイナ・ジェランナヤ（Инна Желанная）を迎えて、メンバーも増強し、楽器的にも幅広くエスニックテイストも備えたアルバム『Сделано в Белом - Альянс III（Made in White - アリヤーンス III）』を 1992 年に発表した。このアルバムはフランスでも評価されて、一定の成功を収めたようである。2008 年以降もアリヤーンスは定期的にコンサートを行っており、ジェランナヤもソロシンガーとして活動している。

НРГ
『Проснись』
（Electric, 1990/1996）

НРГ / Альянс
『НРГ / Альянс』
（Мелодия , 1990）

Альянс
『Сделано в Белом »（Альянс III）』
（Ритонис , 1992）

Brothers in Mind（Братья По Разуму）

YMO をサンプリング（パクった？）した閉鎖都市の反乱者

Братья По Разуму
『88A』
（不明, 1984）

Братья По Разуму
『Игра синих лампочек』
（不明, 1985）

　ソ連、そして現在のロシアにも、閉鎖都市または秘密都市と呼ばれる旅行や居住が制限される都市が存在する。その多くは、軍事や核開発に関わる機密を守るためである。今は自由に渡航ができるようになったウラジオストクもその一つであったが、核開発が行われているチェリャビンスク州のスネジンスク市（旧称：チェリャビンスク 70）への外国人の旅行は、現在でも許可が無ければ出来ない。2013 年にチェリャビンスク州に巨大隕石が落下したニュースを覚えている人もいるだろう。そんな閉鎖都市でヴォーヴァ・シニー（Вова Синий）とゴーシャ・ルィジー（Гоша Рыжий）は、「心の兄弟」となり、1984 年に Brothers in Mind（Братья По Разуму）として活動を始めた。

　デビュー作『88A』（1984 年）では、どこかからパクってきた音を混ぜて、勢いのみで歌っている。正直アマチュアの域を出ない。正確に言えば、ソ連におけるロック系のプロのミュージシャンは限られている。音楽を生業とするミュージシャンとは、公式のコンサート機関に属し、公演する際も役人によって組織された芸術協議会の審査を受けなくてはならない。ここで言うアマチュアは自宅にこもって、大した練

習もせずに創作活動をしている近所のお兄ちゃんというレベルである。つまり、ヘタなのだ。

2作目の『Игра синих лампочек（青い光のゲーム）』（1985年）に収録の「Земледелие（農業）」を聴いて、チェリャビンスク隕石級の衝撃を受けた。なんだか、聴き覚えがある。「農業」のイントロは、Yellow Magic Orchestraの「Music Plans（音楽の計画）」をそのまま使っている。Shazamという楽曲検索アプリに聴かせてみても、「音楽の計画」と判定した。イントロの後は、換骨奪胎された自作カヴァーのような演奏と歌が続いていく。3作目の『Молчать!（沈黙！）』のタイトル曲は、New Orderの「Blue Monday」から始まる……といった具合である。サンプリングと言えば、まぁ、そうなんだけれど。しかし、4作目の『Хали - гали（ハリ・ガリ）』は、なぜか「100枚のソ連ロック・テープアルバム」に選ばれている。

彼らの初期の曲を集めたアナログ盤『Те Самые Песни（まさにその歌）』（1993年）は、「ソ連パンクのアンソロジー」の第1弾として正式リリースされているが、残念ながら「農業」の収録はない。彼らについて書き残された記述を調べてみると、英国の『New Music Express』誌が「ロシアで最も過激で創造的なバンド」と認めたとか、「Brian Enoがソ連訪問の際に彼らに非常に強い印象を持った」等とある。

ソ連崩壊後、彼らの反逆精神はエロスの方向で開眼した。2005年には『Synty Porno（シンセのポルノ）』という、「Fucka Fuck」「Masturbation」「Lesbeeyankee」「Sado Mazo」「Pornodisco」などSpeak & Spellのロボット声に歌わせたような33曲を収録した作品をリリースした。ジャケットはよく見ると、日本の週刊誌の中吊りをパクっている。いつまでたっても中二病は治らない。

Братья По Разуму
『Хали - гали』
（不明, 1985）

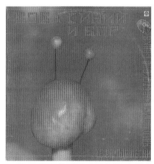

Вова Синий и Братья По Разуму
『Те Самые Песни』
（Russian Disc,1993）

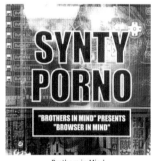

Brothers in Mind
『Synty Porno』
（Exotica, 2005）

1. Я лечу! – 3:48
2. Сейфуль-Мулюков – 2:10
3. Мы с тобой – 4:00
4. Оргазм – 4:32
5. До свидания, мама – 5:07
6. Все у нас нормально – 3:24
7. Жук – 5:25
8. Русская красавица – 5:03
9. Лирика XIX века – 4:10
10. Свеча – 3:54

メトロ　Метро

カシオトーンを駆使したローファイ共産テクノ

メトロ（Метро）とは地下鉄のことである。同名のバンドが英国のモダンポップ系バンドにもおり、70 年代後半から活動していた。英国の Metro の方は、Peter Godwin と Duncan Browne が在籍したダンディーなバンドである。さらにオランダとユーゴスラビアにも Metro というバンドが 80 年代に存在した。

ソ連のメトロは、モスクワ出身のユーリイ・ツァリョーフ（Юрий Царёв）が中心となったプロジェクトだ。兵役義務を 1980 年に終えたツァリョーフは、ストロガノフ（なんだか、ビーフとつけたくなる）アートスクールに在籍中にメトロとして活動を開始した。ややこしいことに、結成時において、海外だけでなく、レニングラードに同名のバンドが存在した。

1984 年という割と共産テクノ系としては早いデビュー作の『Кольцевая дорога（環状道路）』には、ジャケットらしきものは存在しない。しかし、このアルバムがテクノポップとしての心意気を感じる作品となっている。リズムボックスを生かし、ニューウェイヴ気味のレゲ

Метро
『Кольцевая дорога』
（不明 , 1984）

エも取り入れているが、ロックというよりも歌謡曲的。タイトルから、交通に関するテーマが好きなようである。アルバムのオープニング曲も「Метро（メトロ）」で、地下鉄が走る音をサンプリングしている。

　続いて、『ЛТП Кассиотония（LTP カシオタニヤ）』を 2 回に分けて、発表。謎なタイトルなので、調査してみると、「ЛТП」とは、ソ連の戦車の名前。「Кассиотон」とは「カシオトーン」。よって、「カシオトーン戦車」。ツァリョーフは、カシオトーンを手に入れて、音楽制作に励んでいたんだろうという推測ができる。確かに楽曲を聴いてみると、そう思える。また、「Русский нью - вейв（ロシアのニューウェイヴ）」という曲からも、ニューウェイヴを意識している。

　ツァリョーフは、80 年代に 5 枚のアルバムを発表しているが、1987 年の『Звуковая дорога（サウンド・ロード）』も含めて、全てテープアルバムであり、ジャケットは後付けである。既成のロックやポップという領域にこだわらず、独自の世界観を追求している姿は微笑ましい。また、ヴィショールィ・リビャータ（Весёлые Ребята）、チュヴェツィ（Цветы）、ツェントル（Центр）等への楽曲提供を行った。

　1996 年には、プリムス（Примус）というグループのアルバム『No. 1』のアレンジとアートワークを手がけている。ここでも、ロシア歌謡に摩訶不思議なアレンジが施されており、彼の異才を感じ取ることができる。

　時期と詳細は不明であるが、欧米だけでなく来日したという話もある。2001 年には、ユーリイ・ツァリョーフ名義で『Честь и слава（名誉と栄光）』というちょっと気恥ずかしいタイトルのソロアルバムを発表した。冒頭の本人が写っている写真が、それである。

Метро
『ЛТП " Кассиотония』
（不明 , 1985）

Метро
『Звуковая дорога』
（不明 , 1987）

Примус
『No. 1』
（RDM, 1996）

ダヴィット・トゥマーナフ　Давид Тухманов

ソ連の Trevor Horn ？モダンポップな共産テクノ人気作曲家

Давид Тухманов
『Как прекрасен мир』
（Мелодия , 1972）

あまりポピュラーではないが、モダンポップというジャンルがある。英国を中心に、The Beatles あたりをルーツとして、グラムロック、プログレッシヴロック、アートロック、パワーポップ等とニューウェイヴの架け橋となるサウンドだ。例えば、10cc、Roxy Music、Deaf School 及びその派生バンドが代表的なバンドだ。The Buggles、New Musik、The Korgis あたりは、モダンポップのルーツとしたテクノポップと言っても良いだろう。

ソ連においてその分野にいたのが、ダヴィッド・トゥマーナフ（Давид Тухманов）だ。1949 年、モスクワにて双方とも音楽家であったアルメニア人の父とロシア人の母の間に生まれた。早くから才能を開花させ、音楽学校在学中に作曲した 1961 年の「Последняя электричка（ラスト・トレイン）」は、彼にとって最初のヒットなった。弱冠 20 歳代前半で、彼が作曲した楽曲を集めたアルバム『Как прекрасен мир（世界はこんなに素晴らしい）』

を発表しており、チルナフスキー＝マテツ
キー（Чернавский=Матецкий）の章でも登場
したヴィショールィ・リビャータ（Весёлые
Ребята）等にも参加している。レアグルーヴ
的にも再評価できるジャズロック感が強い内容
である。

　注目すべきは、トゥマーナフが率いたモスク
ワ（Москва）というバンドによる 1982 年の
アルバム『Н.Л.О.（U.F.O.）』だ。根底に流れ
るのは、70 年代的アートロック～プログレ感
であるが、タイトル曲「НЛО（UFO）」のイン
トロにはニューウェイヴ的アプローチが混在
している。ラストの「Поединок（決闘）」は、
The Buggles の「Elstree（想い出のエルスト
リー）」風イントロから突然 Queen っぽくなっ
たりする。

　ヴィショールィ・リビャータにも在籍した
アレクサンドル・バルィキン（Александр
Барыкин）との共同名義で発表した『Ступени
（ステップス）』（1985 年）では、サックスが効
いた「Мона Лиза（モナリザ）」等、さらにニュー
ウェイヴ度を高めた。

　自らの作品を発表しながらも、トゥマーナ
フは作曲家として幅広い歌手・バンドに楽曲
を提供したソ連の人気作曲家の一人であっ
た。『Золотые хиты ВИА. Песни Давида
Тухманова（楽団ゴールデンヒッツ～ダヴィッ
ド・トゥマーナフの歌）』には、モスクワ等も
含め 70 年代から 80 年代にかけての 42 曲の代
表曲が収録されている。共産テクノの文脈で
トゥマーナフが関わった二つのバンドをここで
紹介したい。

　フォルム（Форум）の章で説明したエレクト
ロクルブ（Электроклуб）のデビューアルバム
では、表ジャケットに彼の名前がクレジットさ
れており、2 枚目のアルバムも含み、実質的な
ブレインとして活動した。デビュー作は、フォ

Давид Тухманов & Москва
『Н.Л.О.』
（Мелодия , 1982）

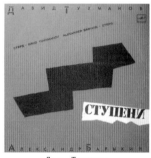

Давид Тухманов
& Александр Барыкин
『Ступени』（Мелодия , 1985）

V.A.
『Золотые хиты ВИА .
Песни Давида Тухманова』
（不明 , 2011）

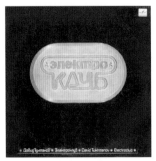

エレクトロクラブ
『エレクトロクラブ』
（Мелодия , 1987）

Красные Маки
『Кружатся диски』
（Мелодия , 1980）

Маки
『Одесса』
（Мелодия , 1988）

ルムのメンバーが加入する前であるが、既にテクノポップ度が高い内容となっている。

　もう一つ注目すべきバンドは、マーキ（Маки）である。英語にすれば、「ポピーズ」となんだか可愛いが、「ケシ」を意味するロシア語である。バンド自体は、1975 年にヴァレリヤ・チュメンコ（Валерия Чуменко）を中心にドネツク（ウクライナだがロシア度が高い地域）で結成された「赤いポピー」を意味するクラースヌィ・マーキ（Красные Маки）を母体とし、1986 年にシンプルにマーキと改名された。なんだかサイケデリックなバンド名だが、クラースヌィ・マーキは、ジャズロックとディスコの中庸的な楽団であった。この時期から、トゥマーナフは楽曲提供をしており、アルバム『Кружатся диски（廻るディスク）』（1980 年）では、E&WF 的ディスコ曲を書いている。同アルバムにはチルナフスキー＝マテツキーのユーリイ・チルナフスキー（Юрий Чернавский）のクレジットもある。

　改名後のマーキにおいても、トゥマーナフは、「Чудо-земля（ワンダーランド）」という哀愁感漂うポップソングを作曲している。

　マーキとしては、1988 年にアルバム『Одесса（オデッサ）』をリリース。こちらは、フォルム、エレクトロクルブ等を意識したようなテクノポップ路線の曲が混じっている。この時点でトゥマーナフは手を引いているが、代わりに 8 曲中 5 曲の楽曲提供したのは、チルナフスキー＝マテツキーの片割れ、ウラジミール・マテツキー（Владимир Матецкий）である。チルナフスキーの話ばかりで申し訳ないと感じていたので、マテツキーについて言及できて嬉しい。

タチアナ・アンツィフェロヴァ　Татьяна Анциферова
歌手に育ててくれた年上音楽家の若妻となり、共産テクノアイドルへ

　タチアナ・アンツィフェロヴァ（Татьяна
Анциферова）の名前を調べていたら、千島
列島の一つにアンツィフェロヴァ島（日本
名：志林規島）というのがあるのが分かっ
た。その由来は、この島を支配下におくために
遠征したコサックの首領、アンツィフェロフ
（Анциферов）である。

　タチアナは、ウクライナの第2の都市、ハ
ルキウ（日本ではロシア語読みのハリコフも
よく使われる）の音楽教育学校を通い、1971
年には作曲家・ウラジミール・ベラウソフ
（Владимир Белоусов）が率いるヴェズヴィー
（Везувий）のヴォーカリストとなった。さら
に興味深いことに、タチアナは弱冠16歳でベ
ラウソフと同棲を始めるのである。タチアナへ
のインタビューを読んでみると、ベラウソフは

Алла Пугачёва / Михаил Боярский
/ Татьяна Анциферова
『Телефонная книжка』
（Мелодия , 1985）

Татьяна Анциферова
『Два листка』
(Мелодия , 1985)

Татьяна Анциферова
『Оглянись на детство』
(Мелодия , 1986)

Татьяна Анциферова
/ Аркадий Хоралов
『Позапрошлое лето』
(Мелодия , 1986)

「僕はろくでもない。君よりも 12 歳も年上で、子供もいる。煙草も吸う、言葉遣いも悪い。僕はお金もない朝から晩まで作曲に没頭する音楽家だ」とタチアナに告白した。タチアナがあまりに若かったため、ホテルで妻と言っても、出て行けと言われたという逸話もある。

その後二人は正式に結婚したが、夫のベラウソフはタチアナにザカルパッチャ地域（ウクライナの南西部）の民謡からジャズロック、米国のポップスまで歌える歌手に育て上げた。70 年代後半から彼女は頭角を現し、1978 年の映画『31 июня（6 月 31 日）』からの「Ищу тебя（あなたを探して）」等は彼女の代表作となる。

ここまでの話は共産テクノには関係ない。変化が現れるのが、アーラ・プガチョワ（Алла Пугачёва）と共に発表したスプリットシングル『Телефонная книжка』（1985 年）。タチアナの歌う「Что-то было（何かがあった）」は、ちょっとテクノな Doobie Brothers 的な曲。

続くシングル『Два листка（二枚の葉っぱ）』は、ニューウェイヴ・レゲエ風 Steely Dan と、保守的な要素と時代的な要素をうまくブレンドしている。これらの曲を含め、アルバム『Оглянись на детство（子供の頃を見て）』は 1986 年にリリースされた。

共産テクノ的意義は低いが、同年のスプリットシングル『Позапрошлое лето（去年の夏の前）』は、70 年代 A&M サウンド的ロシア歌謡として、隠れた名曲である。

ウクライナ出身であるが、歌手としてはロシアを拠点として活動してきたので、ロシアとした。当時の写真からは、可憐な美女というイメージのタチアナだが、現在はふくよかで気さくなマトリョーシカのようだ。時は流れるのである。

エメラルドの都の魔法使い

Волшебник Изумрудного Города

おとぎ話風のバンド名なのに、ニューウェイヴ・レゲエ

　ヴォルシェブニク・イズムルドナー
ヴァ・ゴーラダ（Волшебник Изумрудного
Города）というやたら長ったらしい名前のバ
ンド名である。Google で訳してみると「オズ
の魔法使い」と訳される。「オズの魔法使い」
とは、米国人の Lyman Frank Baum が 1900 年
に書いた映画化もされている超有名な児童文
学作品である。米国の物語なのにソ連でも人
気があるのかと不思議に感じて、調べてみる
と、ソ連で 1939 年に「オズの魔法使い」を
元ネタとして、アレクサンドル・ヴァルコフ
（Александр Волков）によって改変され、バ
ンド名の直訳となる「エメラルドの都の魔法使

Ф . Баум , А . Волков
『Волшебник Изумрудного Города』
（Мелодия , 1965/1978）

Волшебник Изумрдного Города
『Волшебник Изумрдного Города』
(不明, 1985)

Волшебник Изумрдного Города
『Ночь перед рождеством』
(不明, 1986)

Дмитрий Вершинин
『Пробный завтрак』
(不明, 1985)

い」というタイトルで発表された。結果、ソ連や東欧諸国では、「オズの魔法使い」は「エメラルドの都の魔法使い」として知られることとなった。ちなみに最初に紹介したジャケットは、バンドによるものではなく、ミュージカル形式のレコード『エメラルドの都の魔法使い』である。

バンドは、1984年にギタリスト兼シンガーのディミトリー・ヴェルシニン（Дмитрий Вершинин）を中心にモスクワ郊外のゼレノグラードで結成され、セルフタイトルのテープアルバムを1985年に発表。多分、当時は地下出版であったため、ジャケットらしいものもなく、後に流通したジャケットは廃墟にメンバーの写真を貼り付けエメラルド色に加工した、全くデザインセンスが感じられないもの。子供向けのようなバンド名にも関わらず、彼らのサウンドは、哀愁のニューウェイヴ・レゲエとテクノポップに満ち溢れている。ヴォーカルが似ているためか、一足先に活動を始めたレニングラード出身のフォルム（Форум）に近いセンスを感じる。

スタジオ・ワークには熱心だったようで、続いて『Ночь перед рождеством（クリスマス前の夜）』を発表。ジャケットは同様に残念で、メンバーの写真は使い回し。しかし、シンセサイザーを駆使した効果音満載のオープニング曲「Свет упавшей звезды（流星の光）」など、近未来感を感じさせる内容となっている。

リーダーのヴェルシニンは、ソロ名義でもアルバム『Пробный завтрак（試験食）』（1985年）をリリースし、「Электрический поезд（電車）」「Играя с роботом（ロボットと遊んで）」などよりガチなテクノポップ作品に挑戦している。なお、これに関しては正式なジャケットが存在しないようなので、地下出版によく使われるテープの画像を載せておく。本国でも忘れ去られた存在に近いバンドだが、彼らのチャレンジ精神に敬意を表したい。

ニコライ・コペルニク　Николай Коперник
妖しいオーラの自称「ニューロマンティックスの真のシンボル」

　モスクワ発のニコライ・コペルニク（Николай Коперник）とは、バンド名である。彼らの公式サイトでは、「1981年に結成され、ニューロマンティックスの真のシンボルとなった」とある。その名前は、地動説を唱えたポーランド出身の天文学者、ニコラウス・コペルニクスのロシア語読みだ。首謀者は、写真からも妖しいオーラが伝わってくるユーリイ・アルロフ（Юрий Орлов）。1993年にバンドは休止し、2005年に復活して現在も活動するが、アルロフ以外のメンバーはかなり流動的だ。

　1986年、テープアルバムとしてデビュー作『Родина（ホームランド）』が発表された。アルバム発表前は、後にキノに加入したメンバーもいたレニングラード出身のジャズロック系バンド、「ジャングル」のロシア語読みとなるジュングリ（Джунгли）とコラボをしていた。ニューロマンティックスとあるが、「Дымки（もや）」等を聴いてみると、Duran Duran や Visage 的なものというよりも、サウンドや歌い方は、Japan の方に近い。

　コペルニクのソ連時代のリリースは、テー

Николай Коперник
『Родина』
（不明 , 1986/2005）

Николай Коперник
『Голова в пространстве』
（Мелодия , 1988）

Николай Коперник
『Ослепленный от солнца』
(BSA, 1989)

Оберманекен
『Прикосновение нервного меха』
(不明 , 1987)

Оберманекен
『Полшестого утра』
(Bliss,1995)

プアルバムが中心だが、1988 年のシングル『Голова в пространстве（空間にある頭）』はなぜかメロディヤから 7 インチ盤で発表されている。かなりプログレ寄りのサウンドである。1989 年のアルバム『Ослеплённый от солнца（太陽に目が眩んで）』では、方向転換を図り、「Птицы（鳥）」等はネオアコ的である。当時の西側の変化に影響されたのだろうか？

ロシアでは、最近でも 80 年代、つまりソ連時代のニューウェイヴのバンドを集めたミニフェスをやっている。日本でやっていた「DRIVE TO 2000」とかに近いノリである。例えば、「黄金の 80 年代アンダーグラウンド」（2009 年）、「モスクワのニューウェイヴ 80 年代」（2014 年）といったイベントが過去に行われているが、このコペルニク、ナチノイ・プロスペクト（Ночной Проспект）、メガポリス（Мегаполис）、アベルマネケン（Оберманекен）等のバンドが出演している。

レニングラード出身のアベルマネケンも、ニューロマ系とされたバンドだ。「アベル」はドイツ語由来で「チーフ」、「マネケン」は「マネキン」である。彼らのデビューかつソ連時代の唯一の作品『Прикосновение нервного меха（神経質な毛皮の接触）』（1987 年）には、アルロフも含めてコペルニクのメンバーも参加。クラシック的、ロシア歌謡的なものを、ニューウェイヴに取り込んだような不思議な作品となっている。演劇活動も並行させ、エロチカ的表現を持ち込んだという話もあり、当時のソ連を考えると画期的。

ソ連崩壊後も活動を続け、『Полшестого утра（午前 5 時半）』など 4 枚のアルバムをリリース。2000 年頃に、リーダーのアンジェイ・ザハリシェフ - ブラウシュ（Анжей Захарищев-Брауш）は、デュッセルドルフで Kraftwerk と 2、3 の曲を録音したとの記述があるが、その真偽は不明である。

グリゴリー・グラトコフ　Григорий Гладков
子供ディスコ・シリーズを放ったギネスブック記録保持者

　グリゴリー・グラトコフ（Григорий Гладков）
は、1953年に日本人に馴染みのある極東部の都
市、ハバロフスクに生まれ、現在のベラルーシと
ウクライナにも接する都市、ブリャンスクで育っ
た。ソ連〜ロシアにおいては、子供向け音楽の作
曲者として最も多くのアルバムを発表したギネス
ブック記録保持者でもある。

　80年代より子供向けのアニメーション用音楽
を作り始め、『А может быть, ворона...（たぶ
ん、カラス）』（1983年）は、クレイアニメ用の
楽曲を手がけた。いかにもソ連らしい、素朴な
手作り感に溢れる作品だ。また、5年に渡り、ソ
連の人気子供向けテレビ番組『Спокойной ночи,
малыши!（おやすみなさい、子供たち）』での音
楽と演奏（彼はギタリストでもある）を担当した。
彼の活動は、テレビやラジオのアニメーション、
ドラマ、ドキュメンタリー、そして音楽祭と、児
童音楽家として活動の幅を広げていった。

　合計、25枚のアルバムをリリースしたグラト
コフであるが、例えば、『Весёлая детскотека（陽
気なディスコ）』には、112のクラシック、ポッ

Григорий Гладков
『А может быть , ворона ...』
（Мелодия , 1983）

Григорий Гладков
『Весёлая детскотека』
(不明, 2006)

プス、フュージョン、プログレ的なものが混在
したソ連風インストルメンタル・ディスコ曲が
凝縮されている。ちなみに「детскотека」は
「детский（子供の）」と「дискотека（ディスコ）」
を合わせた造語なので、「子供ディスコ」とい
う意味が込められている。

　テーマは五つに分かれる。タイトルと同様
の「Весёлая детскотека（陽気なディスコ）」
「Звериная детскотека（野生のディスコ）」
「Сказочная детскотека（おとぎ話のディス
コ）」「Спортивная детскотека（スポーツディ
スコ）」、そしてグラトコフがこの本に収録され
る理由となった「Космическая детскотека（宇
宙ディスコ）」である。

　既にラジオノフ＆チハミロフの章で「スポー
ツテクノ」という言葉を使ったが、「スポーツ
ディスコ」と名付けているのは驚きである。や
はり、青少年のために振興すべきテーマであっ
たのであろう。そして、「宇宙ディスコ」……
世界的に一つのジャンルとして存在する「ス
ペースディスコ」と言ってもいい。

　アルバム『Космическая детскотека（宇宙
ディスコ）』は単体としても 1986 年にリリー
スされている。ジャケットからはあまり期待で
きそうにないが、全体にソ連のスペースディス
コに見られるフュージョン的なアプローチを基
本としつつ、楽曲によってはかなり尖っている。
「На незнакомой планете（奇妙な惑星で）」は、
ロボ声を使った Kraftwerk の「ヨーロッパ特急」
を思わせる。「Юпитер（ジュピター）」は、か
なりのニューウェイヴ感がある子供向けとは思
えない実験的テクノポップである。

　グラトコフは、牧歌的なイメージが強く、自
らをエコロジカルな作曲者と表しているが、や
はり宇宙というテーマに彼の実験魂が花開いた
のだろう。

Григорий Гладков
『Космическая детскотека』
(Мелодия, 1986)

メガポリス　Мегаполис
東ドイツで交換留学生だったエンジニアによるロシア詩テクノポップ

　ギリシャ語の「メガポリス（巨帯都市）」を
由来とするメガポリス（Мегаполис）は、オレ
グ・ネステロフ（Олег Нестеров）を中心に
モスクワで 1987 年に結成された。ネステロフ
は、1975 年より交換留学生として東ドイツの
ドレスデンで勉強をし、その後モスクワの大
学を卒業後、電気エンジニアとして働いてい
た。

　メガポリスの歌詞は、有名な詩人が作っ
た詩をもとにしている。デビュー作とな
る『Утро（朝）』においても、ノーベル文
学賞を受賞したユダヤ系のヨシフ・ブロツ
キー（Иосиф Бродский）の詩をもとにした
「Рождественский романс（クリスマス・ロマ
ンス）」を収録している。

　デビュー作をメロディヤからリリースする
ために新たに録音し、1989 年に発表したの

Мегаполис
『Утро』(不明 , 1987)

Мегаполис
『Бедные люди』
（Мелодия , 1989）

Мегаполис
『Пёстрые ветерочки』
（不明 /Moroz, 1990/1996）

Маша И Медведи
『Солнцеклёш』
（Extraphone / Мистерия Звука , 1998/2003）

が、『Бедные люди（貧しい人々）』だ。彼らの音楽性はエレクトロポップと言ってもいいが、ジャジーでアーバンな香りがする。一押しのエスニックな曲「Москвички（モスクワっ娘）」は、アコーディオンから始まる郷愁感が漂うサウンドで、全盛期の Nik Kershaw を思い出す。この曲には、モスクワっ娘らしき美人が登場するクリップも存在し、まだソ連だった 1989 年で、すでにモード化していたモスクワ気分が味わえる。「モスクワのブレインチャイルド」と呼ばれただけのことはある。

80 年代末、ペレストロイカのお陰で、ソ連でも多くのロックフェスが開催されており、メガポリスも、「平和のためのロック」「弾圧に対抗するロック」「民主主義のためのロック」などまるで欧米のカウンターカルチャーが 20 年遅れてやってきたような名前のフェスに参加している。

そんなムードの中、1990 年にリリースされた『Пёстрые ветерочки（カラフルな風）』で、バンドはさらに変化を遂げた。欧米では、80 年代中盤にポストパンクの流れで、ネオアコ系サウンドが流行ったが、メガポリスもその潮流に乗った。多少、The Cure っぽい曲もある。「Новое московское сиртаки（新しいモスクワの民族舞踏）」「Там（そこ）」等、クオリティ的にもこの時期のソ連では突出している。

バンドはソ連崩壊後も現在まで順調に活動を継続しており、ネステロフはプロデューサーとしても活躍している。彼がプロデュースしたマーシャ・マカローヴァ（Маша Макарова）は、マーシャ＆メドヴェジ（Маша И Медведи）として活動するが、彼女はメガポリスと「Где цветы?（花はどこへ行った）」をエレクトロニカ風にカヴァーしている。これは YMO もカヴァーした反戦歌でもある。

《コラム 2》ソ連へのノスタルジア

ソ連時代の古いガイドブックを使って、モスクワを訪ねてみた

　2015 年 7 月にモスクワを訪問した。朝晩は
まだまだ涼しいくらいである。主たる目的は、
インタビュー記事に協力してくれたアンドレ
イ・ラジオノフ（Андрей Родионов）とボリス・
チハミロフ（Борис Тихомиров）に会うためだ。
同時に、今のモスクワでソ連時代を感じられる
場所にも訪れた。以前、旧東ベルリン地域に行っ
た時に、オスタルギー（ドイツにおける懐古的
な共産趣味）的な場所に行って、かなり楽しめ
たが、今回はそのモスクワ版である。「Soviet
Chic」という言葉が英語圏で使われることはあ
るがロシア語にオスタルギーにあたる言葉はな
く、単に「Ностальгия по СССР（ソ連へのノ
スタルジア）」と言う。

　モスクワについてそのような視点で書
かれた書籍はほとんどないが、まだソ連
崩壊前の 1990 年にモード学園出版局から
『モスクワ　不思議の都』という本が出版され
ている。ペレストロイカ以降の若者（モスク
ヴィッチ）カルチャーを約 1,000 点の写真で
紹介した、当時としては画期的な試みである。
25 年前の本は役に立つのか？　ソ連崩壊後、
凄まじい変化を遂げたモスクワだから、ガイド
ブックとしては役に立たない。しかし、この本
でどれくらいの変化が実際に起こったのか確認
できる。つまり重要な歴史的検証物件である。

　この本の第 1 章「若者の街」で紹介されて
いるのが、アルバート通り。地下鉄のアルバー
ツカヤ駅からスモレンスカヤ駅までの歩行者天
国。この本では「モスクワの竹下通り」という
紹介がされている。終点のスモレンスカヤ駅の
近くには、スターリン建築のソ連外務省ビルが
そびえ立つ。筆者はその近くに宿を確保したが、

『モスクワ 不思議の都』
（モード学園出版局 , 1990）

アルバート通りの似顔絵屋

アルバート通りのタトゥーショップ

食事、交通等の地の利もよく、お勧めだ。似顔絵屋（iPhoneを見ながら描いているのが今風）、青空画商、マトリョーシカ等を売るお土産屋は今も居るが、25年前に存在した体重測定屋、ミュージックテープ屋、ビデオシアター喫茶は見当たらず、タトゥーショップ、マクドナルド、スターバックス、ローカルなカフェ・チェーン等が幅を利かせている。

クリヴァアルバーツキー小道がアルバート通りと交差する壁は、「ツォイの壁」と呼ばれる。キノ（Кино）のリーダーとして活躍したヴィクトール・ツォイ（Виктор Цой）は、1990年8月15日に28歳で交通事故により不慮の死を遂げた。亡くなった日に「ヴィクトール・ツォイは今日死んだ」と誰かが刻み、それがきっかけとなって、壁一面がツォイに捧げられることとなった。2009年に壁を改装するとの告知があったが、ツォイ・ファ

アベット・ブフェット
ул , Новый Арбат , 15msk.obedbufet.ru

ツォイの壁
ул , Арбат , 37

ツォイの壁をバックに記念写真

Back to USSR Maze 内

ンの怒りを買うのを恐れたのか、実行には至っていない。記念写真を撮る人も多い名所となっている。

　アルバート通りとノヴィ・アルバート通りの間には、ミニ博物館集合ビルがある。その中の一つが、Back to USSR Maze。旧東ドイツにも同様の趣旨の DDR（東ドイツ）博物館があるが、こちらはアトラクション的で規模も貧弱である。ソ連時代のグッズに囲まれながら、文字通り迷路の終点にある出口にぶつかるが、正しい答えのボタンを数回押さないと出られない。しかし、三択なので、ロシア語が解らなくても、なんとかなる。

　この博物館のすぐ近く、ノヴィ・アルバート通り沿いにあるランチ・バッフェを意味するアベット・ブフェット（Обед Буфет）という店はお勧めだ。モスクワの食事はあまりコスパが高くないが、ここでは各種ロシア風インターナショナルな料理（当然、スシもある）をリーズナブルな価格で量り売りしてくれる。お店の雰囲気もレトロなダイナー風で、一人でも入りやすい。ちょうど、レストランの前ではライヴをしていた。ロシア人によると、レストランでライヴをすることは文化の一部らしい。

　ノヴィ・アルバート通りの対向車線側にあるモスコフスキー・ドム・クニーギ（Московский Дом Книги）は、ソ連時代から続くモスクワ最大の書店。書籍だけでなく、文具や CD・DVD 等も取り揃えているが、ロシアでももはや CD というフォーマットは過去の遺物となっており、取り揃え以前にリリースそのものが限られているため CD 棚は若干の寂しさがある。ここで購入した『Песни нашего поколения Восьмидесятые（僕たちの世代の歌 80 年代）』という書籍には、共産テクノも含んだ 80 年代のソビエトロックの歴史が豊富な写真で綴られている。

　アナログのレコードが欲しい人はどうすればいいか？　街中には、日本のように気の利いた中古レコード店は見当たらない。そんな人にお勧めは、青空市場である。地下鉄パルチザンスカヤ駅から歩いて行くと、不思議の国のような建物が見えてくる。現在、イズマイロヴァのクレムリン（Кремль в Измайлово）と呼ばれている巨大複合施設だ。この場所で 1974 年に現代的な前衛芸術家の展覧会があり、その後、ヴェルニサージュ（Вернисаж）として絵画、骨董品、書籍、ロシアの伝統的な工芸品等が売られるアートの香りがする地域となった。一時、これらの露店は公園を憩いの場所とする人々の迷惑になるという理由で追い出されたが、2003 年に現在のような博物館、結婚式場、青空市場等からなる複合施設となった。

　蚤の市のエリアでは、お土産からソ連時代の共産グッズが売られている。4、5 件だが、古いアナログ・レコードが売られており、幾つかの本著でも紹介する作品が見つかった。レコードの値段は、50 ルー

Back to USSR Maze ул , Новый Арбат ,
15museumussr.ru

モスコフスキー・ドム・クニーギ
ул , Новый Арбат , 8mdk-arbat.ru

ブル（140円）から450ルーブル（990円）と売り手によってかなり開きがある。半分近くは80年代の西側のレコードだったので、当時でもメジャーな作品はソ連に入ってきていたと考えられる。レコードを物色していると、倉庫にもっとレコードがあると案内までしてくれた。本書でも紹介しているフォルム（Форум）、アヴィア（АВИА）、ゾディアック（Зодиак）等が入手できた。

　モスクワには、このイズマイロヴァ公園の他にも有名なゴーリキー公園があるが、公園は重要スポットだ。その代表格が、「全ロシア博覧センター」を意味するヴェデンハ（ВДНХ）である。この一帯は広大な公園となっているが、元々は第二次世界大戦後、プロパガンダのための国家や各共和国のための展示場であった。一時は89のパビリオンが並ぶ常設博覧会場として、ソ連の威信を誇っていた。現在も国営で、数々の博物館・展示場が並ぶ地域として人々の憩いの場所となっており、丸一日かけて廻って欲しい。

　ヴェデンハ駅近くにそびえ立つのが、宇宙飛行士記念博物館（Музей космонавтики）のオベリスク。この建物ができたのは、1964年であるが、博物館は1981年にオープンし、2009年に約3倍に拡張した。1961年に世界初の有人宇宙飛行を成し遂げたガガーリンに始まり、現在も宇宙飛行を行うロシアだけあって、宇宙ファンならずとも十分楽しめる豊富な展示内容であ

В. Марочкин
Н. Сычева
А. Игнатьев
Песни нашего поколения Восьмидесятые

Владимир Марочкин , Наталья Сычев
а , Андрей Игнатьев
Песни нашего поколения Восьмиде
сятые（Феникс , 2012）

ヴェルニサージュ
マトリョーシカ、共産グッズ等

る。共産テクノにも繋がるソ連の音楽や映画にも宇宙を題材にした作品が多いのも、うなずける。

ヴェデンハの中で、もう一つ目立つランドマークは、公園中央部に位置する宇宙機打ち上げ用のロケット、ボストーク（Восток）だ。実物ではなくレプリカだが、見ごたえがある。

ボストークの背景にある建物が、工業技術博物館（Политехнический музей）。その起源は、1872 年と古く、元々はモスクワ市内中心部にあった。こちらでは、宇宙関連のものから、テレビ、レコードプレーヤー等の家電、カメラ、テルミン、ロボット、そして台風レーダー等、謎の機器も展示されており、ソビエト・テクノロジーが堪能できる。ヴェデンハ内には、他にもクラシックカー（ソ連車が約 3 分の 2）、ロボット、宇宙船体験、恐竜等のパビリオンがあり、子供も多いが、大の大人でも十分遊べる。ロボット館（Робостанция）では、ルービックキューブを 110 秒で完成させたロボットがドヤ顔に見えた。

視点を変えて、ソ連の電子楽器の世界を覗いてみよう。ヴィチスラーフ・ミシェーリン（Вячеслав Мещерин）の章でも解説したが、テルミンに始まり、ソ連はレーニン時代においては、電化政策の一環として電子楽器の開発に力を入れていた。訪れたのは、市内のマヤコフスカヤ駅から徒歩 10 分程のグリンカ中央音楽博物館（Музей имени Глинки）。訪問の前々口

倉庫の前に無造作に置かれたレコード

宇宙飛行士記念博物館
м．ВДНХ，пр－т Мира，
111kosmo-museum.ru

ボストーク

宇宙飛行士記念博物館内部

工業技術博物館内部（宇宙系）
polymus.ru/eng

工業技術博物館内部（テレビ）

に、アンドレイとボリスと会ったのだが、「グリンカに行くつもりだ」と言うと、ボリス
はこの博物館にレコーディング等でよく出入りしており、一緒に案内をしてくれることに
なった。お陰で、クラシック畑のプロのミュージシャンによるガイド付きデラックス・ツ
アーが実現した。

　バラライカ、19世紀に流行した7弦ギター、バヤン（баян）と呼ばれるボタン式アコー
ディオン等の古くからのロシア固有の楽器に混じって展示されているのが、ロシアの3大
電子楽器、テルミン（Терменвокс）、エクヴォディン（Экводин）、ANS（AHC）シンセ
サイザーである。同種のテルミンは、工業技術博物館にもあった。エクヴォディンは知ら
なければ、通り過ぎそうな存在感であるが、ANSシンセサイザーのバカデカさには圧倒
される。館内にはコンサートホールやレコーディングスタジオもあり、イベントも行われ
ている。

ロボット館
робостанция . рф

グリンカ中央音楽博物館
ул . Фадеева , 4glinka.museum

テルミン

エクヴォディン

　締めくくりに、さらに遡り、ロシア・アヴァンギャルドを訪ねてみたい。グリンカ博物館から徒歩15分程の場所にユダヤ博物館（Еврейский музей）がある。ロトチェンコ等の映画を中心としたポスターの特別展示がちょうど開催中だった。ここは博物館としてもスタイリッシュなのでお勧めだ。

　市内の小さなギャラリー、Our Artists' Gallery（Галерея наши художники）でもステンベルク兄弟のポスター展示を開催していた。開催中のイベントを知るには、モスクワの案内誌『Where』が便利だ。

　最後に紹介するのはトレチャコフ美術館（Третьяковская галерея）。行くべきは、本館ではなくゴーリキー公園の近くにある新館だ。館内にはタトリンの第三インターナショナル記念塔のレプリカがあり、ロシア・アヴァンギャルド時代に始まるロシアの美術史が年代別に絵画を中心に展示されている。モスクワでの「ソ連へのノスタルジア」、是非楽しんで欲しい。

コラム2 ソ連へのノスタルジア

ANS シンセサイザー

ユダヤ博物館
ул. Образцова , 11jewish-museum.ru/en/

左から：ボリス、筆者、アレキサンドル（博物館で働く）

Our Artists' Gallery Сеченовский пер ., д .
2kournikovagallery.ru

ユダヤ博物館
Alexander Dobrovinsky's Collection of Posters

トレチャコフ美術館新館近くのバス停のポス
ターはロトチェンコへのオマージュ

トレチャコフ美術館新館
Третьяковская галерея tretyakovgallery.ru

新館内部の展示

第三インターナショナル記念塔

コラム 2 ソ連へのノスタルジア

New Composers　Новые Композиторы

Zappa が認めて、Eno がコラボしたソ連製 Kraftwerk

New Composers
『Контакты третьего рода』
(Радио Шанс , 1997)

　　ソ連も 80 年代後半くらいから、ロシア語と英語が並んで表記されるバンドが増えてくる。Brothers in Mind もそうだったが、ノーヴィ・カムパヅィートルィ（Новые Композиторы）も、New Composers という表記が一般化している。ヴァレリー・アラホフ（Валерий Алахов）とイゴール・ヴェリチェフ（Игорь Веричев）の二人によって 1983 年に結成された New Composers は後にサウンドトラック・アルバム『Контакты третьего рода（第三種接近遭遇）』にも収録された「Космическое пространство（アウタースペース）」の基礎を作った。サウンドトラックと言っても、1989 年に行われたレニングラードにあるプラネタリウムでの科学講座のためのサウンドである。90 分のカセットテープの A 面は、このストーリー仕立ての講座のオーディオが延々と 45 分近く続く。B 面は、「Sci-Fi Mix」として「アウタースペース」も含めて、5 曲収録されている。

　　彼らは数枚の作品をソ連時代に発表しているが、情報や音源はほとんど存在しない。現在も活

動する彼らの公式ページに行っても、ディスコ
グラフィは、1992年から始まる。80年代、二
つのコラボレーションに注目したい。これま
でにも登場したキノ（Кино）との共作『Start -
Записи студии Яншива（ヤンシヴァ・レコー
ディングスタジオ）』（1987年）である。この
プロジェクトでは、キノのリーダー、ヴィク
トール・ツォイ（Виктор Цой）はアルマータ
での映画の撮影のために参加しておらず、残り
のメンバーと New Composers によって制作さ
れた。4曲しか収録されていないが、スピード
感のあるニューウェイヴが電子音と一体になっ
た秀作である。

New Composers は、1987年に発表され
たポプリャルナヤ・メハニカ（Популярная
Механика）の『Insect Culture』にも参加。バ
ンド名の由来は、1902年に発刊され現在も続
くアメリカの科学雑誌『Popular Mechanics』
である。ポップ・メハニカ（Поп - Механика）
とも呼ばれるこのグループは、1996年に他界
したレニングラード出身のセルゲイ・クリョー
ヒン（Сергей Курёхин）が中心となり、1984
年から多数の他バンドのメンバーの参加により
実験的音楽を制作した。主な参加メンバーがい
たバンドは、クリョーヒン自身がメンバーだっ
たアクヴァリウム（Аквариум）、キノ、スト
ラヌィエ・イーグルィ（Странные игры）と
その派生バンドのアヴィア（АВИА）とイーグ
ルィ（Игры）、後期フォルムのメンバーがいた
アウクツィオーン（АукцЫон）、ノーヴィ・フ
ドージニキ（Новые Художники）、ジュングリ
（Джунгли）、トリ -O（Три-О）、そして New
Composers である。

　肝心のアルバムの内容だが、電子音が交錯
するアヴァンギャルドなジャズにいろんなも
のが切り貼りされた実験音楽である。New
Composers は、テープ編集を担当したと思わ

Новые Композиторы и Кино
『Start - Записи студии Яншива』
（不明, 1987）

Популярная Механика
『Insect Culture』
（ARK, 1987）

Аквариум
『Электричество』
（不明, 1981/ Триарий, 1996）

Поп Механика
『Live at Riga』
（What's so Funny About.., 1987）

Поп Механика
『Live at ...』
（Low Spirit, 2002）

New Composers
『Именно сегодня и именно сейчас』
（Elektrus, 2002）

れるが、Frank Zappa を含めた西側のアヴァンギャルド系のアーティストの高い評価を得た。

New Composers とは直接関係ないが、ポップ・メハニカは、WestBam ともコラボしている。あまり知られていないが、WestBam は、ラトビアのバンドとして紹介するゼルテニエ・パストニエキ（Dzeltenie Pastnieki）のロベルツ・ゴブジンシュ（Roberts Gobziņš）ともコラボをしており、ソ連に注目した貴重かつ稀有な西側アーティストである。ゴブジンシュの別名は EastBam だ。1987 年にポップ・メハニカは、WestBam をフィーチャリングする形で、電子音、ブレイクビーツそしてスクラッチを取り込みアヴァンギャルドジャズとテクノを融合させたライヴを、ラトビアのリガで行い、ライヴアルバム『Live at Riga』を発表。Prince の「Kiss」のサンプリングとかもあり、ソ連でこんな革新的な試みが行われていた事に驚く。続くライヴは、レニングラードとなり、12 インチ盤『Live at Leningrad』を発表し、その二つのライヴ音源はアルバム『Live At...』（2002 年）でカップリングされている。

New Composers に話を戻す。彼らの音楽性は、Kraftwerk 的テクノポップとアンビエントの二面性をもつ。Kraftwerk もアンビエント的な曲があるので、その二つは完全に遊離しているわけではないが、まずはテクノポップ・サイドを紹介する。1989 年に発表され、後に彼らのベスト盤のタイトルにもなった「Именно сегодня и именно сейчас（まさに今日、まさに今）」は、サックスとシンセサイザーで作り上げた中毒性のあるグルーヴ感に溢れている。

1990 年には英国に行き、Pete Fulveta のプロデュースによりソ連の人工衛星の名前でもある『Спутник（スプートニク）』を制作。英国では、ARK というレーベルから 12 インチ盤『Sputnik of Life』（1990 年）としてリリースさ

れた。1994 年には、その曲名をそのままアルバム名にしてリリースしたが、ジャケットもKraftwerk 的。ロシア・アヴァンギャルド的要素もモチーフに使った Kraftwerk は、ソ連〜ロシアのアーティストには共感できるのだろう。

渡英前にはオランダにも行き、New Composers のアラホフとオランダのロッテルダム出身の Bob Stoute によるユニット、Magnit としても活動。Boom Generation も、Stoute がメンバーのユニットである。彼らが1992 年にリリースした 12 インチ盤『Tanz! Tanzevat!/Танц! Танцевать（ダンス！ダンス！）』は、「Я хочу танцевать（私は踊りたい）」とリピートし、テクノポップでありつつ、クラブミュージックである。ここまで紹介した 90年前後の New Composers の 3 曲は、YouTube でミュージッククリップがアップロードされているので、ぜひ見てほしい。特にこの曲のクリップは、古いモノクロームの映像を巧みに素材として使い、レトロフューチャー感を訴えかける。

数多くのコラボをしてきた New Composers であるが、アンビエント・サイドの作品としては、Brian Eno をゲストに迎えた『Smart』（1991年）がある。1986 年に彼らのカセットが、スコットランドの学生を通じて Eno に届けられたのがきっかけとなった。基本インストルメンタルだが、Eno は 3 曲を作曲し、サンプルの提供と技術サポートをしたとの事である。現在も「再構成のマニフェスト」宣言のもと、活動している。

New Composers
『Спутник』
(Laserfilm, 1994/BSA, 1989)

Magnit & Boom Generation
『Tanz! Tanzevat!』
(Dance Device, 1992)

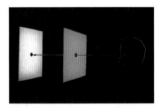

New Composers Sp. Guest Brian Eno
『Smart』
(Manchester Files, 1999)

ビオコンストルクトル　Биоконструктор

髪型やファッションまで、なりきり Depeche Mode

Биоконструктор
『Танцы по видео』
(不明 , 1987/Zeko,1994)

　日本ではそれほどではないが、海外では Depeche Mode の人気は今も高い。欧米では彼らに影響を受けたバンドが多く、それらはダークウェイヴという一つのジャンルと化している。ビオコンストルクトル（Биоконструктор）は、さしずめソ連版 Depeche Mode。マラドスチ（Молодость）、その後アトヴェトヌイ・チャイ（Ответный чай）と改名したバンドで活動していたアレクサンドル・ヤコヴレフ（Александр Яковлев）とアンドレイ・コーハエフ（Андрей Кохаев）が 1986 年にモスクワでバンドを立ち上げ、二人のキーボード奏者が加わる。

　翌年にテープアルバムとしてリリースされたのが、『Танцы по видео（ビデオで踊る）』。「生

物のデザイナー」を意味するバンド名と同じタイトルの曲は、クリップの製作もされており、Kraftwerk や Depeche Mode からの影響が伺える。ビオコンストルクトルはソ連でツアーの際に、電子楽器の説明、コンピュータの使い方、作曲の仕方などの電子音楽の講義をしたという逸話もある。なかなか啓蒙的ないいアイデアだ。

　1989 年には、プラシャイ・マラドスチ（Прощай, молодость）との構成主義的デザインが目を引くスプリットアルバムをリリースしている。「さよなら、若さ」を意味するプラシャイ・マラドスチは、アンドレイ・ヤクシン（Андрей Якушин）とセルゲイ・テネンバウム（Сергей Тененбаум）の二人組で、両者ともヤコヴレフとコーハエフが在籍したマラドスチに在籍していた。このプラシャイ・マラドスチは、ニューウェイヴ化された古いミュージカル音楽のような、当時はそれほどうけなかったかもしれないが、今となってはオリジナリティが光る作風である。

　だいぶ後になった 1996 年、彼らの作品が集められた『Песни взрослых мальчиков（大人の少年たちの歌）』がリリースされており、ロックミュージシャンらしくない彼らの魅力に溢れる作品が収録されている。

　話をビオコンストルクトルに戻そう。現在のロシアに Baran Records という共産テクノの作品をアナログを中心に復刻をしているレーベルがある。アレクセイ・ヴィシュニャ（Алексей Вишня）の章で紹介したコーフェ（Кофе）のアルバム『Баланс（バランス）』の復刻もこのレーベルによる。Baran は、ビオコンストルクトルの代表曲をヤコヴレフのアーカイヴから入手し、7 インチシングルをリリースしている。構成主義のアートワークは、新たにデザインされたものである。

　1990 年にビオコンストルクトルは、まるで

Биоконструктор / Прощай , Молодость !
「グループ " Биоконструктор "
/ デュエット " Прощай , Молодость !"」
（Мелодия , 1989）

Прощай , Молодость !
『Песни взрослых мальчиков』
（Master Sound, 1996）

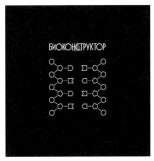

Биоконструктор
『Биоконструктор』
（Baran, 2011）

БИО
『Техноромантика』
（Русское Снабжение , 1993）

Технология
『Всё , что ты хочешь』
（SNC, 1991）

Технология
『Нажми на кнопку』
（Русское Снабжение ,1994）

細胞のように分裂した。一つはヤコヴレフが率いるビオ（БИО）、もう一つは「テクノロジー」を意味するテフノロギヤ（Технология）。ビオはいかにもというタイトルのアルバム『Техноромантика（テクノロマンス）』をリリースし、ビオコンストルクトルの路線を基本的に踏襲している。ビオはその後も活動を続け、90年代中盤にはクラブ寄りにシフトしたが、2014年に原点回帰的な『Первопроходцы（先駆者）』をリリースしている。

　元リーダーかつヴォーカリストを欠いたテフノロギヤの方は、コーハエフやロマン・リャーブツェフ（Роман Рябцев）等のビオコンストルクトルの残りのメンバーで構成された。新しいヴォーカリストに、ビオコンストルクトルのテクニカル・サポートをしていたウラジミール・ニチターイラ（Владимир Нечитайло）を迎えた。このパターンの場合、普通残ったメンバーのバンドは埋没しかねないのだが、意外にもテフノロギヤは、ロシアのラジオでヘヴィーローテーションされるほど、ビオ以上の人気を博した。

　1作目のアルバム『Всё, что ты хочешь（あなたが望むすべて）』に収録の「Нажми на кнопку（ボタンを押す）」は、Depeche ModeにNew Orderの泣きが入ったような耳に残るエレクトロポップとなっている。モノクロームのクリップでハンマーを叩くシーンは、これまたDepeche Modeを彷彿とさせる。アルバム『Нажми на кнопку（ボタンを押す）』は、『あなたが望むすべて』にボーナス・トラックを加えて再発されたものであるが、ジャケットに写るメンバーの髪型とファッションからもDepeche Mode感が伝わる。リャーブツェフのソロ活動やメンバーの移動・出戻り等を経たものの、テフノロギヤは現在もロシアのエレクトロポップ界で活躍している。

最後に紹介する、そして最も紹介したいのが、オリガ・ヴァスカニヤーン（Ольга Восконьян）である。彼女は、後にヤコヴレフと結婚し、ビオのメンバーとしても活動したが、注目すべきは彼女の唯一の作品となる『Автомобили（自動車）』。当時、正式なレコードとしてのリリースがあったかは不明だが、1989年にミュージック・クリップが公開されているので、是非見て欲しい。正直なところ、歌唱力がある人ではない。しかし、ヤコヴレフが作ったガーリーなテクノポップを弱々しい声で、いやロシアン・ウィスパーボイスで歌う姿はたまらなく愛らしい。オリガは、ソ連製の共産キッチュな自動車が走る街角で歌っている。そんな彼女が最後は西側のスポーツカーに乗り込んで消えてしまうシーンは、当時のソ連の若者たちの目にどのように映ったのだろうか？これはもしかすると、共産主義体制を揺るがすために作られた資本主義プロパガンダ映像ではないか？　そんな要らぬ想像もしてしまう作品である。

　この曲を発掘し、ポストカード型ピクチャー・ソノシートとして復刻したのが、前述のBaran Records。やる事がいちいち趣味的で、素敵なレーベルだ。ソ連のレアグルーヴ系（「ソビエトグルーヴ」と呼ぶ人もいる）を集めたコンピレーション『Привет издалека - Невиданные виды Том 1（こんにちは遠くから～目に見えない種類の第1巻）』をリリースしており、BIT（БИТ）、ドージュド（Дождь）、エレクトロヘルト（Электрохерд）等のジャンルを超えたレアな音源を収録している。

Ольга Восконьян
『Автомобили』
(Baran, 2012)

V.A.
『Привет издалека
（Невиданные виды Том 1)』
(Baran, 2010)

ニー・コスメチキ　НИИ Косметики

「セックスのための音楽」を発表した「化粧品研究所」

НИИ Косметики
『История болезни』
(Chasik Production, 1987)

　ニ ー（НИИ）と は「Научно-исследовательский институт」の略であり、日本語にすれば、「研究所」となる。よって、ニー・コスメチキ（НИИ Косметики）とは、「化粧品研究所」である。略称としてニーコス（НИИКос）と呼ばれることもある。実は、筆者自身がそのような研究所で働いていたことがあり、親近感を持ってしまう。グループは、1986 年にメフォディー（Мефодий）の愛称を持つミハイル・エヴセンコフ（Михаил Евсеенков）を中心に結成された。モスクワの地下パーティーで活動した「金屑」を意味するメタラーロム（Металлолом）、「危険な場所」を意味するアパースナヤ・ミェースタ（Опасное место）といった、パンクな響きがする物騒な名前のバンドが原型となった。1987 年にリリースされたニューロマンティッ

クな装いのメンバーが写る『История болезни（病歴）』は、「Пушка（銃）」等、どれも憂いのあるエレクトロポップな作品となっている。

　続く意味深なタイトルのアルバム『Военно - половой роман（ミリタリー・セクシャル・アフェア）』（1988 年）では、語りが含まれた曲が多く、バンドはより実験的な方向になる。The Residents とかを意識したのかもしれないが、多少散漫なイメージになってしまった感が歪めない。

　ニー・コスメチキからは、エロスと退廃が漂う。現在のロシアやウクライナでも、時折タガが外れたようなセクシー路線のクリップがよく作られるが、彼らはソ連時代にエロスの民主化を先導したパイオニアとも言える。当然、体制寄りのジャーナリズムからは、「彼らには内容もアイデアもなく、共産主義的理想を満たさず、若者たちの健全な道徳心を害する」等と批判を受けた。確かに、エロスの民主化は共産主義理想にはそぐわない。

　1990 年にメフォディーはオランダに渡航し、ポルノ映画のための音楽の製作、そしてステージではエロチックなショーも披露した。それらとも関連していると考えられるが、3 作目のタイトルは、『Герои порнобасен（英雄ポルノ寓話）』（1990 年）。ジャケットには、セクシー系おねえさんが 3 人に増員されている。基本的にメフォディーによる男性ヴォーカルが主体である故、3 人はステージでのダンス要員と考えられる。「歓喜の歌」等の 3 種類の「Intro」という挿入曲を混ぜた、実験と哀愁のエレクトロポップで構成されたちょうどいいバランスがとれた作品となっている。

　ニー・コスメチキとしては、90 年代後半にシリーズとして「セックスのための音楽（Музыка для секса）」等を発表した形跡があるが、2000 年にリーダーのメフォディーは、

НИИ Косметики
『Военно - половой роман』
（Chasik Production, 1988）

НИИ Косметики
『Герои порнобасен』
（Chasik Production, 1990）

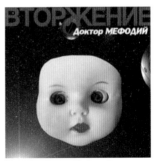

Доктор Мефодий
『Вторжение』
（不明 , 2005）

イリーナ・マルギナとエミン・ババエヴ
『Кругозор № 9/1983』
(Кругозор , 1983)

Ника
『Последний писк』
(Студия Ника , 1991)

Ника
『Карие глаза』
(ZeKo, 1994)

ドクタル・メフォディー（Доктор Мефодий）として、アルバム『Вторжение（侵略）』をリリースしている。「Кавказский хип-хоп（コーカサス・ヒップホップ）」では、文字通りコーカサス民謡とヒップホップを融合する試みがされている。

正式なメンバーではないが、ニーカ（Ника）の愛称で知られるイリーナ・マーリギナ（Ирина Мальгина）は、1990年前後にニー・コスメチキとコラボをした。彼女は、クリミアのシンフェロポリ（ロシア系住民が多い）で生まれ、モスクワの音楽大学を卒業。80年代にエミン・ババエフ（Эмин Бабаев）とのデュエットで知られることとなるが、この時点ではソ連の主流的歌謡界の人である。

1988年に、イリーナ・マーリギナ名義で実質的なデビュー作『Банан（バナナ）』を発表。ジャケットが紹介できないのが残念であるが、レゲエからエレクトロポップまで、彼女の作品群では一番のニューウェイヴ感がある。

ニー・コスメチキとのエロスの共演が影響したのか、その後ニーカはセクシー人妻路線を歩む。アルバム『Последний писк（最後の嬌声）』のジャケットから、彼女が放つエロスのオーラは十分伝わるであろう。80年代に蘇ったTom Jonesの「Sex Bomb」にあやかったのか、ニーカも「Секс-бомба（セックス爆弾）」を歌っている。クリップも存在するが、それほど過激ではないので期待せぬよう。

90年代以降も活動を続けるニーカだが、1994年のアルバム『Карие глаза（茶色の目）』で、突然ジュリアナ・テクノに傾倒！「Поцелуй（キスして）」は、基本的にT-99の「Anastasia」だ！　単なる偶然なのか、ジュリ扇を意識して扇子を片手に写っているのか、気になってしょうがない。

1 Sgt. Pepper's Lonely Hearts Club
  Band
2 With A Little Help From My
  Friends
3 Lucy In The Sky With Diamonds
4 Getting Better
5 Fixing A Hole
6 She's Leaving Home
7 Being For The Benefit Of Mr. Kite!

8 Within You, Without You
9 When I'm Sixty Four
10 Lovely Rita
11 Good Morning, Good Morning
12 Sgt. Pepper's Lonely Hearts
   Clab Band (Reprise)
13 A Day In The Life

ウラジミール・プリスニコーフ Владимир Пресняков

父は家畜をテーマにしたテクノ歌謡をプロデュース、息子はイケメン系アイドル

　ロシア語で「С Новым Годом!」とは、「あけましておめでとうございます！」。これをタイトルにした音源リリースが、1973 年から 1989 年まで毎年行われていた。ジャケットを載せた 1973 年のアルバム『С Новым Годом!』ではサンタクロースの衣装が窺えるが、クリスマスや新年にちなむ曲を集めたというよりも、複数のアーティストによる毎年恒例の企画アルバムである。メロディヤは国営レーベルとして、ソ連人民に娯楽を提供するために努力をしていたのだ。

　時は流れて、タイトルからは新年のイメージがないが、番外編的にその一環としてリリースされたのが、1988 年の『Гороскоп - вокальная сюита（ホロスコープ - ヴォーカルスウィート）』である。いろいろなシンガーを招いているが、楽曲自体の制作をやったのは、ウゴール・ズリェニヤ（Угол Зрения）という名前のプロダクションチーム。作曲はウラジミール・プリスニコーフ（Владимир Пресняков）で、作詞はヴァレリー・サウトキ

V.A.
『С Новым Годом !』
(Мелодия , 1973)

Угол Зрения
『Гороскоп - вокальная сюита』
（Мелодия , 1988）

Владимир Пресняков
『Провинция』
（Мелодия , 1989）

Юрий Чернавский
『Выше Радуги』
（不明 , 2009）

ン（Валерий Сауткин）だ。このアルバムが、共産テクノであることを発見した時はちょっと感動した。全くの死角であった。

サウンドを担当したプリスニコーフは、ウクライナのリヴィウ近郊に生まれ（現在の国籍はロシア）、モスクワの音楽学校を卒業した。70年代にノロック（Норок）等のロックバンドで活動したが、根はジャズ系の人である。彼がどうして、このようなテクノポップ的なアプローチに至ったかは不明だが、収録曲の中で共産テクノ歌謡として輝くのは、イゴール・ニコラエフ（Игорь Николаев）が歌う「Петух（雄鶏）」とクリスチーナ・アルバカイテ（Кристина Орбакайте）の歌う「Коза（ヤギ）」という家畜をテーマにした 2 曲。ニコラエフはルーシャ＆ナターシャ・カラリョーヴァの章でも紹介したナターシャの旦那となったちょっとエロいおじさんだが、オリエンタルなテクノ歌謡に挑戦。アルバカイテは、アーラ・プガチョワ（Алла Пугачёва）の娘である。「Кристина Орбакайте」を Google 翻訳すると、「Christina Aguilera」となり、最初、あの「Genie in a Bottle」の米国人シンガー、アギレラと勘違いしたが、全くの別人である。お母さんほど歌唱力は感じないが、コケティッシュなテクノ歌謡となっている。

プリスニコーフとしても 1989 年にアルバム『Провинция（プロビンス）』をリリースしており、一部テクノポップ的楽曲も混じっている。

実は、もう一人のウラジミール・プリスニコーフがいる。ソ連のイケメン系アイドルとしてデビューしたウラジミール・プリスニコーフ・ジュニアである。よって、この章の主役は、ウラジミール・プリスニコーフ・シニアと呼ばれる。ジュニアは、シニアである父と母のエレーナ（Елена）の間に生まれた。エレーナは、ヴィア・サマツヴェーティ（ВИА Самоцветы）と

いうグループでシンガーだったので、本格的な音楽一家だ。しかし、ジュニアは親の七光りというよりも、ジュニアの方が世間的には有名である。

ジュニアのデビューはひょんな偶然から始まった。チルナフスキー＝マテツキーの章で特集したユーリイ・チルナフスキー（Юрий Чернавский）は、テレビドラマ・シリーズ『Выше Радуги（虹の彼方に）』（1986年）のサウンドトラックを担当し、テーマ曲「Острова（アイランズ）」に相応しいシンガーを探していた。チルナフスキーが友人のシニアの家に招かれた時、偶然 17 歳のジュニアが Al Jarreau を真似て歌っているのを聴き、ジュニアをスタジオに連れて行った所、見事にチルナフスキーの読みは当たり、レコーディングとなった。

「アイランズ」のファルセット歌唱で注目を得たジュニアは、シンガーだけではなく、俳優としても活躍。1989 年に『Папа, ты сам был таким（パパ、あなた自身がそうでした）』でアルバム・デビュー。ジャケットからもアイドルのオーラが出ている。全体としてはポップ路線だが、「Недотрога（ホウセンカ）」はレゲエポップとなっている。1991 年には前述のプガチョワの娘、現在も歌手として活躍するアルバカイテと結婚したが、1996 年に離婚。二人の間に生まれた息子のニキータ（Никита）も俳優・歌手として活動している。

ジュニアの 3 度目の奥さんは、ベラルーシ出身の歌姫、ナタリヤ・パドリスカヤ（Наталья Подольская）で、最近でも仲睦まじくデュエットをしている。シニアの話からジュニアになってしまったが、親子でのコラボもやっているとのこと。

Владимир Пресняков
『Папа , ты сам был таким』
（Мелодия , 1989）

Кристина Орбакайте
『МАСКИ』
（Мистерия Звука , 2013）

Н . Подольская , В . Пресняков
『Kiss ropoд』
（Первое Музыкальное
Издательство , 2013）

ザクルィタヤ・プリドプリヤーティ　Закрытое Предприятие

「閉業」を意味するシベリア発ダークウェイヴ、仲間は謎の死

ЗАКРЫТОЕ ПРЕДПРИЯТИЕ

КОНСТРУКЦИЯ

Закрытое Предприятие
『Констукция』
（不明 , 1988）

　ソ連のロシアにおいて共産テクノとして紹介してきたバンドの大半は、レニングラードまたはモスクワを活動拠点としている。日本にも地方でニューウェイヴをやっていたバンドが実は結構いたが、ロシアにも、シベリアの首都と呼ばれ、「新しいシベリアの街」を意味するノヴォシビルスクにも共産テクノがいた。ノヴォシビルスクは、シベリアでは最大の人口となり、ロシアの中でも有数の大都市である。

　彼らの名前は、「閉業」を意味するザクルィタヤ・プリドプリヤーティ（Закрытое Предприятие）。首謀者は、アルカジー・ゴラヴィン（Аркадий Головин）とアンドレイ・バルコフ（Андрей

Барков）である。ソ連には、「文化の家」を意味するドム・クルトゥールィ（Дом культуры）が各地域にあった。基本は高校生ぐらいまでを対象とした、日本で言えば自治体がやってるカルチャーセンターみたいな施設である。

80年代中期、ノヴォシビルスクの文化の家でパンクやニューウェイヴを聴いて、触発された二人はバンドを1986年に結成した。その頃には、ノヴォシビルスクにもロッククラブができ、バンドはオーディションに参加し、テープアルバム『Комендатура（管理人室）』で1987年にデビューした。この時期にリズムボックスに頼ったダークなテクノポップのスタイルは、ほぼ完成していた。

続く『Конструкция（建築）』では、ノヴォシビルスクのテレビ番組に出演し、『Инфляция-（インフレーション）』（1988年）、『Лето в Вашингтоне（ワシントンの夏）』（1989年）、『Песня или возвращение（ソングまたはリターン）』（1990年）と立て続けにテープアルバムのリリースを行った。

『Закрытое Предприятие（ザクルィタヤ・プリドプリヤーティ）』は、90〜91年に楽曲を集めたものである。1990年にはツアーを行うものの、バンドは商業的な路線を嫌って、1994年にはほぼ休止状態となった。

1988年には、ノヴォシビルスクいやソ連の伝説のパンク女王的存在のヤンカ・ディヤギレワ（Янка Дягилева）と3曲のコラボレーションをし、これらは、彼女のアルバム『Деклассированным элементам（落ちぶれたヤツが）』に収録されている。彼女はメロディヤからのオファーも断り、パンクなスピリットを貫いた人でもあるが、1991年に謎の死（溺死とされている）を遂げた。

Закрытое Предприятие
『Закрытое Предприятие』
（不明, 1993）

Янка Дягилева и Великие Октябри
『Деклассированным элементам』
（ГрОб, 1990）

裏ジャケ

アルガニーチスカヤ・リェヂ　Органическая Леди
モンゴルに生まれ、アラサーでデビューしたオーガニックレディー

Органическая Леди
『Белый город』
(不明 , 1991/Aprelevka Sound, 1993)

「オーガニック・レディー」を意味するアルガニーチスカヤ・リェヂ（Органическая Леди）の本名は、スヴェトラーナ・クシュニル（Светлана Кушнир）。シンセティックな音楽をやっているのに、オーガニックとはこれ如何に？　1962 年にモンゴル人民共和国のダルハンで生まれたとあるが、どう見てもモンゴル人には見えなく、もともとロシア人だった可能性が高い。現在、ダルハンの人口は約 12 万人であるが、ウランバートルに次ぐモンゴル第 2 の都市である。

　共産テクノの定義は、ソ連崩壊前である。彼女の正式なデビュー作『Белый город（ホワイト・シティー）』は 1993 年であるが、1989 年

に低音ボイスを生かした壮大なテクノポップ曲
「Эхо вселенной（宇宙のエコー）」を発表し、
1991 年にはクリップも公開され、デビュー作
は実質的に流通していたので、ギリギリセーフ
とする。本音を言うと、このインパクトある風
貌、そして 30 歳近くでこの世界に入ってきた
ことに敬意を表して、どうしても入れたかった
のである。1992 年には、サンクトペテルブル
クのコンサートで、後述のカザフスタンの A-
スタジオ（A'Студио）と対バンを果たしている。

　健康上の問題で 2 年間のブランク後、1995
年に『Город грёз（幻の街）』を発表。ジャケッ
トは冒頭の写真も含めて 2 種類存在するよう
であるが、ただの歌手にしか見えなかったデ
ビュー作と比べ、まるで地球に降臨した宇宙人
のようなオーラが漂う。クリップも制作してい
るタイトル曲は、エレクトロなダンストラック
となっている。

　その翌年には『Весеннее равноденствие（春
分）』という日本語にすると、なんだかあまり
にも普通のタイトルの 3 作目を発表。2010 年
の話であるが、音楽雑誌『Billboard』は、本ア
ルバムの代表曲「Дай мне любовь（愛をくだ
さい）」を 90 年代における 12 曲のロシア・ポッ
プとして「洗練されたメロディーのひねりが効
いたスペース・エレクトロポップ」と評してい
る。

　21 世紀になっても健在なアルガニーチスカ
ヤ・リェヂは、2005 年に 4 作目の『Это -
любовь（これは愛）』で健在さを証明。ジャケッ
トにも登場しているのは、90 年代よりバック
ダンサーとしてクリップに登場しているアジア
系女性二人である。旧曲のリミックスに加え、
Cher の「Believe」を「Леди-любовь（レディー・
ラヴ）」としている。熟年世代のエレクトロポッ
プとしての共感であろうか？

Органическая Леди
『Город грёз』
（Pelican, 1995）

Органическая Леди
『Весеннее равноденствие』
（Pelican, 1996）

Органическая Леди
『Это - любовь』
（不明 , 2005）

Slow Motion

大祖国戦争激戦地、旧スターリングラード出身なのに、アンチ・ロシア語デュオ

Slow Motion『Prologue』(不明, 1999)

Slow Motion というデュオの名前を言っても
どれだけのロシア人が知っているか疑わしい、
しかし、改名後の Plazma はそこそこ知られて
いるはずである。元々3人だったが最終的に
はデュオとなり、メルセデスに腰掛ける右側が
ロマン・チルニーツィン（Роман Черницын）、
左側がマクシム・パステルヌィ（Максим
Постельный）である。初期の彼らの写真を見
ると、初々しいというか、普通のどこにでもい
そうな学生っぽい。彼らの出身は、ロシアの
ヴォルガ川に位置するヴォルゴグラード。旧名
は大祖国戦争激戦地として知られるスターリン
グラードだが、スターリン批判の流れの中で、
1961 年に「ヴォルガの町」を意味する現在の
名前となった。

　共産テクノとしては正直ギリギリである。
1990 年から活動を開始するが、テープアルバ
ム『Fall in Love』がリリースされたのが 1991 年。

残念ながら、ジャケットらしきものは存在しない。サウンド的には、エレクトロポップとも言えるが、ユーロ的哀愁が漂うラヴソングが中心である。Slow Motion という名前はユーロポップの代表格であるドイツ男性デュオ、Modern Talking の曲名にあやかっているが、イメージとしてはオーストラリアの同じく男性デュオである Savage Garden に近い。デビュー時点では多少ぎこちなさがあるものの、「Hungry for Love」等、チルニーツィンの声には艶があり、楽曲のメロディーはしっかりとしており、女子に受けても不思議ではないデュオだ。

また、Slow Motion は、ロシアで初めて英語のみで歌うことを公言したグループである。彼らは、Depeche Mode や a-ha のファンであり、ロシア人にもいい音楽が作れることを示したかった。

しかし、その後チルニーツィンは工場での仕事、パステルヌィはアートスクールで学業と実質的に活動が止まった。デビュー作から 8 年後の 1999 年に、やっと公式アルバム『Prologue』がリリースされた。「Take My Love」等の佳曲が収録されているが、この時点ではまだブレイクとはいかなかった。

転機は、彼らがヴォルゴグラードからモスクワへ移った後に起こった。2000 年にディミトリー・マリコフ（Дмитрий Маликов）とプロデューサー契約をし、バンド名も新たに Plazma とし、アルバム『Take My Love』を発表。ジャケットからも窺えるが、彼らの髪型もファッションもクールでモダンに刷新された。タイトル曲は、『Prologue』に収録されたものをダンスチューンにリメイクしたものである（個人的には Slow Motion 版の方が好きだが……）。

その後も『607』（2002 年）、『Black & White』（2006 年）を発表し、現在もデュオとして活動している。

Plazma
『Take My Love』
（Танцевальный Рай , 2000）

Plazma
『607』
（CD Land, 2002）

Plazma
『Lucky Rider』
（Freestyle, 2015）

『Восьмидесятые (1 сезон)』 DVD(CTC , 2012)

《コラム 3》 テレビ・映画から見る共産テクノ

テレビドラマ『エイティーズ』＆ 映画『エレクトロモスクワ』

　コラム 2 にて「Ностальгия по СССР（ソ連へのノスタルジア）」と言う言葉を使ったが、これはロシアを中心とした旧ソ連諸国において、ソ連時代を懐かしむ現象である。東ドイツにおける「オスタルギー」、旧ユーゴスラビア諸国における「ユーゴノスタルジア」に相当する。これは昔のソ連時代の共産主義体制に戻りたいという考え方というよりも（もちろん、そういう人もいるだろうが……）、その時代を経験した人たちにとって「あの時代、こんなんだったよね！」という郷愁感が強い。筆者のような外部ウォッチャーによる共産趣味的フィルターを通した考察とは違う思い入れがあるのかもしれない。

　ソ連へのノスタルジアが窺えるテレビドラマ・映画はロシアにおいていくつか製作されているが、その中でもお勧めなのが『Восьмидесятые（エイティーズ）』だ。皮肉が利いたサブタイトルは、「Как хорошо мы плохо жили！（我々のひどい暮らしは、いかによかったか！」。2012 年にシーズン 1 の放映が開始されたこの番組は、ソ連時代の体験がない若者にも受け入れられて、大成功を収める。現在もドラマは続行中で、2016 年には、シーズン 6 となり、105 回目の放映まで予定されている長寿ドラマである。監督のヴャチェスラフ・ムルゴフ（Вячеслав Муругов）によると、この番組は「もしソ連がシットコム型（日本のホームドラマに近い）のコメディードラマを作ったら、どうなるだろう」というジョークから思いついたと語っている。

主人公、愛称ヴァーニャことイワンは、モスクワの大学生。彼は両親と弟と同居し、ごく一般的と思われるソ連の家庭に育った。第1話は、ゴルバチョフ書記長がペレストロイカを提唱した1986年。全てのエピソードは、今のロシアに対比して、映像を交え、当時のソ連における時代背景を説明する導入部から始まる。第1話では「これは人々がインターネット、ハイパーマーケット、携帯電話もなく安心して暮らしていた時代であった」とのナレーションが入り、「これは私の青春、これは私の80年代」という決まり文句で終わる。

　DVDジャケットからも想像がつくが、ヴァーニャ（表紙の中央）は到底クールな大学生ではない。背も低く、ファッションセンスもいまいち。でも、素朴でいい奴なのである（悪く言えば、野性味に欠ける）。そんなヴァーニャがフランス帰りの帰国子女、インガ（左から2番目）に熱を上げることで物語は進んでいく。他にも、イケメンのセルゲイ（右端）、ギークのボリス（右から2番目）、ヴァーニャに気があるカーチャ（左端）と、青春ドラマの設定としては申し分ない。ちなみにインガ役のナタリヤ・ゼムツォーワ（Наталья Земцова）は、2014年に私生活では子供を産み、息子をイワンと命名した（ちなみに彼女の旦那はヴァーニャ役の俳優ではない）。

　前述のドラマの導入部に使われているのが、哀愁系のエレクトロポップ。調べてみると、1988年にヒットしたユーリイ・シャトゥノフ（Юрий Шатунов）の「Белые розы（白いバラ）」である。当時は、ラスカヴィ・マイ（Ласковый Май）というグループの一員として活動していた男性アイドル・シンガーだ。

　ドラマの挿入歌は、当時のヒット曲が反映されているようである。大御所であるアーラ・プガチョワ（Алла Пугачёва）等に加えて、本書でも紹介した共産テクノ系の楽曲も多い。例えば、フォルム（Форум）、エレクトロクルプ（Электроклуб）、ヴィショーリィ・リビャータ（Весёлые Ребята）、ウラジミール・クズミン（Владимир Кузьмин）、キノ（Кино）、ゾディアック（Зодиак）等である。8割程度はソ連のポップ・ロックだが、残りの2割は、Samantha Foxの「Touch Me」、Culture Clubの「Do You Really Want to Hurt Me（君は完璧さ）」等、私たちが普通にエイティーズと認識している西側の曲である。

　この番組が開始された2012年、略称KPLO（КПЛО）、サンクトペテルブルクとレニングラード地域の共産主義者（Коммунисты Петербурга и Ленинградской Области）という組織が『エイティーズ』を放映したテレビ局STS（СТС）に対して抗議をした。KPLOのサイトを訪ねてみると、マルクス、レーニン、ゲバラ、そしてなぜかガガーリンの画像で飾られたいまどきハードコアな作りとなっている。彼らの言い分を要約すると、『エイティーズ』は、反共産主義のための過激なプロパガンダ・ドラマだ。最初から最後まで嘘と中傷

Ласковый Май
『Белые розы』
（不明, 1988）

コラム3 テレビ・映画から見る共産テクノ

123

『Elektro Moskva』（Rotor Film, 2013）

にまみれ、豊かな80年代に生まれた者、愛国心、労働への愛、祖国を守るための意欲の伝統を侮辱しており、放映中止を求める……こんな感じである。現在も放映中だから、彼らの抗議は認められなかったのだろう。別のソースにおいて詳細部の検証による事実との違いも指摘されているが、ドラマの演出として理解できるレベルである。政治的スタンスに立ち入るつもりはないが、ペレストロイカからソ連崩壊までの社会変動を理解する上で大変興味深く、日本語に吹き替えて是非放映して欲しい。

　ソ連の電子音楽という視点からお勧めするのが、エレーナ・ティーハナヴァ（Елена Тихонова）とドミニク・シュプリツィンドルフェル（Доминик Шприцендорфер）によって監督されたドキュメンタリー映画『Elektro Moskva』だ。両者ともモスクワで映画の勉強をしたが、現在はオーストリアのウィーンに在住する。2013年にロシアでプレミア上映がされ、その後ヨーロッパ、アメリカ等の劇場やフェスでの上映がされたが、残念ながら日本ではまだ公開されていない。映画のポスターには、チェブラーシカと一番有名なソ連製80年代シンセサイザーであるポリヴォクス（Поливокс）がハイライトされた2種類が存在する。

　ヴィチスラーフ・ミシェーリン（Вячеслав Мещерин）の章で、ソ連の電子楽器の歴

Станислав Крейчи
『ANSiana』
(Electrochock, 2000)

史には触れたが、この映画ではそれを重要な証言者や当時の映像を交えて体験できる。ミシェーリンの楽団による昔の映像も登場する。映画は、電化政策でユートピアを夢見たレーニン時代の映像で幕を開ける。

　ソ連時代から電子楽器のディーラーとして危ない橋を渡ってきたアレクセイ・イルイヌィフ（Алексей Ильиных）は、ほとんどジャンクに見える電子楽器のコレクター、サーシャの元を訪れる。アレクセイの「ソ連製と輸入シンセサイザーの違いは何か？」という質問にサーシャはウォッカを飲みながら、「西側の機器には品質がある。我々の機器の場合、ちゃんと動くのもあれば、動かないのもある」と答える。

　レフ・テルミン（Лев Термен）も登場する。ソ連が崩壊して間もない、そして彼が存命した最後の年、1993年に赤の広場で行われた貴重なインタビューである。彼が行ってきた研究は、テルミンだけでなく、軍事目的から若返りまで多岐にわたり、当時を回想する。

　サウンドエンジニア・作曲家のスタニスラフ・クレイチ（Станислав Крейчи）は、50年以上にわたりANSシンセサイザーを扱ってきた第1人者で、彼のANSを使ったアルバム『ANSiana』からの音源は映画でも使用されている。

　80年代からの証言もある。ツェントル（Центр）のメンバーでもあった、ナチノイ・プロスペクト（Ночной Проспект）のアレクセイ・ボリソフ（Алексей Борисов）は、当時の映像を交えて、電子楽器の入手がいかに困難であったかを語る。今まで語られなかったソ連の電子音楽史を綴るこの映画も、日本で上映して欲しい。

ウクライナ・ソビエト連邦社会主義共和国

ウクライナ

ウクライナ・ソビエト社会主義共和国

　連邦構成国内では、人口（約5,170万人）と経済規模からロシアに次ぐ第2の共和国であった。客観的な基準による調査は難しいが、ウクライナは美女大国としても知られている。共産テクノとは無関係だが、筆者はウクライナのキエフとハルキウで文化人類学的に美人調査を行った。その結果からも、確かに美女率が異常に高いと自信を持って言える。The Beatles が「Back in the USSR」で「the Ukraine girls really knock me out（ウクライナ娘にはほんとにノックアウトされるよ）」と歌ったのも頷ける。

　2回の訪問を通じて友人もできたウクライナは、筆者には特別な想いがある国である。話が脱線してしまったが、ウクライナのポップ・ロック史を紐解いてみよう。1960年代末にソフィーヤ・ロタール（София Ротару）に始まるシンガーが活躍し始める。この時期において、ウクライナ語を主体に歌唱するシンガーも多かったが、1980年代になると、多くのシンガーやバンドはロシア語のみで歌い、モスクワに拠点を移した人たちもいた。現在も、ロシア語で歌うウクライナのアーティストが主流であり、ロシアやその他のロシア語圏をマーケットにしている。実際、地域による差もあるが、多くのウクライナ人はロシア語を日常的に使う。

　今回紹介した共産テクノ系アーティストは、ウクライナの首都かつ最大の都市であるキエフを活動拠点とした。ウクライナにもロックバンドはいた。しかし、レニングラード・ロッククラブのようなロッククラブはキエフに存在したのかについてウクライナ人に訊いてみると、残念ながら存在しなかった。1989年にウクライナ西部に位置するチェルニウツィーで開催されたチェルヴォーナ・ルタ・フェスティバル（Фестиваль Червона Рута）は、ソ連時代に最初にウクライナ語で行われたロックフェスである。ロタール、そしてウクライナのアーティストとして最後に紹介するイリーナ・ビリク（Ирина Билык）も参加した。このフェスは、「ウクライナのウッドストック」と呼ばれ、ウクライナ人の誇りとなり、現在も隔年で続いている。

ディスプレイ　Дисплей

ソ連初のテクノポップという人もいる「ロボット＝スーパーマン」でテレビ出演

　ジャケットと多少なりともサウンドから、後述のラトビアのゾディアック（Зодиак）の流れを感じるが、この手のバンドの中で最もテクノポップ度が高いのが、ディスプレイ（Дисплей）である。元はバンド形態であったが、最終的にはヴァディム・ラシューク（Вадим Лащук）とエレン・クライス（Эллен Крайс）からなる夫婦ユニットとなった。この手の男女デュオとしては珍しく、奥さんはベース奏者である。

　1985 年にニューウェイヴ精神を感じるタイトルのデビュー作となるテープアルバム『Волна перемен（変化の波）』をリリース。注目すべきは、「Робот - суперчеловек（ロボット＝スーパーマン）」というテクノポップど真ん中のタイトルの曲。ディスコ調だが、ヴォコーダーを使ったロボット声で始まり、テクノポップと呼べる出来である。ラシュークはコブザ（Кобза）という楽団で活動後、1982 年にAPCという名義で、この曲でテレビ出演を果たしている。しかし、この時点ではロボット声もないので、ただのディスコ調ポップに聴こえてしまう。この曲をソ連最初のテクノポップとする意見もあるが、その心意気だけ買おう。

ディスプレイ
『Волна перемен』
（不明 , 1985）

ディスプレイ
『Дисплей』
（Мелодия , 1988）

V.A.
『Золотой Камертон 2』
(Мелодия , 1988)

Дисплей
『Несси』
(Фонограф , 1990)

　もう一つは、彼らの代表曲となったレゲエ調のニューウェイヴ曲「Ночь（夜）」。この曲は、メロディヤからリリースされた『Дисплей（ディスプレイ）』にも再度、ゲンナジー・ペシュコフ（Геннадий Пешков）を迎えて収録される。さらに、ウクライナの女帝と呼べる、ソフィーヤ・ロタール（София Ротару）もディスプレイ自らのバッキングでこの曲をカヴァーした。収録されているのは、フォルム（Форум）の章でも紹介したがニューウェイヴ化したアルバム『Монолог о любви（愛のモノローグ）』である。フォルムと並び、ディスプレイもロタールの複数の曲に関わり、ニューウェイヴの影武者的役割を担っていた。

　同時に、リトアニアの歌姫、ダヌタ・ブクリャリャヴィチュテ（Danutė Buklerevičiūtė）も「夜」をカヴァーしており、メロディヤからのコンピレーション『Золотой Камертон 2（黄金のカメルトン 2）』に収録されている。これは、同名のテレビ歌番組のタイトルでもある。彼女の苗字の読み方は、ロシア語表記から推測したが、舌が絡んで発音できそうにもない。残念ながら、彼女に関しては、この曲以外の情報は不明である。

　1990 年には、90 分のテープアルバム『Несси（ネッシー）』を最後にグループとしての活動は終わる。ドラゴンのように見えるのが、ソ連でのネッシーのイメージなのだろうか？ 19 曲入りのアルバムには、過去の曲に加えて、「Аэробика（エアロビクス）」というスポーツテクノ曲が収録されている。お隣のベラルーシ（白ロシア）のヴェラスィ（Верасы）も同じ名前の曲をやっており、ソ連でエアロビクスが流行っていた状況が伺える。

　その後、ラシュークはポーランド、ハンガリーでの活動の場を求めるが、成功には至らず、1999 年にこの世を去った。

Ivan Samshit

「Shit（クソ）」なのにロマンティックなテクノ・トリオ

　Ivan Samshit は、ウクライナにおけるテク
ノポップの先駆者とされている。ロシア語表記
だと「Иван Самшит」となるが、基本英語表
記となる。1986 年に現在のウクライナの首都、
キエフで、ペトル・ダイン（Петр Дайн/Петро
Даін）、ディミトリー・ペチシキン（Дмитрий
Петишкин/Дмитро Петішкін）、ルスラン・ジョ
ヴィニラヴィチ（Руслан Жовнирович/Руслан
Жовнірович）の 3 人により結成された。括弧
内の最初はロシア語表記、二つ目はウクライナ
語表記である。両者は同じキリル文字の東スラ
ヴ語であるが、アルファベットや発音もロシア
語と違う部分がある。ちなみに、筆者の歴代の
ロシア語の先生はみんなウクライナ人（みんな
美女）であるがため、ウクライナ事情について
は比較的詳しい。

Ivan Samshit
『Telecom』
(Naza, 1992)

Ivan Samshit
『Говорит и показывает』
（不明, 1991）

Ivan Samshit
『Telecom』
（Naza, 1992）

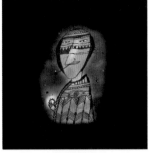

Ivan Samshit
『+1』
（不明, 2013）

冒頭の写真はKraftwerkの『The Man Machine』へのオマージュにとれるが、実際のところ、Kraftwerk、Giorgio Moroder、Depeche Modeに影響されたという記述もあり、少なくとも全盛期のサウンドは、シンセサイザーとサンプラー中心に成り立っている。

Ivan Samshitは、1986年から1998年の間に自主制作のテープアルバムを合計10作品発表しているが、アンダーグラウンドな活動であったため、ウクライナ人に訊いてみても、その実態は謎である。当時のミュージック・クリップも存在しない。多くの楽曲は、jamendo.comというサイトで無料配信しており、1986年の彼らのデモ作品を聴いてみると、正直なところ録音状態も最悪で、アコギを持った近所のど素人が勢いで作ったような出来である。そんな恵まれない環境にいながらも、Ivan Samshitは驚くべき進化をしていった。

2007年にウクライナのQuasi Popというレーベルからリリースされた『Essential Shit』という唯一のCDがある。これは「Samshit」と英語の「Shit（クソ）」をかけたと確信しているが、これがなかなか聴ける……いや憂いに富んだロマンティックな秀作が詰まっている。Kraftwerk的な「Kraftvektor」、New Order然とした「Definitely D」……こんな風に書くと、ただの模倣に聞こえてしまうが、西側のテクノポップの本質を理解した上で作られた良質な作品として評価したい。

バンドは現在も存続しているようである。2013年の『+1』という作品では、成田空港に向かう日本人CAによる機内アナウンスをサンプリングした「Tokyo, solaris」やタイトルだけ日本語の「Bokutachi no ikiru ban da」という日本趣味の曲も収録している。

メンバーの一人、ペチシキンは、Sheik Hi-Fiというノイズ系バンドに加入し、1993年にア

ルバム『Isn't May Dream - Sonic Dream』を発表している。このバンドのメンバーを見ると、3人が Ivanov Down（Иванов Даун）というバンドにおり、ウクライナの数少ないアンダーグラウンドで活動した二つのバンドが合流するのである。

Ivanov Down も、Ivan Samshit と同様に英語表記のことが多く、時に「Иванов Down」とちゃんぽん表記になっている場合もある。バンドは、1990年にマケト（Макет）の愛称で呼ばれるアレクセイ・デグチヤリ（Алексей Дегтярь）を中心に結成された。1991年に発表されたデビュー作『Best Urban Technical Noises』は、「100枚のソ連ロック・テープアルバム」として選ばれている。サウンドとしては、共産テクノというよりも、パンクを通過したノイズとでも言っておく。ウクライナ本国よりも、西側や周辺国で評価がなされたようである。

その後、メンバーは Sheik Hi-Fi で活動をしたり、ウクライナを離れたりして、バンドは長らく休止状態であったが、2012年に再始動した。また、中心人物のマケトは2000年代後半より、サウンドトラックや広告関連の仕事もやっており、ノイズ系バンドとは思えない転身ぶりである。

Sheik Hi-Fi
『Isn't May Dream - Sonic Dream』
（Koka, 1993）

Ivanov Down
『Best Urban Technical Noises』
（Koka, 1991/Down Rec, 2009）

Ivanov Down
『Sansidaba』
（Down Rec, 2012）

ルーシャ&ナターシャ Руся & Наташа
姉はマレットヘアーのテクノアイドル、妹はエロスな肉体派熟女

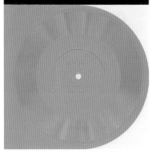

『Кругозор № 1/1988』
(Правда & Мелодия , 1988)

　ルーシャ（Руся）の本名は、イリーナ・パリヴァイ（Ірина Поривай）。彼女はキエフに生まれる。妹のナターシャ・カラリョーヴァ（Наташа Королёва）もシンガー、そして女優である。「女王」を意味するカラリョーヴァは芸名で、本名はナタリヤ・パリヴァイ（Наталия Порывай）となる。補足までにルーシャはイリーナの愛称、ナターシャはナタリヤの愛称である。

　この姉妹がシンガーになるきっかけは、キエフで活動していたバンド、ミラージュ（Мираж）と出会った事から始まった。ロシアにも同名のバンドがおり、紛らわしいので、後にミディ M（МІДІ M）と改名。当時のソ連では、「地平線」を意味する『クルガゾール（Кругозор）』という月刊誌があった。内容は、政治的色彩が強いが、文学、音楽、社会にわたる「音の雑誌」である。雑誌には 6 枚のソノシート（又はカセットテープ）が付いており、クラシック、オペラ、民謡、歌謡曲、ディスコ、ロックまで網羅する音楽メディアとしての役割も果たした。プラウダとメロディヤの共同で 1964 年に創刊され、80 年代のピーク時には 50 万部

を売り上げた。その後、部数は落ち込んでいき、ソ連崩壊後の 1992 年に財政難によって廃刊となった。プロパガンダ的目的があったかと推測するが、特別号として日本を含む海外でも発行された。日本で有名なのは、朝日ソノラマから EXPO'70（大阪万博）に併せて発売された特別号である。当時の大阪万博で、月の石の展示が注目されたアメリカ館と人気を二分したガガーリンの展示があったソ連館で購入できた。

『ソ連音の雑誌 Expo'70 日本語版 クルガゾール』（朝日ソノラマ , 1970）

1988 年のクルガゾール 1 月号にミラージュの音源が、2 曲収録されている。「Танцы на крыше（屋根の上のダンス）」では、妹のナターシャがヴォーカルを取っている。レゲエのリズムにディスコっぽいアレンジが混ざったスラヴ歌謡……説明に苦労するが、レアグルーヴ感がある名曲となっている。雑誌に収録された写真におじさん達に囲まれるナターシャが写っている。

Мираж『Кругозор № 1/1988』より

プロとしてのデビューは妹に先を越されたが、次のチャンスは姉に回ってきた。ソロデビューは、姉のルーシャが先んじた。妹がメンバーだったミラージュのメンバーのサポートで 1989 年のアルバム『Ворожка（ウクライナ語で「占い師」）』を発表。これが、哀愁のテクノ歌謡と呼べる出来なのである。歌唱力については姉は妹ほどではなく、多少なりとも姉の音程は不安定であるが、逆にそれがミラージュの作り出すサウンドと化学反応を起こして、チャーミングな作風を生み出している。ブロンドヘアから、ウクライナの Samantha Fox と呼ぶ人もいるが、ウクライナの安田成美またはステファニー王女（この二人は、音程不安系歌手の世界的代表）と呼ぶべきだ。タイトル曲「占い師」は、オケヒット使いすぎの Nik Kershaw という感じで、マレットヘア気味の髪型、ウクライナの民族衣装のトップス、ぎこちない踊りと、ライヴ動画も突っ込みどころが満載である。でも、

Руся
『Ворожка』
（不明 , 1989）

Руся
『Попелюшка』
(Ауді о Україна , 1992)

Руся
『Руся』
(Yevshan, 1991)

Наташа Королёва
『Жёлтые Тюльпаны』
(Sintez, 1990)

妹ほど、美形でない姉だから故、愛おしいという屈折した感情を持たせてくれる。はい、姉推しです！

「Русалонька（人魚姫）」も負けず劣らずの名曲である。YouTube に公開されている動画では、「占い師」と全く同じ衣装でセットなので、まとめて撮ったテレビ番組の収録ではないかと思われるが、フリは微妙に違っている。

その後も短い間隔で作品を発表していくが、姉の場合、『Різдвяна ніч（クリスマスの夜）』（1989 年）、『Даруй мені мамо（ちょうだい、ママ）』（1990 年）、『Попелюшка（シンデレラ）』（1991 年）と全てウクライナ語表記となり、ペレストロイカ以降のウクライナ民族意識の高まりを感じる。また、1992 年には紛らわしいタイトルのベスト盤『シンデレラ』をリリースした。

1991 年以降カナダに約 2 年間滞在し、同国でアルバム『Руся（ルーシャ）』を発表。内容的には、翌年ウクライナでリリースされるベスト盤『シンデレラ』に 10 曲中 8 曲重なっている。カナダは、ウクライナ、ロシアに次いで、ウクライナ人が多い国で、約 120 万人（現在）のウクライナをルーツにもつカナダ人がいるが、それが彼女のカナダ行きの理由となったのだろうか？

話を妹のナターシャに移そう。1989 年、ナターシャは、イゴール・ニコラエフ（Игорь Николаев）と出会い、彼に曲を書いてもらう。ニコラエフは、1980 年にアーラ・プガチョワのバックバンド、リツィタール（Рецитал）のメンバーとしてプロの道に入り、その後シンガー、それ以上にソングライターとして成功を収めた大御所である。1990 年に、ナターシャはニコラエフの全面的バックアップ（プロデュース以外のほとんどをサポート）により、デビュー作『Жёлтые тюльпаны（黄色い

チューリップ）』を遂に発表する。タイトル曲や「Серые глаза（グレイの瞳）」など多少テクノポップ的な曲はあるが、姉の作風と比べると王道的ポップス寄りである。ラストのナターシャとニコラエフのデュエット曲は余計である。

　ここからは、共産テクノというよりもロシアの芸能界的話題に突入していく。ニコラエフはこの時点では、妻子持ちであったが、1993年に離婚、そして同年にハタチそこそこのナターシャと結婚した。何があったのかは本人たちのみ知るが、結婚の前年に発表された2枚目のアルバム『Дельфин и русалка（イルカと人魚）』（1992年）は、そういう状況を予感させる。一つでも余計と言ったが、今作では愛のデュエット曲が満載となり、ジャケットでは仲睦まじくツーショット。「俺はイルカ、君は人魚」がコンセプトだろうか？　いや、このジャケットは正直、きつい。このアルバムは、「喝采」を意味する「Овация（アヴァチヤ）」というロシアのレコード大賞で、1994年のベストアルバムに選ばれたのは、カルチャーショックである。サハリンに生まれたニコラエフはロシア国籍で、結婚したナターシャの国籍はウクライナからロシアになっている。その後も二人で作品を発表していくが、2001年に二人は離婚した。

　現在も歌手そして女優として活躍するナターシャは、年を重ねるにつれ、姉抜きのひとり叶姉妹のように、セクシー熟女のオーラを放ち始める。ソ連崩壊後のロシア〜ウクライナでは、歌手がセクシー系雑誌の表紙を飾ることは珍しくない。いや、期待されていると言ってもいいだろう。ナターシャも1997年の『プレイボーイ』誌を皮切りに、見事な肢体を披露している。

　ナターシャは、2003年にターザン（Тарзан）の異名をもつセルゲイ・グルシュコ（Сергей Глушко）と再婚。彼の職業欄を見ると、歌手、

Наташа Королёва И Игорь Николаев
『Дельфин И Русалка』
（ЗеКо Рекордс , 1992）

『Playboy 1997 年 12 月号』（1997）

Наташа Королёва + Тарзан
『Веришь или нет』
（Монолит , 2003）

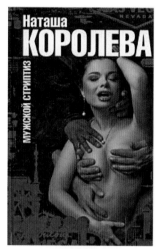

Наташа Королёва
『Мужской стриптиз』
(AST, 2009)

俳優、ボディービルダー、ストリッパーとあり、驚異の肉体美を誇っている。同年、夫のターザンと二人でアルバム『Веришь или нет（信じようと信じまいと）』を発表。ナターシャとターザンのテレビ番組でのライヴ動画を見ると、見ている人が恥ずかしくなるアツアツぶりである。音楽的には、大衆的なロシア歌謡曲の域を出ず、特筆すべき事はない。

　2009 年に、ナターシャは『Мужской стриптиз（男性ストリップ）』というタイトルで衝撃的な表紙の本を出版している。「素っ裸」を意味する『フル・モンティ』（1997 年）という英国映画を思い出すが、こちらは鉄鋼都市として栄えたシェフィールドの男たちがストリッパーになるコメディー映画である。この本を読んでいないので、詳細は不明であるが、ストリッパーについての物語らしい。

　最後は、綺麗に姉妹による共演で締めくくりたい。姉妹は、1991 年に「Две сестры（二人姉妹）」を発売した。クリップを見る限り、妹中心に見える。1998 年にはアレンジを変えて再発し、「二人姉妹ツアー」をロシアとウクライナで行っている。しかし、その後、姉は休止状態となる。

　2009 年に再び姉のルーシャは歌手活動を再開する。2013 年 9 月に「Рейс Київ - Москва（キエフ＝モスクワ便）」というトランスっぽいスラヴポップをリリース。「キエフに残った姉、モスクワに移った妹」を象徴する歌である。皮肉なことに、2013 年 11 月にヤヌコーヴィチ大統領への抗議をするユーロマイダン、2014 年 2 月にウクライナ騒乱、3 月にロシアによるクリミア併合が発生し、ウクライナとロシア、姉妹の国の関係は悪化していくのである。

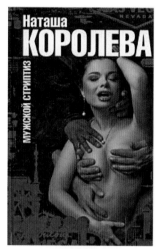

Наташа Королева & Руся
『Рейс Киïв - Москва』
(不明, 2013)

ユーリイ・ブチマ　Юрий Бучма

「チェルノブイリの苦痛」を描いた画家そして電子音楽家

ユーリイ・ブチマ（Юрий Бучма）は、現在の
ロシア内シベリア地方のイルクーツクに生まれ、
1977 年にキエフの音楽学校を卒業し、1980 年に
はモスクワの大学でアート課程を修了した。よっ
て、ブチマは、学歴的にも音楽家兼画家である。
その後は、キエフを中心にラジオやテレビでシン
フォニー・オーケストラと共にキーボーディスト
として活動した。ウクライナにおいて、数少ない
プロフェッショナル・シンセサイザー奏者であっ
たため、メロディヤの目にとまり、1990 年にソ
ロアルバム『Автопортрет（自画像）』でデビュー
を果たした。アルバムのアートワークは、彼自身
によるものだ。

このアルバムには「Здравствуй, Киев（こん
にちは、キエフ）」「Чернобыль. Год спустя（チェ
ルノブイリ. 1 年後）」という曲が収められている。
また、ウクライナ語での作詞も別の作品でしてお
り、ブチマはウクライナ人の典型的な苗字である
ことから（ウクライナ人に確認）、ウクライナ人

ユーリイ・ブチマ
『Автопортрет』
（Мелодия , 1990）

V.A.
『Soviet Space Vol.2: Best of Soviet Space
Electronic Music from 1970s-1980s』
(不明, 2015)

Yuri Buchma
『New Wave』
(Studio Artstation, 2010)

Micronoise Paranoic Sound
『Remixes』
(Deep-X Recordings, 2013)

である可能性が極めて高い。

　彼は80年代前半にはソ連での入手が難しかったマルチチャンネル・レコーディングを1983年の時点で行っており、このアルバムでも Roland D-50、Yamaha PSR-90、RX-5、DX-7 等の機材を使っている。アルバム自体はインストルメンタルで、所謂ニューウェイヴ感は少なく、イージーリスニングからフュージョン的な内容である。しかしながら、彼の遊び心が生んだのか、「Летающая тарелка（空飛ぶ円盤）」「XXI век（21世紀）」等近未来的テーマを持った電子音楽も含まれている。やはり、宇宙開発を競ったソ連という国において、「近未来」のコンセプトは強く根付いている。多くは非公式であるが、これらの曲は、『Soviet Space』等のソ連のスペース系電子音楽のコンピレーションで見かける。

　1990年以降、ブチマは活動の場をベルギーに移し（表記は Yuri Buchima）、画家として展覧会を積極的に行った。彼の絵画の一つ「チェルノブイリの苦痛」は、キエフの国立美術館に展示されている。同時に電子音楽家として、移住後7枚のアルバムをリリースしている。一枚ごとに、楽曲のジャンル的なテーマを決めた電子音楽アルバムである。オーケストラをテーマにしたと思ったら、ジャケ写にあるような『New Wave』というのもある。バリバリのニューウェイヴを期待すべきではなく、彼なりの解釈だ。

　前述のブチマの「UFO」は、2013年に突然リミックスとして蘇った。ロシアのエカテリンブルク出身のテックハウス系ユニット、Micronoise Paranoic Sound によるアルバム『Remixes』にリミックス版が収録されている。原型からのサウンドをうまく残しつつも、2010年代のクラブサウンドとして全く違和感のない出来上がりである。

イリーナ・ビリク　Ирина Билык

クリントン元大統領の前で歌ったウクライナの歌姫

　クリントン元アメリカ大統領と写っているの
が、イリーナ・ビリク（Ирина Билык）だ。彼女は、
1997年に大統領がウクライナを訪問した時に、
大統領の前で歌声を披露したウクライナを代表す
る歌手である。筆者が2013年にウクライナに二
度目の訪問をした際、幸運にも国内でもなかなか
実現しないビリクへのインタビューができた。キ
エフ郊外のレストランにくつろいだ格好で現れた
彼女は、日本から来た謎の訪問者の不躾な質問に
対しても、嫌な顔一つもせずに気さくに色々と答
えてくれた。そして、とても愛らしい人だった。

　ビリクは現在もウクライナで活躍する歌手だ
が、彼女のウクライナ語タイトルのデビューア
ルバム『Кувала зозуля（鍛造カッコウ）』は、
1990年だから、ギリギリ共産テクノである。ウ
クライナの Kate Bush と例える人もいる、すご

Ирина Билык
『Кувала зозуля』
（Фонограф /Moon, 1990/2008）

Ирина Билык
『Рассвет』
(mamamuic, 2014)

ユーリイ・ニキティン、筆者

イリーナ・ビリクとオリガ・ゴルバチョワ

く伸びがある声である。ポップスを基盤にしながらも、エレクトロポップやレゲエ的なアレンジも取り入れた哀愁に溢れる作品だ。

彼女はソ連時代の苦労話についても惜しみなく語ってくれた。6歳で合唱団で歌い始め、10歳で作曲をするという才能を発揮しながらも、工場で働く両親は、彼女も同じように工場で働くのが当然だと思っていた。ソ連時代、ウクライナには二つしかスタジオがなく、20歳そこそこの女の子がレコーディングできるようになるまで、多くの人に歌を聴いてもらい、様々な許可をもらわなくてはいけなかった。ビリクは、激動の時代の中で、自らの力を信じ、歌手になった努力の人である。少なくとも彼女にとって、ソ連の崩壊は正しい方向であったのであろう。

ウクライナが独立して、ビリクはウクライナの歌姫として君臨していく。数多い楽曲の中でも、お勧めが、「Снег（雪）」と映画『День победы（勝利の日）』で歌った「Катюша（カチューシャ）」である。彼女は、「カチューシャ」を最初に歌った同じウクライナ生まれのクラウディヤ・シュリゼンカ（Клавдия Шульженко）が好きと答えてくれた。

このインタビューをセットしてくれたのは、ビリクが所属するウクライナのレーベル、mamamusic の CEO であるユーリイ・ニキティン（Юрий Никитин）。男前のナイスガイ、ニキティンは、1989 年にイリーナと音楽活動を始めた仲間、そして二人は結婚していた時期もあった（後に離婚）。mamamusic には、セクシー・エレクトロ・ガールズの NikitA やニキティンの現在の妻であるオリガ・ゴルバチョワ（Ольга Горбачева）も所属するレーベル。ちなみにビリクとゴルバチョワは、意味深なデュエット曲「Не ревную（嫉妬なし）」を 2012 年にヒットさせている。何と、懐が深い女性達！

《コラム 4》 共産テクノの探し方
キリル文字入力から有力サイト情報まで

　本書で紹介した多くの楽曲は、YouTube 等の動画サイトで視聴することができる。しかしながら、多くのアーティスト名や楽曲名はロシア語である。ロシア語の場合、キリル文字の入力という障害が立ちはだかる。OS の設定を変更して、ロシア語入力をすることも可能であるが、そこまでやる人は珍しい。比較的簡単な方法として、以下を推奨したい。

1. まずは、「Google 翻訳（https://translate.google.co.jp/）」のページに行く。
2. 左側の言語の設定を「ロシア語」、右側を「日本語（または好きな言語）」にする。
3. キーボードのアイコンをクリックして、「仮想キーボード」をオンにする。すると、ロシア語キーボードが現れる。
4. 現れたキーボードで 1 文字ずつを小まめにクリックしていく。例は、「Форум」（フォルム）。
5. 「Форум」をコピー＆ペーストして、YouTube で検索してみる。バンドの場合、「группа」（グループ）を加えるのもいい。さらに、楽曲名またアルバム名などを加えて検索すると、精度が上がる。
6. 一つでも正しい動画にたどり着いたら、YouTube の右側には関連動画も現れるので、それをヒントにさらに視聴してみる。

コラム 4 共産テクノの探し方

共産テクノ系の情報に特化したサイトも紹介しよう。ロシア語圏における Facebook のような SNS、ВКонтакте（フコンタクテ）がお勧めだ。「連絡中」という意味で、頭文字をとって BK（ロシア語表記）または VK（ヴェーカー）とも呼ばれる。ロゴマークも 2 種類存在する。

ВКонтакте（フコンタクテ）

https://vk.com/

　日本語を含めた各種言語での設定もでき、少なくとも基本情報は日本語で読める。VK には mixi における「コミュニティ」のような「グループ」が存在し、色々なトピックについて音源・動画を含めた情報提供がなされている。その中でも共産テクノ系の情報が得られるのは、以下のグループである。

Электронная музыка Восточной Европы（東ヨーロッパ * の電子音楽）* ソ連を含む

http://vk.com/socialistic_electro

Red Disco（レッド・ディスコ）

http://vk.com/red_disco

Советская Электронная Музыка | Ретровейв（ソ連の電子音楽 | レトロウェイヴ）

http://vk.com/club21536448

　VK 以外だと、お勧めなのは、英語で書かれた Soviet Groove。1965 年から 1985 年までのソ連のポップ・ロックが紹介されている。共産テクノ以前のものが多いが、ソ連の音楽史を知る上で貴重である。

Soviet Groove（ソビエト・グルーヴ）

http://www.sovietgroove.com/

　本書が世の中に出ている頃には、筆者の Blog で書籍と連動させる形で「共産テクノ特集」を組んで、本書でも紹介したアーティストの動画を中心に順次、掲載する予定なので、楽しんでほしい。

四方宏明の "音楽世界旅行"

http://music.sherpablog.jp/

白ロシア・ソビエト社会主義共和国　　　　　　　　　　　　　　ベラルーシ共和国

白ロシア・ソビエト社会主義共和国

　正式名、ベロルシア・ソビエト社会主義共和国であるが、筆者が世界地理の授業で習った時は、白ロシアと呼ばれていた。現在の国名であるベラルーシは、ベロルシアがベラルーシ語化したものである。よって「白ロシア」「ベロルシア」「ベラルーシ」はすべて同じ意味となる。約 1,000 万人の人口の内、8 割ほどが白ロシア人である。なぜ白いのか？　確かにウクライナと並び、美女率が高い国として知られているが、別に肌が透き通るように白いからではない。その昔、「白」は「西」を表し、「西ロシア」という意味だった。モンゴルの支配下に入ったロシアを「黒ロシア」と呼び、「自由なロシア」という意味で「白ロシア」と呼ばれたという説もある。

　「自由なロシア」だとしたら、皮肉な名前である。ソ連崩壊後に独立したが、アレクサンドル・ルカシェンコ（Александр Лукашенко）大統領による独裁政権は今も続いている。日本でベラルーシについて書かれた書籍は限られているが、『不思議の国ベラルーシ　ナショナリズムから遠く離れて』（2004 年、服部倫卓・著）では、ベラルーシにおける自虐的な非ナショナリズムの考察がされている。あまり話題に上がらず、情報が少ない……ロシア、ウクライナ以上に不思議な国家である。ちなみに筆者がロシア語圏の Facebook のような SNS、フコンタクテ（В Контакте）で知り合ったベラルーシ女性は、日本のヴィジュアル系バンドのファンだった。

　本書において紹介した白ロシアの共産テクノ系アーティストは、ヴェラスィ（Верасы）のみである。80 年代からロックバンドが活動していたとの情報があるが、ウクライナと同様、ロッククラブの存在は確認されていない。しかしながら、ポーランドのグロデック（なぜかベラルーシ内ではなく！）で、1990 年より「若いベラルーシ人のための音楽フェスティバル」を意味するバソヴィスツァ（Basóvišča）というフェスが行われている。

ヴェラスィ　Верасы

白ロシアの歌謡楽団がテクノポップに突然変異

Верасы
『Верасы』
(Балкантон , 1978)

　ヴェラスィ（Верасы）は、首都ミンスクを
ベースにした白ロシアのフィルハーモニーを
母体とする。その意味は、ヘザーと呼ばれる
ツツジ科の低木の一種。「ヴィア・ヴェラスィ
（ВИА Верасы）」と表記されることも多い。ヴィ
アについては既に解説したが、ソ連がイデオロ
ギー的に相容れない西側の概念とされたロック
バンドという呼称を避けるために、作為的に作
り出された用語である。

　ヴェラスィの歴史は長く、1971 年の結成時
には、女性だけであったが、その後、男性も
加わる。70 年代の楽曲を聴いてみると、多少
ロック的な要素も見られるが、「カチューシャ
（Катюша）」のカヴァー等、ヴィアにふさわし
いスラヴ的歌謡曲が中心の内容である。シング
ルを数枚発表した後の 1978 年のデビューアル
バム『Верасы（ヴェラスィ）』は、ブルガリ
アでもリリースされた。副題として、「人民の歌、
ソビエト楽曲選集」とある。

変化が見られるのが、1980 年のセカンドアルバム『Наша дискотека (私たちのディスコ)』の辺りである。ちょうどこの時期、ゾディアックの『Disco Alliance』などがソ連でヒットしており、時代の空気だったのであろう。タイトル曲は、文字通りディスコ調アレンジになっているが、黒人のファンク性が全くと言ってもいいほど感じられず、ソ連によく見られるガラパゴス化したディスコとなっている。バラード曲に混じって収録された「Чур - чура (鬼ごっこ)」は、実験したつもりはないのかもしれないが、シンセサイザーが混じる摩訶不思議なフュージョン歌謡に仕上がっている。

ここまでの話であれば、ヴェラスィは「共産テクノ」として紹介する価値はなかっただろう。1983 年に 2 曲入りシングルとしてリリースされた「Я у бабушки жив (私はおばあちゃんといっしょに暮らす)」は彼らの代表曲の一つでもあるが、のアレンジが変なのだ。レゲエ風味の脱力系テクノ歌謡と言える出来となっている。YouTube で当時と最近のライブ動画があるので、是非観て欲しい。

問題作は、ラストアルバムとなった『Музыка для всех (すべてのための音楽)』。タイトルからもジャケットからも、テクノポップの匂いは全くしない。15 曲入りのこのアルバムのタイトル曲は、イージーリスニング。9曲目までヴィア的内容になっているが、11 曲目の「Полет (飛行)」でニューウェイヴの文脈を感じるテクノポップに突然変異する。シンセサイザーを駆使しようとする意気込みがみなぎっている。続く「Аэробика (エアロビクス)」でも実験は続き、ソ連特有のスポーツテクノが現れる。最後は人力テクノ的「Фестиваль (フェスティバル)」で締めくくられる、アンビバレントな 1 枚。ヴェラスィは、白ロシアが生んだ愛すべき突然変異として再評価されるべきだ。

Верасы
『Наша дискотека』
(Мелодия , 1980)

Верасы
『С Новым годом』
(Мелодия , 1983)

Верасы
『Музыка для всех』
(Мелодия , 1987)

カザフ・ソビエト連邦社会主義共和国　　　　　　　　　カザフスタン共和国

カザフ・ソビエト社会主義共和国

　アジアを地域別に分けると、中央アジアと呼ばれる地域がある。「テュルクの土地」を意味するトルキスタンとほぼ同じ地域を指し、さらに西トルキスタンと東トルキスタンに分かれる。西トルキスタンは、ソ連構成国のカザフ、キルギス、タジク（イラン系のタジク人が多数派）、トルクメン、ウズベクとなり、ソ連崩壊後「スタン」で終わる国名（その後、キルギスタンはキルギスに改名）として独立した。

　タジキスタン以外の中央アジアに訪問した事がある。キルギスやカザフスタンでは日本人に見間違うようなアジア的風貌の人達が多く、東から西に移動するに従って、だんだん顔が西洋風になっていく。中国系、朝鮮系、モンゴル系とはまた違う日本人っぽい風貌の中央アジア人を見ていると、日本人のルーツの一つがこの辺りにあっても不思議でないと思わせる。また、都市部では、ソ連時代に入植したと思われるロシア系の人達も多く、市場等に行くと朝鮮系の人達も見かける。キノ（Кино）のリーダーとして活躍した朝鮮系のヴィクトール・ツォイ（Виктор Цой）は、レニングラード生まれだが、彼の父はカザフ出身だ。第二次大戦後、樺太に住んでいた朝鮮系の人々が中央アジアへ強制移住させられたという歴史があり、そのような歴史背景も影響したのだろう。

　カザフは、ロシアに次いで第2の面積を誇る構成国で、1,650万人程度の人口であった。また、近年は豊富な天然資源の恩恵を受けて、カザフスタンは一人当たりのGDPをベースにすると、中央アジアで最も裕福な国となっている。しかし、カザフスタンと聞いて、明確なイメージを持つ人は少ない。それは日本人に限った事でなく、米国人でも同じである。2007年に公開された『ボラット 栄光ナル国家カザフスタンのための米国文化学習』という不謹慎な架空ドキュメンタリー＆コメディー映画がある。キルギスと共に誘拐婚の風習があったとされるカザフスタンだが、インチキ・カザフ人に扮する主人公のボラットがセクシー女優のPamela Andersonを誘拐しようとするストーリーである。

　現在のカザフスタンで最も人口が多い元首都、アルマトイ は、1993年までアルマータと呼ばれていた。今回、唯一の中央アジアからの共産テクノ系エントリーとなったのが、アルマータ（Алмата）である。

アルマータ　Алмата

後に英国チャートで健闘したジャズロック由来のテクノバンド

　現在のカザフスタン共和国で最も人口が多い元首都、アルマトイ（Алматы）は、1993 年までアルマータ（Алма-Ата）と呼ばれていた。この二つの都市名の語源と意味については長い論争が起こるほどの話題だから、詳細は省くが、「アルマータ」の「アルマ」はカザフ語で「りんご」という意味である。バンド名のアルマータ（Алмата）はカザフの都市の名前にも引っ掛けたのだろうが、こちらも「りんご」という意味になる。

　アルマータのデビューアルバムとなる『Путь без остановок（ノンストップの道）』は、まだソ連時代の 1988 年にリリースされた。バリバリのテクノポップまたはニューウェイヴではないが、ジャズロックをベースに共産テクノと呼んでもいい楽曲が収録されている。特に「Саулемай（世界のために）」のイントロからは、懐かしい 80 年代テクノポップの香りがする。

　アルマータの母体は、アライ（Арай）というジャズロックバンドで、ローザ・リムバエワ（Роза Рымбаева）のバックバンドであった。リムバエワは、4 オクターブの声域を生かして、カザフを代表する女性シンガーとしてソ連全土で人気を博した。1977 年に複数のコ

Алмата
『Путь без остановок』
（Мелодия , 1988）

Роза Рымбаева и Арай
『С тобою , музыка』
（Мелодия , 1986）

Роза Рымбаева и Арай
『Поёт Роза Рымбаева』
（Мелодия , 1987）

A' Студио
『Джулия』
（Русский Диск , 1990）

A'C тудио
『Солдат любви』
（Союз , 1994）

ンテストでグランプリを獲得し、その後も「中央ノジアの歌うナイチンゲール」として活躍した。カザフスタンには、かってセミパラチンスクというソ連の主たる核実験所があった。リムバエワは核実験による被曝を自らも経験し、2012 年には広島に表敬訪問をしている。ローザ・リムバエワ & アライ名義では、『С тобою, музыка（あなたと共に、音楽）』と『Поёт Роза Рымбаева（ローザ・リムバエワは歌う）』の 2 枚のアルバムを残している。アルバムには未収録だが、YouTube で公開されている「Старый телефон（古い電話）」は、先に紹介した「世界のために」にも通じるほんわかするシンセサウンドが聴ける。

　アルマータとしてデビューしたが、ソ連ポップス界の女王、アーラ・プガチョワの助言によりアルマータ・スタジオ（Алмата Студио）に変更。最終的に A- スタジオ（A'Студио）というバンド名になった。ペレストロイカ以降の流れだろうか、英語で A-Studio と表記される事も多い。ソ連崩壊前の 1990 年にリリースされたセカンドアルバム『Джулия（ジュリア）』からのタイトル曲は、AOR 風エレクトロポップ。ちょっと Steely Dan 風のこの曲で、ソ連全体へ人気が広がった。同アルバム収録の「Белая река（白い川）」では、Level 42 に通じるファンクな音も聴かせてくれる。カザフは辺境のイメージだが、ソ連のロシア側のバンドに全く引けを取らない内容である。

　カザフスタン共和国として独立後も、バンドの勢いは衰えなかった。3 枚目の『Солдат любви（愛の兵士）』のタイトル曲は、クラシック風のイントロから始まるスピード感溢れるファンキーなポップとなっている。バンドのヴォーカリストとしてフロントを務めていたのは、バトゥイルハン・シュケノフ（Батырхан Шукенов）である。冒頭のメンバー写真の一

番右に写っている、親近感を感じるアジア系の顔立ちだ。

　2000 年に A- スタジオは、大転換を図った。バンドの顔でもあったシュケノフが抜けて、1980 年生まれのロシア出身のポリーナ・グリフィス（Полина Гриффис）が加入。ヴォーカルは若い女性に、音楽性がなんとガラージュハウスに！　今までのファンは戸惑っただろうが、この突然の路線変更が吉となる。2001 年にアルバム『Такие дела（こんなケース）』をリリースし。オシャレなカフェでかかりそうなタイトル曲のクリップはスタイリッシュで、到底カザフスタンのバンドには見えない。アルバムにも収録された「SOS」は、英国シングルチャートで 64 位と微妙な健闘をした。

　2005 年のアルバム『Улетаю...（飛行……）』で、ポリーナがソロに転向し、グルジア出身のケーティ・トプリヤ（Кети Топурия）が加入。ポップ・ロック的なものとクラブ的なものをミックスさせながら変幻自在に新しい試みを続けている。中近東 meets ラテンハウス的な「Ночь-подруга（夜のガールフレンド）」は、ロシアのチャートで 2 位まで行った。

　しかし、一つの悲劇が起こった。2006 年にギタリストのバグラン・サドヴァカソフ（Баглан Садвакасов）が、モスクワで交通事故による不慮の死を遂げた。冒頭の写真では、中央に写っているアジア系の男性である。バンドのサウンドの要は、口髭を蓄えた（冒頭の写真には二人いるが、一番左）バイガリ・セルケバエフ（Байгали Серкебаев）だが、『Волны（波動）』に収録の「Fashion Girl」などアライのメンバーだったエルケシュ・シャキエフ（Еркеш Шакеев）と長年の間、共作を行っている。カザフスタンに生まれ、ソ連崩壊の荒波を乗り越えて生き残った不思議な長寿バンドである。

A'Студио
『Такие дела』
（NOX, 2001）

A'C тудио
『Улетаю ...』
（Veter Entertainment, 2005）

A'Студио
『Волны』
（CD Land, 2010）

エストニア・ソビエト連邦社会主義共和国

エストニア共和国

エストニア・ソビエト社会主義共和国

エストニア、ラトビア、リトアニアからなるバルト三国は、他のソ連構成国とは違う歴史を持つ。三国ともロシア帝国の支配下にあったが、ロシア革命後の 1918 年に三国とも一時的に独立を果たした。しかし、第二次世界大戦中、1940 年に再びソ連に編入され、再び独立を果たすまでソ連の統制下に置かれた。そのような歴史的背景があるが故、反ソ連・反ロシア感情は強く、1991 年のソ連崩壊のきっかけとなるソ連からの離脱宣言の口火を切った。現在は、三国とも EU と NATO の加盟国で通貨もユーロに移行を果たした。

三国は言語・民族的にも違うが、バルト三国を一つとして扱った場合、ソ連の共産テクノに与えた影響はロシアに次ぐ。これは、ポップ・ロックといった大衆音楽の観点からも同様だが、三国が西側ヨーロッパに近い（特にエストニアはフィンランドに海を隔てて隣接する）地理的要素や、言語的にも民族的にも非スラヴ系文化的要素、ドイツ等の他民族の歴史が影響していると考えられる。バルト三国の中で実際に訪問したことがあるのは、エストニアだけであるが、英語がほぼ通じる、食事はフィンランドに近いと、物価が安い北欧という印象が強い。フィンランドの首都、ヘルシンキからエストニアの首都、タリンまで、船なら約 2 時間半、飛行機で約 30 分である。

そのような環境の中、人口わずか 150 万人程のエストニアはポップ・ロックにおいてソ連では先行的な役割を果たし、西側、特に英国等の影響を受けて、60 年代末から活動するアーティストが存在した。70 年代にはプログレ系・ジャズロック系バンドも登場し、80 年代にはパンク・ニューウェイヴの影響下のもと、西側の 2、3 年遅れな感じで複数のバンドが活動した。ロッククラブ的な組織の存在は確認されていないが、ソ連の中枢、モスクワとの距離もあったおかげで、ロック的な活動も特にインストルメンタルの場合、比較的容易であったと思われる。その証として、『101 Eesti Popmuusika Albumit（101 枚のエストニア・ポップミュージック・アルバム）』という書籍で 1977 年から 2009 年までのポップ・ロック系作品紹介がされており、エストニアを訪れた際、筆者も購入した（エストニア語のため読解不能）。

本書では、三つの共産テクノ系バンドとその周辺について紹介したが、小国であるが故、多くのバンドは繋がっている。

トルナード　Tornaado

Kraftwerk をレゲエ・カヴァーしたマリオとルイージ集団

　テクノポップの領域でカヴァーされるアー
ティストと言えば、日本なら YMO、世界レ
ベルなら Kraftwerk と言えよう。Kraftwerk の
カヴァーにも様々なものがあり、エレクトロ
職人の Atom Heart こと Señor Coconut が、
『El Baile Aleman（The German Dance）』で
Kraftwerk をラテンのリズムでチャチャチャに
仕上げたのは、2000 年の話。ラテンではないが、
それよりももっと前に、レゲエ・カヴァーした
バンドがエストニアにいたのだ。

　エストニア語で「竜巻」を意味するトルナー
ド（Tornaado）は、ご覧のようなマリオとルイー
ジの先駆けのような 5 人組。1980 年のモスク
ワ・オリンピックが、前年のソ連のアフガニス
タン侵攻に抗議をする大義で、日本も含めた西
側諸国等、50 ヶ国以上によってボイコットさ
れたことを記憶している人もいるだろう。エス
トニアの首都タリンは、ソ連の一部としてモス
クワ・オリンピックのセーリング競技の開催地

Tornaado
『Instrumentaaltsükkel "Regatt"』
（Eesti Rahvusringhääling, 1979/
Frotee, 2013）

Tornaado
『Tiivad』
(Мелодия , 1983)

V.A.
『Soviet Reggae Since 1977』
(Chasik Production, 1990)

Mait Maltis,
『Minu parimad』
(Hitivabrik, 2002)

となった。そのような状況下、トルナードのサウンドの要、ヴァルドゥル・レートラ（Valdur Lehtla）は、ヨット競技のレガッタをテーマにした作品『Instrumentaaltsükkel "Regatt"（インストルメンタル・サイクル "レガッタ"』を作った。ちなみにセーリング競技にトルネード級というのがあり、そこからバンド名が命名され、収録された6曲（「トルネード」という曲もある）も全て級の名称である。当時、ラジオでエアプレイされながらも正式リリースされることがなかったこの作品は、Frotee というレーベルから 2013 年に 10 インチ盤として発表された。ジャズロックがルーツにあるレゲエ meets フュージョン的サウンドである。

1983 年にメロディヤからリリースされた 5 曲入りアルバム『Tiivad（翼）』では、男女ヴォーカルが加わり、よりポップな方向にシフトした。レゲエ味は残るものの、残念ながら中途半端な印象が拭えない。

この二つの作品以外にもトルナードは楽曲を発表した。ソ連製レゲエを集めたコンピレーション CD『Soviet Reggae Since 1977』の中で、彼らの Kraftwerk カヴァーを偶然発見した。どうして「Seitse（7）」なのかわからないのだが、「The Model」をテクノポップ的な原型は残しながらも、独自のレゲエポップにしてしまった快作である。バンドが解散したのは 1986 年なので、それ以前の作品であることは間違いない。なお、この CD には、後述するエレクトラ（Elektra）やヴィタミーン（Vitamiin）も収録されている。

トルナードは、エストニアではヴィタミーンのメンバーだったマイト・マルチス（Mait Maltis）をフィーチャリングして、「Otsima pead oma teed（あなたの方法を探す必要がある）」というタイトルで China Crisis の「Black Man Ray」を 1985 年にカヴァーしている（マ

ルチスのソロアルバムに収録）。テクノポップ
に対する共感というのがあったのではないかと
思わせる選曲である。

　さらにエストニアンポップを知りたい人に
は、3枚組のCD『Eesti NSV Pop』をお勧めする。
トルナード、マルチスなど盛りだくさんな内容
となっている。

　先ほどの『Soviet Reggae Since 1977』に
エレクトラ＆アト・アルダー（Elektra ja Ott
Arder）名義で若干レゲエ気味のロックンロー
ル曲が含まれている。エレクトラを調べてみる
と、Froteeが2014年にトルナードと同様にア
ナログレコードとして発表している女子高生四
人組。テクノではないが、なかなかバッキング
もしっかりとしたエストニアのアイドル・グ
ループ的存在。カップリング曲では、米国の
Stacy Lattisawのディスコ・チューン「Jump
to the Beat」のカヴァーを披露している。

　トルナードから次のバンド、ヴィタミーン
（Vitamiin）に橋渡しをしよう。トルナードの中
心人物は、前述のヴァドゥル・レートラとヤー
ン・レロ（Jaan Rello）で、二人は少年時代か
ら近所に住んでいた。二人は、1969年頃から
工場で働いていた仲間を集めて、「水星」を意
味するメルクール（Merkuur）として、西側の
ポップ・ロックをカヴァーするエストニアのパ
イオニア的バンドであった。しかし、メルクー
ルはホーンセクションの音が大きすぎるという
理由（！）で、活動禁止となった。そんな中、
トルナードに参加するまで、レロが在籍してい
たのが、ヴィタミーンであった。

　前置きが長くなってしまったが、ヴィタ
ミーンはエストニアでは人気バンドであった。
1978年から1989年までに、年間250くらい
のペースでエストニアだけでなく、ソ連そして
フィンランド、デンマーク、ドイツ、さらにイ
ラクにまで行ってツアーを行ったスーパー・ラ

V.A.
『Eesti NSV Pop』
（Hitivabrik, 2011）

Elektra
『Keegi』
（Eesti Raadio studio, 1981/Frotee, 2014）

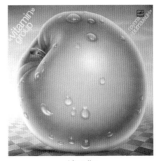

Vitamiin
『"Vitamin" Group』
（Мелодия , 1983）

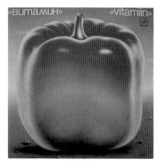

Vitamiin
『Vitamin (2)』
(Мелодия, 1984)

Vitamiin
『Vitamiin (3)』
(Мелодия, 1987)

Vitamiin
『Vitamiin』
(Elwood Muusik, 2005)

イヴ・バンドである。この時期、イラクではフセイン政権（1979年樹立）下、1980年にイラン・イラク戦争が勃発。イラクが、親米でありつつ、ソ連とも友好関係にあったことも関係するのだろう。大所帯のヴィタミーンの活動中、メンバー交代も激しく、音楽性は一枚のアルバムの中でも曲毎に異なり、アルバム毎に変わっていく。その癖、彼らの全てのアルバムタイトルは、「Vitamiin（ヴィタミーン）」なのである。

　デビューアルバム『"Vitamin" Group』は、エストニア語表記はなく、英語とロシア語表記となっている。『Soviet Reggae Since 1977』に収録の「Rabadap（訳語不明）」等のレゲエポップに混じって、「アヴェ・マリア」のカヴァーやディスコポップが並ぶ。

　2作目には、シンセストリングスを使った軽快なダンスポップ「Saatus（運命）」にカントリーっぽい曲、そしてなぜか再び「アヴェ・マリア」と取り止めがない！

　りんご、ピーマンからメンバー写真になった3作目では、レゲエ度は下がり、代わりにシンセサイザーの使用が増え、オペラっぽいプログレになっていく。なんだか捉えどころがない。

　またまた同じアルバム・タイトルの3枚組CDには、56曲が収録されており、彼らの軌跡を網羅できる。在籍したアンネ・ヴェスキ（Anne Veski）、ピーター・ヴァーヒ（Peeter Vähi）はソロとしても活動し、リーン・ラーネオジ（Rein Laaneorg）は、Radarにいたセルゲイ・ペデルセン（Sergei Pedersen）とMonarhモナーフ（Monarh）としても活動した。

Radar

キューバ、西アフリカにまで遠征、ファンキーレゲエの名曲を残す

ソ連時代、ジャズロックやフュージョンから派生し、スペーシーなサウンドを奏でるグループがひとつの潮流であった。後述するラトビアのゾディアック（Зодиак）、ウクライナのディスプレイ（Дисплей）……そして、エストニアの Radar（バンド名は英語）である。YMO のデビュー作も「フュージョン meets テクノポップ」であったので、そういう文脈で紹介する。Radar は、70 年代中盤からソロとして活動していたヤーク・イオアラ（Jaak Joala）が中心となって 1978 年に結成された。

デビュー EP となる『Radar』では、まだ普通のヴォーカル・バンドで、Elton John のカントリー風楽曲「Dixie Lily」をエストニア語でカヴァーをしている。

なぜか、バンド名は、Jaak Joala & Radar となり、バンド名がタイトルの EP となり、A 面 2 曲は Billy Joel のカヴァー。「Kõik Leyna Jaoks（All for Leyna）」を聴いた時、「あれっ、これは Toto のカヴァー？」と思ったが、原曲のイントロが Toto の「Hold the Line」に似ているだけ。Toto はフュージョン的な部分もあるので、その後のサウンドにも繋がっていく。

Radar
『Radar』
（Мелодия , 1980）

Jaak Joala & Radar
『Jaak Joala & Radar』
（Мелодия , 1981）

Rader
『Trofee』
(Мелодия , 1985)

Radar
『Baltic Coast』
(Мелодия , 1987)

Ele Kõlar & Kaja Kõlar
『Ele & Kaja Kõlar』
(Мелодия , 1984)

　Radar は、1985 年にリリースされたデビューアルバム『Trofee（トロフィー）』で、スペーシーなインストルメンタル・フュージョン・バンドへと変身する。隣国ラトビアのゾディアックの成功も、後押ししたのではないかと考える。プログレ寄りであるが、Kaseke という Radar のライバル的バンドも活動していた。ソ連だけでなく、ブルガリア、チェコスロバキア、東ドイツ、キューバ、西アフリカで公演を行い、エストニア発として知名度のあるバンドへとなった。ニューウェイヴの文脈にいるバンドではないが、Roland Jupiter-8、Moog Source などのシンセサイザーも積極的に取り込みサウンドを進化させていった。

　2 枚目のアルバム『Baltic Coast』では、9 分を超える長尺曲が 2 曲も収録され、よりテクニカルな方向へ行く。バンドの中心人物は、結成の経緯からもイオアラという印象があるが、音楽的な要はキーボーディスト、セルゲイ・ペデルセン（Sergei Pedersen）と思われる。彼は、Radar 加入前に Magnetic Band、Radar 後にイオアラと Lainer、そしてモナーフ（Monarh）というハードロックバンドで活動した。

　実のところ、楽曲として最も興味が惹かれたのは、Rader がサポート、ペデルセンが実質的リーダーだった姉妹ユニット、エレ・コラー & カヤ・コラー（Ele Kõlar & Kaja Kõlar）である。姉のエレはタリン・ハーモニックに属し、妹のカヤは、Laine という楽団で活動していた。彼女たちの 4 曲入り EP 盤に収録された「Tulen saarelt（火の島）」は、アフリカをルーツとするファンキーなレゲエ・アレンジのカヴァーとなっており、ソ連史に残るレゲエ歌謡として記憶に残すべきである。残念ながら、カヤは 1994 年にガンのため他界した。

マハヴォック　Mahavok

バックバンド上がりの苦労人、ヘッドバンドが80年代なエレクトロニック・フュージョン

　マハヴォック（Mahavok）のステージ・デ
ビューは1982年。既に紹介済みのフュージョ
ン系バンド、Radarとの共演から。バンドの中
心人物の一人は、ヘイニ・ヴァイクマー（Heini
Vaikmaa）。彼はそれ以前は、Magnetic Band
というジャズロックをルーツとしながらも、
ロックンロール、ブルース、レゲエまでこなす
バンドにいた。1981年にはエストニアのMick
Jaggerと呼ばれるグンナル・グラプス（Gunnar
Graps）をリードヴォーカルにアルバム『Roosid
papale（ポープのためのバラ）』を発表した。
タイトル曲はレゲエロック。

　エストニアは小国であるが故か、このバ
ンドのメンバーはRadar、プログレ色が強い
Synopsisのメンバーとも重なっている。

Gunnar Graps and Magnetic Band
『Roosid papale』
（Мелодия, 1981）

Mahavok
『Üksik hääl』
（Мелодия, 1984）

Marju Länik & Mahavok
『Südame laul』
（Мелодия, 1986）

Mahavok
『Mahavok』
（Мелодия, 1988）

マハヴォックとしての公式デビューは、1984年のシングル『Üksik hääl（一つの声）』。この時点では、Foreignerを思わせるロックサウンド。

しかし、その後マリュー・リャニク（Marju Länik）のバックバンド的存在となり、1986年にアルバム『Südame laul（心の歌）』を発表。バンドメンバーがエストニアのフィルハーモニーに活動を移していった事情もあったようだ。オテパア出身のリャニクはマハヴォック以前にもMobile、MusicSafe、ヴィタミーン（Vitamiin）、コンタクト（Kontakt）、ディアログ（Диалог）等の数多くのエストニアのバンドでヴォーカリストと活動した。音楽性は彼女に合わせてポップス志向となり、Pointer Sistersの「I'm so Excited」、Peabo Bryson & Roberta Flackの「Tonight, I Celebrate My Love（愛のセレブレーション）」といったお馴染みのアメリカン・ヒッツもカヴァーしている。バンドはソ連だけではなく、隣国フィンランド、ユーゴスラビア、チェコスロバキア、そして離れた社会主義陣営国であるキューバまでツアーをした。

サウンド的には、カレ・カウクス（Kare Kauks）をヴォーカリストとして迎え、1988年のマハヴォックとしての実質的デビューアルバム『Mahavok（マハヴォック）』の方が面白い。カウクスのトレードマークは、写真からも窺えるが、ヘッドバンド。ジャズロック・フュージョン的なルーツを残しながらも、よりエレクトロニックなアレンジ、エストニア的なメロディーとオリジナリティを感じる。エストニアはソ連に属していたが、文化的には北欧に近いと思わせる一枚である。

《コラム 5》 ロシア・アヴァンギャルド・ジャケット展
リシツキー、ロトチェンコ、ステンベルク兄弟の遺伝子！

　ロシア・アヴァンギャルドとは、1910 年頃から 1930 年代初頭、ちょうどロシア帝国からソ連への移行時期に起こった前衛芸術運動である。第一次世界大戦（1914 年～ 1918 年）、その終盤に起こったソ連樹立に繋がるロシア革命（1917 年）の時期にも重なっていることも、時代背景として念頭におきたい。既成概念を批判して、記号に分解して、新たに再構成することを目的としている。デザインの原点とも言える思考である。

　20 世紀初頭、世界は同時多発的にアヴァンギャルドへ向かっていった。ロシア・アヴァンギャルドと同時代のモダニズム運動として、ドレスデンで結成された芸術集団・ブリュッケに発するドイツ表現主義（1905 年～）、フランスを中心とするキュビズム（1907 年～）、イタリアの未来派（1909 年～）、欧米中心に多発的に起こったダダイズム（1916 年～）、オランダの造形運動であるデ・ステイル（1917 年～）やドイツの学校をベースとしたバウハウス（1919 年～）等があるが、それらとの共通項も見られる。よりファッション化されたモダニズム、アール・デコ（1910 年頃～）もその影響下にあった。

　理念的にロシア・アヴァンギャルドは、さらにレイヨニスム（光線主義）、シュプレマティスム（絶対主義）、ロシア構成主義に細分化され、ロシア構成主義はそのデザイン表現様式の代表である。抽象主義を始めた画家、ワシリー・カンディンスキー（Василий Кандинский）は、構成主義の起源的存在とされ、ロシア構成主義は、四角、三角、同心円等の幾何学的なフォルムと非対称性を重視しており、色彩的には、白、赤、黒、ベージュなど 5 色以内に収まるものが多い。ポスター等の印刷物においては、これは限られた色しか使えないリトグラフ印刷の制限からくるが、逆にクリエイティビティを生み出し、力強く斬新な作品となった。また、ロシアではグスタヴス・クルツィス（Густав Клуцис）が使い始めた、フォトモンタージュの技法が使われた作品も多い。現在で言うところのコラージュの先駆けとなる概念である。

　ロシア・アヴァンギャルドは総合芸術運動であるが、その象徴となるのは、プロパガンダ・アートである。ロシア革命からレーニンによるネップ政策のもと、政治的革命運動と芸術的革命運動が、ポスター、ビラ、装丁等の媒体を通じて融合した。この時代にレコードが普及していたら、きっとジャケットもそうなっただろう。識字率がまだ高くなかった時代、デザインは力強い表現力で視覚言語となった。しかし、スターリンの時代となり、1932 年のソ連共産党中央委員会で社会主義リアリズムの表現方針が公式化された。その結果、皮肉にもロシア・アヴァンギャルドの芸術家たちは弾圧を受けることになり、その影響を後世に残しながらも、一つの終焉を迎えた。

　本書で共産テクノとして紹介しているジャケットからも、ロシア・アヴァンギャルド、特にロシア構成主義からの影響が強い作品が多く見られる。キノ（Кино）、コーフェ（Кофе）、アヴィア（АВИА）等の一連の作品はその好例だ。今回、ここで紹介するのは、

ソ連及びロシア以外の国々で生まれたロシア・アヴァンギャルドの影響が感じられるジャケットである。先に述べたように、ロシア・アヴァンギャルド自体が他のモダニズム運動と影響を受けあっているので、決定的な基準を欠く場合もある。かつ、アートワークの作家が別または独自の様式と折衷させた作品もあるため、中にはその判別が曖昧なものもあることをご容赦いただきたい。同時に、ロシア・アヴァンギャルドというよりも、社会主義リアリズムまたはソ連的な共産キッチュとすべきジャケットも含まれている。元ネタがはっきりとわかるオマージュ、オリジナルのポスターをそのままジャケットにしてしまった荒技、一つの援用として使われ新しい世界観を提示した作品、色彩やロゴのレベルでの部分的な模倣、単純なパロディーとして楽しむべきもの、いろいろある。

　紹介するジャケットは、テクノポップ〜ニューウェイヴの領域に留まらないが、ロシア・アヴァンギャルド的、特に構成主義的な作品は、やはりテクノポップ系が多い。これは偶然ではなく、構成主義とテクノポップというのは、時代は違うものの、近未来的、記号的、幾何学的、ミニマリズム等の世界観を共有しているからだろう。

　冒頭から紹介する YMO の『テクノデリック』は、奥村靫正によるアートワーク。YMO、細野晴臣と高橋幸宏が主宰した YEN レーベル、Moonriders、加藤和彦等のジャケットを手がけた彼の作風はロシア・アヴァンギャルドの枠に収まらないが、日本のテクノポップ全盛期において秀逸なロシア・アヴァンギャルド的ジャケットが多いのは、彼の功績が大きい。

　世界的には、Kraftwerk の『The Man Machine』（1978 年）がロシア構成主義的ジャケットの先駆けとして知られるが、意外にも Generation X がその 1 年前に構成主義の模範的ジャケットをデビューシングル『Your Generation』で試みている。ジャケットの中には、元ネタが明らかなものも多い。エル・リシツキー（Эль Лисицкий）をオマージュとした坂本龍一の『B-2 Unit』のアートワークが有名だが、リシツキーに加えて、アレクサンドル・ロトチェンコ（Александр Родченко）、ステンベルク兄弟（Владимир и Георгий Стенберги）が、オマージュの対象となる三大構成主義デザイナーである。Franz Ferdinand に至っては、初期のジャケットのほとんどが、ロトチェンコに代表される構成主義デザインとなっている。

　あらためてジャケットを並べてみると、アヴァンギャルドというのは、スタイルではなく、思考としてニューウェイヴに通じる。ニューウェイヴが周縁の様々なものを取り込んで、1970 年代末に既成のロックを突破しようとしたように、アヴァンギャルドは 1910 年代に既成の芸術を突破したかったのだろう。その中心の一つが、ロシアであった。

Yellow Magic Orchestra
『Technodelic』
（Alfa, 1981）

YMO のロシア・アヴァンギャルド的デザインの多くは奥村靫正による

元ネタはソ連のコルホーズの女性

ドイツの共産党雑誌
『Das Neue Russland』

Yellow Magic Orchestra
『Technodelic』
（Alfa, 1981）

アー写を使ってほしいという社長のお願いで出来た初回版ジャケット

よく見ると左は『BGM』へのオマージュ

Oriental Magic Yellow
『Techno De Ruck』
（Pony Canyon, 1997）

Yellow Magic Orchestra
『Tighten Up』
（Alfa, 1980）

YMO ファンなら持っている構成主義シャツ

アメリカ向けに和風なのか？

Yellow Magic Orchestra
『Tighten Up（12″）』
（A&M, 1980）

コラム5　ロシア・アヴァンギャルド・ジャケット展

温泉マーク
の復興

Yellow Magic Orchestra
『Winter Live 1981』
（Alfa, 1995）

電子回路の
構成主義

Yellow Magic Orchestra
『World Tour 1996』
（Alfa, 1995）

ジャケット
だけに留まらず、
コスチューム
や舞台美術
も構成主義
だった

Yellow Magic Orchestra
『One More YMO Live』
（Sony, 2007）

Yellow Magic Orchestra
『Propaganda』
（Pony Canyon, 1984）

YEN レーベル
第一弾はフォ
トモンター
ジュ手法

『Philharmony』
初回限定
ソノシート

細野晴臣
『Philharmony』
（YEN Alfa, 1982）

細野晴臣
『夢見る約束』
（YEN Alfa, 1982）

ボックスセット
のダンボールに
貼られたシール
のデザイン

V.A.
『YEN BOX Vol. 1』
(YEN Alfa, 1996)

V.A.
『YEN BOX Vol. 2』
(YEN Alfa, 1996)

高橋幸宏の
ブランド「Bricks」
にも構成主義的
要素があった

V.A.
『YEN 卒業記念アルバム』
(YEN Alfa, 1985)

高橋幸宏
『音楽殺人』
(Seven Seas/King, 1980)

シングルの方
が構成主義的

英国向け
シングル

高橋幸宏
『悲しきブルーカラーワーカー』
(Seven Seas/King, 1980)

高橋幸宏
『School of Thought』
(Statik/Virgin, 1980)

コラム5　ロシア・アヴァンギャルド・ジャケット展

井上嗣也による
リシツキーへの
オマージュ

坂本龍一
『B-2 Unit』
(Alfa, 1980)

El Lissitzky
『About 2 Squares』
(1922)

ロシア・
アヴァンギャルド
にも繋がる
イタリア
未来派！

多重露光も
未来派の特徴

坂本龍一
『未来派野郎』
(Midi, 1986)

坂本龍一
『未来派野郎』
(Midi, 1986)

ファシズムと
繋がってし
まうイタリア
未来派……

Sony カセット
テープ「ライブ
カプセル」
のテーマ曲

坂本龍一
『G.T.』
(Midi, 1986)

Susan
『モダンワールド』
(Epic, 1980)

Moonriders
『マニア・マニエラ』
（T.E.N.T. Canyon, 1986）

奥村靫正は
YMO だけでな
く Moonriders
のジャケット
も多く手がけた

カセットも
含めると
3 種類の
ジャケット

Moonriders
『マニア・マニエラ』
（T.E.N.T. Canyon, 1986）

加藤和彦
『うたかたのオペラ』
（Warner Pioneer, 1980）

歯車
ジャケットは
全部で 4 種類

加藤和彦
『うたかたのオペラ』
（Warner Pioneer, 1980）

加藤和彦
プロデュース、
奥村靫正
デザイン

アナログ盤の
溝が二つある

EX
『Exhibition』
（Polydor, 1980）

EX
『Exhibition』 12˝ Promo
（Polydor, 1980）

コラム 5　ロシア・アヴァンギャルド・ジャケット展

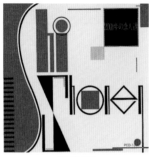

細野晴臣が主宰
の Non-Standard
から

後にハワイアン
に転向

Shi-Shonen
『2001 年の恋人達』
(Non-Standard, 1986)

Sandii & The Sunsetz
『Viva Lava Liva 1980 - 1983』
(YEN Alfa, 1984)

日本の
ヒップホップの
先駆者

よく見ると
ロシア語が！

いとうせいこう & Tinnie Punx
『建設的』
(Canyon, 1986)

RIKA
『ようこそシネマハウスへ』
(Pony Canyon, 1988)

「世界で最も
嫌われている
男の名前をつけ
たらすぐに覚えて
もらえる」と
いう発想から

The Stalin
『Stop Japn...』
(Climax, 1982)

The Stalin
『Go Go スターリン』
(Climax, 1983)

リシツキー
へのオマージュ

石野卓球
『Stereo Nights』
（Ki/oon, 2001）

平等と連帯を
理想とする
リシツキーの
プロパガンダ・
ポスター

El Lissitzky
『Die russische Ausstellung』
（Zurich,1929）

レトロカメラ
との相性
もいい！

m-flo
『m-flo inside-WORKS BEST III-』
（avex 2009）

80Kidz 自ら
によるアート
ディレクション

80Kidz
『Life Begins at Eighty』
（KSR, 2008）

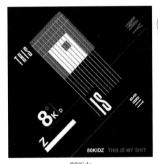

かなり過激な
タイトル！

レンタル専用の
ジャケットの方
が、ロシア構成
主義的

80Kidz
『This Is My Shit』
（KSR, 2009）

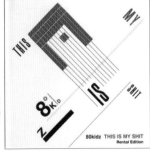

80Kidz
『This Is My Shit』
Rental Edition
（KSR, 2009）

コラム 5　ロシア・アヴァンギャルド・ジャケット展

どこまで意識した
のかは不明だが、
色使いはロシア・
アヴァンギャルド

微妙に
『The Man
Machine』

コント赤信号
『MARIKO の夏』
（Discomate, 1984)

KMM 団
『ウィッチ・アクティビティ』
（Lantis, 2014)

上智大学
外国語学部
ロシア語学科
卒業

ロリータは
装甲だ！

上坂すみれ
『七つの海よりキミの海』
（King, 2013)

上坂すみれ
『七つの海よりキミの海』初回盤
（King, 2013)

世界初・
共産趣味
アイドル

師団長
でもある

上坂すみれ
『来たれ！暁の同志』
（King, 2014)

上坂すみれ
『革命的ブロードウェイ主義者同盟』初回盤
（King, 2014)

赤と黒の
色調とメンバー
の並び方から
判定

モーニング娘。
『わがまま 気のまま 愛のジョーク』初回盤
（Up-Front, 2013）

スマイレージ
『地球は今日も愛を育む』初回盤
（Up-Front, 2014）

ここまで
来ると、想像力
が必要

アイドル系
の中では最も
ロシア・アヴァン
ギャルド的

前田敦子
『セブンスコード』Type-A
（King, 2014）

前田敦子
『セブンスコード』Type-B
（King, 2014）

タイのアイドル
3人組はダブス
テップ・ポップ

前田敦子
『セブンスコード』Type-C
（King, 2014）

FFK
『Loveaholic』
（Kamikaze, 2012）

コラム5　ロシア・アヴァンギャルド・ジャケット展

テクノポップ
にロシア・アヴァ
ンギャルド要素が
取り込まれたのも
Kraftwerk の
功績

リマスター
再発版

Kraftwerk
『The Man Machine』
(Capitol, 1978)

Kraftwerk
『The Man Machine』
(Kling Klang, 2009)

こちらは裏
ジャケット（表は
Cheap Trick）

英国の
コメディアン

Big Black
『He's a Whore / The Mode』
(Touch and Go, 1987)

Bill Bailey
『Das Hokey Kokey』
(BBm, 2006)

詰めがあまい

Mash-up 職人
Richard X
の仕業

Milemarker
『Sex Jams』
(Bloodlink, 2005)

Girls on Top
『Greatest Hits』
(White Label, 2005)

初期の作品
からの予兆

右下注意！
半分は Kraftwerk
のカヴァー

Kraftwerk
『Kometenmelodie 2』
（Philips, 1974）

The Balanescu Quartet
『Possessed』
（Mute, 1992）

Kraftwerk
の『The Man
Machine』
より早かった

Generation X
『Your Generation』
（Chrysalis, 1977）

ノルウェー
出身のリーダー
によるロンドン
のバンド

Data
『2-Time』
（SMS, 1983）

初期のロシア・
アヴァンギャルド
を感じる

構成主義は
歯車が好き

After the Fire
『Der Kommissar』
（Epic, 1982）

A Big Country
『Steeltown』
（Mercury, 1984）

コラム 5　ロシア・アヴァンギャルド・ジャケット展

The Wake
『Something Outside』
(Factory Benelux, 1983)

文字以外は
そのまま左の
リシツキー

El Lissitzky
『Beat the Whites with the Red Wedge』
(1920)

こちらも文字
以外はそのまま

The Wake
『Here Comes Everybody』
(Factory Benelux, 1983)

El Lissitzky
『Part of the Spectacle Machinery』
(1923)

ニューウェイヴ
というより
パワーポップ

アヴァンギャルド
というよりソ連的

Bram Tchaikovsky
『Strange Man, Changed Man』
(Radar, 1979)

Bram Tchaikovsky
『The Russians Are Coming』
(Radar, 1980)

名は体を表す
「構成主義者」

ジャケット的
には、こちらの
方が構成主義

Konstruktivits
『Glennascaul』
（Sterile, 1985）

Konstruktivits
『Anarchic Arcadia』
（E-Klageto, 2015）

ブレイクする前
の 1st アルバム

隠れファンも
いるニューヨーク
のテクノポップ・
バンド

Berlin
『Information』
（Vinyl, 1980）

Industry
『Industry』
（Capitol, 1983）

タイトルが
スペイン語なのに
ロシア・アヴァン
ギャルド

ソ連でレゲエは
人気があった

Pretenders
『¡Viva El Amor!』
（Warner, 1999）

UB40
『CCCP - Live in Moscow』
（DEP, 1986）

コラム 5　ロシア・アヴァンギャルド・ジャケット展

ピクトグラム
の原型は
構成主義

Depeche Mode
『Get the Balance Right!』
(Mute, 1983)

Depeche Mode
『Behind the Wheel』
(Mute, 1987)

バンド名は
設立者、Steve
Bronski から

Bronski Beat
『Hit That Perfect Beat』
(London, 1985)

Bronski Beat
『C'Mon! C'Mon!』
(London, 1987)

バンド名
は、政治的
シンパシー
それとも
共産趣味？

The Communards
『Communards』
(London, 1986)

The Communards
『The Red』
(London, 1987)

オリジナルよりこっちがアヴァンギャルド的

こちらはカヴァー・ヴァージョン

Telex
『Moskow Diskow』
（Rush, 1985）

Mario Piu
『Moskow Diskow』
（Fahrenheit, 2006）

構成主義的な Peter Saville のアートワーク

ブルー、グレーの色違いもあり

Berlin
『Information』
（Vinyl, 1980）

Orchestral Manoeuvres in the Dark
『Architecture & Morality』
（Dindisc, 1981）

70 年代から活動、この時期ニューウェイヴ化

背景がグレーの色違いあり

Kevin Coyne
『Pøliticz』
（Cherry Red, 1980）

Nitzer Ebb
『That Total Age』
（Mute, 1987）

コラム 5　ロシア・アヴァンギャルド・ジャケット展

Trevor Johnson による
ロトチェンコ
へのオマージュ

ロトチェンコ
のポスター

A Certain Ratio
『Wild Party』
（Factory, 1985）

Alexander Rodchenko
『The Poetry Anthology "Flying"』
（1923）

リシツキーを
コラージュ

中国の散髪

You've Got Foetus on Your Breath
『Deaf』
（Self Immolation, 1981）

You've Got Foetus on Your Breath
『Ache』
（Self Immolation, 1982）

名前はころ
ころ変わるが、
ジャケットに一貫
性がある

Scraping Foetus off the Wheel
『Hole』
（Self Immolation, 1984）

Scraping Foetus off the Wheel
『Self Immolation』
（Self Immolation, 1987）

インダストリアル系も構成主義が多い

ロゴも意識してる

South Wales Striking Miners Choir /Test Dept.
『Shoulder to Shoulder』
(Ministry of Power, 1985)

Test Dept.
『Compulsion』
(Some Bizzare, 1983)

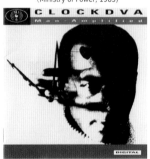

リシツキー本人を引用

リシツキー自画像

CLOCKDVA
『Man-Amplified』
(Contempo, 1991)

El Lissitzky
『The Constructor』
(1924)

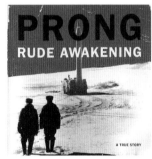

ニューヨークがベースのインダストリアル系メタル

風景をアヴァンギャルドするテックハウス系構成主義者

Prong
『Rude Awakening』
(Epic, 1996)

Metodi Hristov
『Constructivism EP』
(Street King, 2015)

コラム5　ロシア・アヴァンギャルド・ジャケット展

ソ連のテノール
歌手、ヴァディム
・コジンへの
トリビュート

スペイン風
構成主義

Marc Almond with Alexei Fedorov
『Orpheus in Exile - Songs of Vadim Kozin』
(Strike Force Entertainment, 2009)

Mecano
『En Concierto』
(CBS, 1985)

ディスコの女王、
Amanda Lear
との共演

イタリアを
代表するパンク
・バンド

CCCP - Fedeli Alla Linea Con Amanda Lear
『Tomorrow』
(Virgin, 1988)

CCCP - Fedeli Alla Linea
『Live in Punkow』
(Virgin, 1996)

プロパガンダ
風グラフィック
を得意とする
Shepard Fairey
による

アートワークは、
Linda McCartney

Led Zeppelin
『Mothership』
(Altantic, 2007)

Пол Маккартни
『Снова В СССР』
(Мелодия , 1988)

Franz Ferdinand
『You Could Have It so Much Better』
（Domino, 2005）

Invades Vancouver!
『One for All』
（Cellar Live, 2011）

Alexander Rodchenko
『Lilya Brik』
（1924）

Alexander Rodchenko
『One-Sixth Part of the World』
（1926）

Franz Ferdinand
『Take Me Out』
（Domino, 2004）

Franz Ferdinand
『Take Me Out（Daft Punk Remix）』
（Domino, 2004）

コラム 5　ロシア・アヴァンギャルド・ジャケット展

デビュー
シングルから
構成主義

Franz
Ferdinand の
アートワークは
マシュー・
クーパー作

Franz Ferdinand
『Darts of Pleasure』
（Domino, 2003）

Franz Ferdinand
『Matinée』
（Domino, 2004）

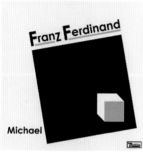

右下の
ロトチェンコ
が元ネタと
思われるが、
間接的援用

Franz Ferdinand
『Michael』
（Domino, 2004）

Franz
Ferdinand の
ジャケットは
色違いも多し

Franz Ferdinand
『Michael』
（Domino, 2004）

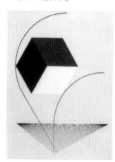

Franz Ferdinand
『Michael』
（Domino, 2004）

Alexander Rodchenko
『A Proun』
（1925）

シンプルな
ロゴのみの
デビュー
アルバム

Franz Ferdinand
『Franz Ferdinand』
（Domino, 2004）

Franz
Ferdinand と
Beastie Boys
のマッシュ
アップ

McSleazy
『Franzie Boys』
（Half Inch Recordings, 2004）

The Wake
が引用した
リシツキーの
ポスターを
援用

Franz Ferdinand
『This Fire』
（Domino, 2004）

やっぱり
ロシアでも
人気なのか？
ロシア版 DVD

Franz Ferdinand
『Franz Ferdinand』
（Zakat, 2005）

この辺りから
作風の変化
が見られる

角度のある
反復の美学

Franz Ferdinand
『Do You Want To』
（Domino, 2005）

Franz Ferdinand
『The Fallen』
（Domino, 2006）

コラム5　ロシア・アヴァンギャルド・ジャケット展

近未来的な
躍動感が美しい

この辺りが
構成主義
シリーズの
区切り

Franz Ferdinand
『Eleanor Put Your Boots On』
(Domino, 2006)

Franz Ferdinand
『Swallow Smile』
(Domino, 2006)

Franz
Ferdinand が
所属する Domino
によるコンピ

Franz
Ferdinand を
ブルーグラス
でカヴァー

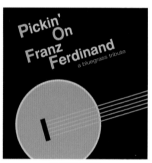

Franz Ferdinand
『Franz Ferdinand』
(Domino, 2004)

Cornbread Red
『Pickin' on Franz Ferdinand』
(CMH, 2005)

Generation X
に酷似の Franz
Ferdinand 収録
のコンピ

Franz
Ferdinand
収録のフラン
スのコンピ

V.A.
『The New Generation Future's Burning』
(V2, 2005)

V.A.
『[PIAS] 2005I』
(PIAS, 2005)

NASA
『Remembering the Future』
（Memento Materia, 1999）

有名な
リシツキー型
フォトモンター
ジュ手法

スウェーデン
なのに NASA

NASA
『Back to Square One』
（Memento Materia, 1999）

NASA
『Nexterday』
（Memento Materia, 1999）

ステンベルク
兄弟をそのまま
引用

ロシア革命
10 周年記念

Stenberg Brothers
『October』
（1927）

Lolita Storm
『Studio 666 Smack Addict Commandos』
（555 Recordings, 2003）

ロゴも
キリル文字風

ステンベルク
兄弟から
インスパイア

Stenberg Brothers
『Six Girls Seeking Shelter』
（1927）

コラム 5　ロシア・アヴァンギャルド・ジャケット展

フィンランドの
テクノ野郎たち

Ural 13 Diktators
『Techno Is Dead』
（Ural 13, 2002）

ヘッドホン
をつけたレーニン
はレーベルの
マスコット
キャラ

Ural 13 Diktators
『Diskossa』
（Ural 13, 1999）

デビュー時は
エレクトロ
クラッシュ
として紹介

上手く「赤」
と「ピンク」
が並んだ

The Faint
『Danse Macabre』
（Saddle Creek, 2001）

The Faint
『The Geeks Were Right』
（Boysnoize, 2008）

米国
ネブラスカ州
とは思えない
前衛度

フォト
モンタージュ
路線が多い

The Faint
『Fasciinatiion』
（Blank.Wav, 2008）

The Faint
『Doom Abuse』
（SQE, 2014）

リシツキー型文字人

Solvent
『Apples and Synthesizers』
(Ghostly International, 2004)

El Lissitzky
『Basic Calculus』
(1928)

リシツキー好きがわかる

Solvent
『Subject to Shift』
(Ghostly International, 2010)

バンド名はロシア語で「お嬢さん」

DeVotchKa
「A Mad & Faithful Telling』
(Anti, 2008)

革命と言えば、ロシア！

Superchumbo「The Revolution』
(Twisted America, 2001)

キューバ革命も共産キッチュ

Rodrigo Y Gabriela and C.U.B.A.
『Area 52』
(ATO, 2012)

コラム5　ロシア・アヴァンギャルド・ジャケット展

シシド・カフカもお勧めのガーナのアフロファンク

Konkoma
『Konkoma』
（Soundway, 2012）

リミックス盤の色使いも素敵

Konkoma
『Konkoma Remixed』
（Soundway, 2012）

ロボットとロシア・アヴァンギャルドの組み合わせは最高

Håkan Lidbo
『Sexy Robot』
（Lasergun, 2002）

エレクトロポップ界のビジネス・ビッチ

Client
『Rock and Roll Machine』
（Mute, 2003）

顔なしフォトモンタージュ

Client
『Heartland』
（Out of Line, 2003）

「N」を「И」と綴る常套手段

Client
『Rock and Roll Machine』
（Mute, 2003）

日本の EX ではなく、オランダのパンクバンド

Brader はトルコ出身

The Ex
『6.1』
（Ex, 1991）

The Ex & & Brader Mûsîkî
『6.2』
（Ex, 1991）

全ヴァージョン収録のボックスセットもある

わざとロークオリティ

The Ex
『6.3』
（Ex, 1991）

The Ex & Guests
『Bimhuis 29/06/91: 6.4^1 & 6.4^2 』
（Ex, 1991）

かなりしつこい

最後はオリジナルのロトチェンコからの引用

The Ex with Kamagurka & Herr Seele
『6.5: This Song Is in English』
（Ex, 1991）

The Ex
『6.6』
（Ex, 1991）

コラム 5　ロシア・アヴァンギャルド・ジャケット展

ソ連生まれの
ニューヨーク
在住のシンガー

ウォッカと
マトリョーシカ
もソ連だけど、
左の勝ち！

Regina Spektor
『Soviet Kitsch』
（Sire, 2004）

Regina Spektor
『Soviet Kitsch』
（Sire, 2004）

ロンドン発
エレクトロニカ

Beroshima
としても
活動する
Frank Müller
のレーベル
・コンピ

The High Llamas
『Snowbug』
（V2, 1999）

V.A.
『Chapter Four』
（Müller, 2002）

ゴシック
meets アヴァン
ギャルド

レニングラード
生まれロンドン
に移住

Angelspit
『Larva Pupa Tank Coffin』
（Metropolis, 2010）

DJ Vadim
『U.S.S.R. Life from the Other Side』
（Ninja Tune, 1999）

ラトビア・ソビエト連邦社会主義共和国

ラトビア共和国

ラトビア・ソビエト社会主義共和国

ソ連の国旗は赤いバックに農民のシンボルである鎌、プロレタリアートのシンボルであるハンマーの上に赤い星が描かれている。金色や赤の星が描かれた中国、ベトナム、北朝鮮等、他の共産主義国家の国旗にも影響を与えている。ソ連構成国の国旗は、ソ連の国旗をベースに追加のデザインが施されており、デザイン的にはとってつけた感がある。ソ連時代のラトビアの国旗もそんな趣で、エストニアと混同しそうである。

エストニア人はフィンランドの主たる民族であるフィン人に言語的・民族的にも近いが、ラトビア人とリトアニア人はバルト人とされる。ソ連の共産テクノの発祥を考える上で、人口270万人程度のラトビアはエストニア以上に牽引的役割を果たした。ラトビアン・ロックの歴史を調べてみると、バルト沿岸の第3の都市リエパーヤが多くのバンドや作曲者を輩出した。しかし、共産テクノという視点で見ていくと、特にシンセサイザーを使ったバンドは首都であるリガ出身が主体となる。本書で紹介した3組のバンドも全てリガ出身だ。

ソ連全体の共産テクノという点からも、ラトビアには二つの重要バンドが存在する。一つが、ゾディアック（Зодиак/Zodiac）だ。日本においてテクノポップ・ブームが起こった際、YMOのレコードは一家に一枚的な存在であった。実際に、1980年のオリコン・チャートで、『Solid State Survivor』は年間1位だった。1980年、ソ連でそれに近いポジションだった作品が、ゾディアックの『Disco Alliance』である。1977年の映画『スター・ウォーズ』に同期する形で起こったフランス発祥のスペースディスコの流れを汲むフュージョン系バンドがソ連に多いのもこのゾディアックの成功によるところが大きい。スペースディスコについては、リトアニアのアルゴ（Argo）の章で解説しているので、是非読んで欲しい。

もう一つは、DzPこと、ゼルテニエ・パストニエキ（Dzeltenie Pastnieki）である。ゾディアックがメジャー・シーンの象徴とすれば、DzPはソ連におけるアンダーグラウンド・テクノポップの開拓者である。

ゾディアック　Зодиак

小国ラトビア出身ながら、売上 2,000 万枚を突破したスペースディスコ

Зодиак『Disco Alliance』
（Мелодия, 1980）

Зодиак
『Disco Alliance Dance Mix 2000』
（Mikrofona, 2000）

　ラトビアを含むバルト三国は地理的にも歴史的にもヨーロッパに最も近く、比較的西側寄りな地域であった。ただバルト三国の中で、ラトビアは権力による締め付けが比較的強かったという情報もある。そんな背景のもと、70 年代末にラトビアの現在の首都でもあるリガで結成されたのが、ゾディアック（Зодиак /Zodiac）だ。バンド名、タイトルに英語表記が多く、地域的特異性が窺える。ヤーニス・ルーセンス（Jānis Lūsēns）を中心とするリガにあるラトビア国立音楽院の 5 人の学生たちが、どちらかと言えば趣味で始めたグループである。電子楽器の調達が難しかった当時のソ連で、ARP Omni や ARP Odyssey が使えたのも、音楽院の学生であったからだろう。

　1980 年 の デ ビ ュ ー ア ル バ ム『Disco Alliance』は、2,000 万枚を超える（レーベルとしての見解は 500 万枚を超える）メガヒットとなった。どちらの数字をとっても、ラトビア史上最も売れたアルバムとなる。日本でも流通したとの情報もあるが、未だに日本盤を見たことがない。タイトルにディスコとあるが、米

国的なものではなく、フランスの Space からファンク性を抜いた感じのフュージョンから発展したインストルメンタルのスペースディスコである。2000 年には、『Disco Alliance Dance Mix 2000』として新たな機材とアレンジで録音してリリースされた。

　予想しなかった成功を受けて発売されたのが、2 枚目となる『Music in the Universe』（1982 年）である。ここではさらにスペース的な要素が強調され、ディスコからプログレッシヴロック風味も出てきている。収録された「The Other Side of Heaven」は「Karate」という曲名だったが、突然の空手禁止の余波で、現タイトルに改名された。ソ連には 70 年代から独自の体育理念があり、柔道は例外であるが、多くの格闘技が禁止された。

　ゾディアックはその後も 1992 年まで活動を続けるが（1987 年あたりから Zodiaks と表記される）、最初の 2 枚が彼らのピークであった。アルバムごとに路線が変わっていった。二つの異なる映画のサウンドトラックを収録した『Music from the Films』（1985 年）、プログレにさらになびいた『In Memoriam』（1989 年）をリリース後、『Mākoņi（Clouds）』（1991 年）では、インストルメンタル・バンドから男女ヴォーカルによるポップ路線へと移行している。

　後期の作品を集めたラトビアのみでリリースされた『Mirušais gadsimts / Dziesmu izlase（亡くなった世紀 / お気に入りソング）』（2006 年）のジャケットでは、メンバーのライヴの様子が窺える。

　現在、ゾディアックは復活し、ルーセンスを中心に新しいメンバーで精力的にライヴ活動を行っている。電子音楽とテクノポップの狭間に咲いたスペースディスコ・バンドとして、ゾディアックはソ連を経験した人たちの心に刻まれているはずだ。

Зодиак
『Music in the Universe』
（Мелодия, 1982）

Zodiaks
『Mākoņi / Clouds』
（RiTonis, 1991）

Zodiaks
『Mirušais gadsimts / Dziesmui zlase』
（Mikrofona, 2006）

ゼルテニエ・パストニエキ　Dzeltenie Pastnieki
ソ連の共産テクノの起源（本命！）となるラトビアの宅録集団

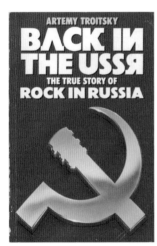

Artemy Troitsky
『Back in the USSR』
(Omnibus Press, 1987)

　　ニューウェイヴの文脈でのソ連の共産テクノの先駆者は誰か？　その答えはラトビアにあった。「黄色い郵便配達」という意味を持つゼルテニエ・パストニエキ（Dzeltenie Pastnieki）。DzP という略称が使われることもある。DzPは、宅録によってマグニティズダート（磁気テープによる地下出版）によるリリースをしてきたアンダーグラウンドな集団であるが、ラトビア語、ロシア語、ウクライナ語、デンマーク語、英語の Wikipedia に掲載されており、彼らのカルトな人気が窺える。

　ソ連のロック・ポップについて書かれた日本語の書籍は、稀有である。ソ連のロック・ジャーナリストの先駆者、アルテミー・トロイツキー（Артемий Троицкий）によって英語で出版されたソ連ロック本『Back in the USSR』が和訳され、『ゴルバチョフはロックが好き？』として、ソ連崩壊直前の 1991 年に出版されている。正直、タイトルは当時のゴルビーへの注目にあやかろうという便乗感がありありなのだが、その内容は著者の体験にもとづき大変貴重である。

原文はロシア語であったのに、ロシア語版は出版されていないというのも興味深い。トロイツキーは、反体制＝ロック的なものに対する評価に偏重する傾向があるが（例えば、同じラトビア出身のゾディアックに対しての評価は低い）、DzP に対しては大きな賞賛を与えている。ただ、タイトルにロシアのロックとあるが、原書タイトルが『Back in the USSR』であり、DzP はロシアでなくラトビアであるからソ連のロックとすべきである。彼の DzP への評価については、英語版の Wikipedia でも言及されており、他のソ連のロック、特にニューウェイヴを知るマニアの間でも一目置かれた存在だ。

1981 年に DzP は、イングス・バウシュケニエクス（Ingus Bauškenieks）とヴィエスツルス・スラヴァ（Viesturs Slava）を中心に 4 人編成でディスコでカヴァー演奏をしていた。彼らを含めてほとんどの歴代のメンバーは、科学分野で優秀とされるリガ国立第 1 ジムナジウムの卒業生である。カヴァーは、Gary Numan、Bob Marley、Blondie、The Police 等である。ニューウェイヴ〜テクノポップに加えて、レゲエからの強い影響がこの時代から窺える。DzP 以外にもレゲエを取り入れたソ連のロックバンドが多いのは、面白い現象だ。

同年、デモ作品『Madonas galerts（マドナのミートジェリー）』を下地にしてテープアルバムとして発表されたのが、『Bolderājas dzelzceļš（ボルデラーヤス鉄道）』である。10 曲中 7 曲の作詞または作曲には、NSRD という別のバンドのメンバーが参加している。NSRD が作詞した「Dzeltenais viltus pastnieks（黄色い偽の郵便配達）」は、DzP というバンド名の由来となった。この曲や「Nāc ārā no ūdens（水の中から出てくる）」「Mana kafejnīca ir salauzta（私のカフェはやっていない）」を聴いてみると、単に DzP が西側ニューウェイヴ

アルテーミー・トロイツキー / 菅野彰子訳
『ゴルバチョフはロックが好き？』
（晶文社 ,1991）

Dzeltenie Pastnieki
『Bolderājas dzelzceļš』
（不明 ,1981/Ingus Bauškenieka, 2003）

Dzeltenie Pastnieki
『Man ļoti patīk jaunais vilnis』
(不明 ,1982/Ingus Bauškenieka, 2003)

Dzeltenie Pastnieki
『Alise』
(不明 ,1984/Ingus Bauškenieka, 2004)

Dzeltenie Pastnieki
『Vienmēr klusi』
(不明 ,1984/Ingus Bauškenieka, 2004)

をなぞったのではなく、ラトビアという緩衝地帯から独自の世界観を作り出しているのが分かる。恵まれないレコーディング環境や技量の未熟さを超えてしまう、先駆者の精神を感じる。

2枚目の『Man ļoti patīk jaunais vilnis（僕はニューウェイヴが大好き）』（1982 年）では、ストレートにニューウェイヴに対する想いをアルバム・タイトルと曲名にしている。「Bezcerīgā dziesma（絶望的な歌）」は、ラトビア語での初のラップを含んだ歌とされる。ラップと言っても、ヒップホップ的要素は皆無で、リズムボックスに乗せた西ドイツの Ata Tak にも通じるコミカルなラップというか語り口調である。このアルバムは、「臨海」を意味するラトビアの保養地、ユールマラにある漁業コルホーズで録音された。

続くアルバム『Alise（アリス）』では、Lewis Carroll の『不思議の国のアリス』と『鏡の国のアリス』中の文章をラトビア語に訳して、歌詞としたコンセプトアルバムである。ちゃんと Lewis Carroll の名前も、作詞にクレジットされている。さらにテクノポップ度は増し、後述するエディーテがヴォーカルをとった「Trīsi, trīsi, sikspārnīt...（トゥインクル、トゥインクル、リトル・バット）」は、珠玉の出来となっている。ラストの「Gaisa balona dzinēja（エアシリンダ・エンジン）」は、西ドイツの Trio に影響されたという記述もある。

同年に『アリス』のアウトトラックの「Alise un runcis（アリスと雄猫）」等を含んだアルバム『Vienmēr klusi（常に静かに）』が、リリースされる。飛行機ジャケットのセンスもよろしい。全体として物憂げさが戻ってきたが、2枚目アルバムのタイトル曲でもある逆回転トラック「僕はニューウェイヴが大好き」や Kraftwerk 的なイントロから始まる「Milžu cīņa（巨人は戦う）」では、ひねくれポップ的センス

が開花する。YouTube でも聴けるので、代表
曲として押さえてほしい。

　5 枚目となった『Depresīvā pilsēta（鬱病都
市）』（1986 年）は、DzP のキャラクターに相
応しいタイトル（まるで日本のアーバンギャル
ドのようなセンス！）であるが、未収録曲集と
なっている。続く 6 枚目の『Naktis（夜）』（1987
年）では、2 枚目以降リズムボックスに頼って
いた DzP が生ドラムを復活させる。評論家に
もウケがいい作品で、「Lāstekas（つらら）」等、
テクノポップ性は残しつつも、叙情的なバンド
サウンドとの交配が起こっている。

　1989 年には 2 枚組のベスト & 未収録曲アル
バム『Sliekutēva vaļasprieks（スリエクテーヴァ
趣味）』を出し、小休止となるが、ラトビア独
立後の 1995 年に『Mēness dejas（月のダンス）』
を発表。Kraftwerk の『The Mix』のような志で
過去の曲を新たにレコーディングしたと思われ
るが、絶賛した「巨人は戦う」等を聴き比べて
みると、正直オリジナルに軍配が上がる。

　前述の「私のカフェはやっていない」には、
女性ヴォーカルのヴァージョンも存在する。デ
ビュー作のオリジナルよりどこか北欧の風が
吹くメランコリーなエレクトロポップとなっ
ており、ソ連っぽくないのである。この曲を
調べていくと、更に興味深いもう一つの DzP
の側面が浮かび上がってきた。これは、1989
年にエディーテ・バウシュケニエセ（Edīte
Bauškeniece）がカヴァーした曲である事が判
明。残念ながらこの曲を収録する作品の情報は
存在しないが、YouTube でミュージック・ク
リップは公開されているので、是非観て欲しい。
また、彼女は、DzP の『僕はニューウェイヴ
が大好き』に収録されたテクノポップ然とした
「Kāpēc tu mani negribi?（どうして私を欲しく
ないの？）」から DzP のバックヴォーカルとし
て参加している。この時点の名前は、エディー

Dzeltenie Pastnieki
『Naktis』
（不明 , 1987/Ingus Bauškenieka, 2010）

Dzeltenie Pastnieki
『Mēness dejas』
（Microphone, 1995）

Edīte un Ingus Bauškenieki
『Klusais okeāns』
（未発表 , 1990)

Ingus Bauškenieks
『Nezināmais šedevrs』
(Ingus Bauškenieka, 2004)

Ingus Bauškenieks
『Burvju pusdienas』
(Microphone, 1995)

Dāmu Pops
『Par rozēm』
(Platforma, 2000)

テ・グリーンベルガ（Edīte Grīnberga）である。エディーテは、バウシュケニエクスと結婚し、バウシュケニエセとなったのである（ラトビア語では苗字の語尾が男女で微妙に変化）。また、エディーテは、バウシュケニエクスと夫婦でアルバム『Klusais okeāns（太平洋）』を1990年に完成させたが、時期が悪かったのか、公式にリリースされない幻のアルバムとなった（非公式には流通）。しかし、収録された「Milzīte Ilzīte（ミルヂーテ・イルヂーテ）」は、ラトビアのコンテスト「Mikrofona（マイクロフォン）」で1990年に3位に選ばれている。また、バウシュケニエクスの1988年から2003年までの編集盤『Nezināmais šedevrs（知られざる名作）』に、上記の曲も含めて3曲が収録されている。

　バウシュケニエクスは80年代末からはソロとしても活動し、『Mājas dzīve（炉端）』（1988年）、『Burvju pusdienas（魔法のダイニング）』（1995年）等、エレクトロニカ要素が強い作品を発表した。後者のアルバムでは、エディーテのヴォーカル曲も収録している。00年代初頭に二人は離婚してしまったが、前述の『知られざる名作』発売時のバウシュケニエクスのコンサートには友情参加している。

　エディーテは、「レディー・ポップス」を意味するダーム・ポップス（Dāmu Pops）という女子4人組の一員としても活動した。適当に集めてきたのではなく、実績がある女性シンガーで構成され、それぞれソロ又は別のグループで活動してきた。前述の「マイクロフォン」というコンサートのサプライズとして披露された「Varbūt rīt（たぶん、明日）」（1989年）は、注目を集めた。初期の曲は、バウシュケニエクスもアレンジで絡んでおり、意図的にダサめのエレクトロ歌謡っぽくした確信犯的な曲が多い。実質的に活躍したのは、1989年から2年間であるが、2000年に再結成しアルバム『Par rozēm（薔薇）』をリリース。「た

ぶん、明日」も収録されているが、アルバム収録のヴァージョンは YouTube で視聴できるオリジナルと比べると下世話なユーロダンスとなり、劣化してしまっている。

　残るダーム・ポップスのメンバーについて見てみよう。イエヴァ・アクラーテレ（Ieva Akurātere）は、舞台女優としてデビューし、1981 年から「カミナリ」を意味するペールコンス（Pērkons）というバンド、1986 年には K. Remonts（「オーバーホール」という意味）というニューウェイヴ・バンドで活動した。ソロでは、アコギ片手にラトビア民族的ポップスのイメージが強いアクラーテレであるが、「Un būs tev（そして、あなたは……）」ではイタリアのマティア・バザール（Matia Bazar）や日本のショコラータにも通じるオペラ風ニューウェイヴとなっている。バンドの首謀者のユリス・リエキスティンシュ（Juris Riekstiņš）は、ダーム・ポップスのアレンジにも関わっている。80 年代の K. Remonts の楽曲は、1999 年に『Melnraksti（ドラフト）』として CD 化された。

　アクラーテレは、後述する NSRD とコラボをし、1989 年に『Ieva Akurātere un NSR Darbnīca（イエヴァ・アクラーテレと NSR ワークショップ）』という実験的エレクトロニカ作品をカセットで発表していることも記しておきたい。

　オルガ・ライエツカ（Olga Rajecka）は、長寿バンドのエオリカ（Eolika）、なんだか辛そうなプログレ系バンドのツライダス・ロゼ（Turaidas roze）で活動。両者とも特に 80 年代にラトビアで人気があった。ダーム・ポップス以外で比較的ニューウェイヴ度が高いのは、1991 年に『Tev un man（あなたと私）』となる。

　最後のマイヤ・ルーセーナ（Maija Lūsēna）は、ラトビアが誇るスペースディスコ・バンド、ゾディアックがインストからヴォーカルバンドに転向した際のヴォーカリスト。同時に、彼女はゾディ

K. Remonts
『Melnraksti』
（Gailītis-G, 1999）

NSRD
『Ieva Akurātere un NSR Darbnīca』
（Aproximate Art Agency, 1989）

Olga Rajecka-Migliniece & Tango
『Tev un man』
（Мелодия, 1991）

Neptūns
『Jāņa Lūsēna Estrādes Dziesmas』
(Мелодия, 1986)

EastBam
『Aka Aka』
(Low Spirit, 1990)

WestBam
『The Cabinet』
(Low Spirit, 1989)

アックの中心人物、ヤーニス・ルーセンス（Jānis Lūsēns）と夫婦である。マイヤは、ルーセンスのポップユニット、ネプトゥーンス（Neptūns）のアルバム『Jāņa Lūsēna Estrādes Dziesmas（ヤーニス・ルーセンスのポップソング）』にも参加している。

　DzP に在籍したメンバーの中にロベルツ・ゴブジンシュ（Roberts Gobziņš）というラトビア、そしてソ連初のラッパーがいる。既に DzP の2枚目のアルバムで触れたが、「絶望的な歌」でラップをしたのも彼だ。ソロに転向後、西ドイツの WestBam にあやかり、EastBam 名義で 1990 年に CD マキシシングル『Aka Aka』をリリース。リリース元は、WestBam の Low Spirit であるから、公認である。これぞ、DJ カルチャーとしての共産テクノ！

　本家 WestBam のアルバム『The Cabinet』(1989年）に収録の「Go EastBam!」でも EastBam はゲストとしてヴォーカル参加している。ゴブジンシュは、ソ連における DJ ならぬ TJ（テープ・ジョッキーを意味する）の先駆者であった。当時、西側からのアナログ盤の入手が困難だったソ連では、テープで DJ をしていた。TJ の機材として Ross Mark というオープンリールのテープレコーダーが使われ、なんとスクラッチもできた。コブジンシュは、ソ連崩壊後も DJ、ラッパー、ジドリナス・メガシステーマ（Dzidriņas Megasistēma）のメンバー等として活動を続けている。

　DzP のデビュー作『ボルデラーヤス鉄道』とアクラーテレとのコラボ作でも触れた NSRD についても紹介しよう。NSRD とは Nebijušu Sajūtu Restaurēšanas Darbnīca（前例のない感情の修復ワークショップ) のアクロニムである。主要メンバーは、ハーディス・レディンシュ（Hardijs Lediņš）とジュリス・ボイコ（Juris Boiko）の2人だが、1982 年に結成以降、過去に複数のシン

ガー、ミュージシャン、建築家、ファッション
デザイナー、俳優等を巻き込んで数多くの作品
をテープアルバム（オープンリール又はカセッ
ト）を発表した。この二人は、レーベル名でも
ある Seque 名義で 1976 年から活動をしている。
NSRD を一言で表すのは難しいが、現代音楽を
ルーツとする総合芸術を目指すポストモダン的実
験電子音楽である。

　彼らの発表は音源に留まらず、ビデオアートや
展示会とマルチメディア化している。YouTube で
も公開されている 1987 年のビデオ「Dr. Enesera
binokulāro deju kursi（エネセラ博士の双眼鏡ダ
ンスコース）」では、植物園の温室のような場所で、
民族衣装を着た人々が不思議なパフォーマンスを
している。比較的聴きやすく、テクノポップ度が
高い作品は、『Medicīna un māksla（医学と芸術）』
（1985 年）である。後にレディンシュは、ソロそ
してクラブ DJ として活動をしている。

　DzP のスラヴァとイングナ・チェルノヴァ
（Inguna Černova）そして NSRD のイルグヴァ
ルス・リスキス（Ilgvars Rišķis）、紅一点のダイ
ガ・マズヴェールシーテ（Daiga Mazvērsīte）は、
1988 年から「始まる 19 年前」という意味の 19
gadi pirms sākuma（19 ガディ・ピルムス・サー
クマ）という長ったらしい名前のバンドで活動し
た。DzP の物憂げなポップ性と NSRD のアヴァ
ンギャルド性が見事にブレンドされた音楽性であ
る。

　以上、DzP とその周辺の人たちの活動を追っ
てみたが、ソ連という閉ざされた国でこれらの創
作活動に挑んだ彼らに敬意を表したい。

Seque
『Best of Seque 76』
（Seque, 1976）

NSRD
『Medicīna un māksla』
（Seque, 1985）

19 gadi pirms sākuma
『19 gadi pirms sākuma 1988-1990』
（不明 , 1992/Ingus Baušķenieka, 2005）

ユンプラヴァ　Jumprava

歴代メンバー中 4 人の名前がアイガルスだったハンマービート大好きバンド

Jumprava
『Jumprava』
(Мелодия, 1988)

　ユンプラヴァ（Jumprava）は、1984 年に
リガで結成された。現在も活動する中心メン
バーは、アイガルス・グラーヴェルス（Aigars
Grāvers）、アイガルス・クレースラ（Aigars
Krēsla）、アイガルス・グラウバ（Aigars
Grauba）、アイナルス・アシュマニス（Ainārs
Ašmanis）と、なんと 4 名中 3 名が名前がアイ
ガルス！　アイガルスはとてもよくある名前の
ように、元ラトビア首相にもアイガルス・カル
ヴィーティス（Aigars Kalvītis）がいる。

　メロディヤから正式デビューとなったのは、
1988 年の『Jumprava（ユンプラヴァ）』であ
るが、多くのソ連のロックバンドがそうであっ
たように、自主流通のテープアルバムで人気
を得て、「マイクロフォン」という投票形式の
チャートのトップ 10 に曲を送り込んだ。ラト
ビア版 Depeche Mode という形容がされたり
もするが、確かにこのアルバムに収録された

「Upe（川）」から、ニューウェイヴかオールド
ウェイヴか判別がつきにくいスタイルからへな
ちょこハンマービートみたいな音が聴こえてく
る。アルバム中で一番テクノ度が高い「Prom
no pilsētas（Away from City）」 は、Depeche
Mode といよりも Ultravox を意識したようなサ
ウンドだが、やっぱりゆるいハンマービートが
スパイスになっている。

　続く、翌年の 1989 年にリリースとなる
『Pilsēta（シティー）』では、機材もアップグレー
ドされたのか、音はよりソリッドになり、テク
ノポップ・バンドとしての個性がより明確にな
る。The Art of Noise を意識したような曲もあ
る。グラーヴェルスが要となりながらも、複数
のトラックメイカーがいるバンドであった。同
じアイガルスの名前をもつグラウバも進歩を遂
げたが、同年に脱退した。その後も小ヒットを
飛ばすものの、1992 年にバンドは休止状態と
なった。

　ユンプラヴァは、1998 年に復活し、それ以
降 5 枚のアルバムをリリースしている。2005
年の『Inkarmo（インカルモ）』の時点では、
ラトビアの民族的な要素も感じるエレクトロニ
カ的トラックが増えている。

　実は、1984 年から 87 年まで、アイガルス・
ヴォティシュキス（Aigars Votiškis）という 4
人目のアイガルスがいた！　彼は、イングス・
ウルマニス（Ingus Ulmanis）と共にラーデゼ
ルス（Lādezers）を結成。紆余曲折の後、リ
リースされたデビュー作『Putns pelnos（鳥の
灰）』は、音楽性の違いによる脱退を思わせる、
よりアコースティックなフォークロック路線で
ある。「ラーデゼルスはユンプラヴァよりも人
気の上では上回った」という記述もあるが、「ユ
ンプラヴァはラトビアでは大人気バンドだっ
た」という記述もあり、一体どちらが本当なん
だと疑心暗鬼になっている。

Jumprava
『Pilsēta』
（Мелодия, 1989）

Jumprava
『Inkarmo』
（Platforma, 2005）

Lādezers
『Putns pelnos』
（不明 , 1995）

リトアニア・ソビエト連邦社会主義共和国

リトアニア共和国

リトアニア・ソビエト社会主義共和国

　連邦構成国の最後を飾るのは、バルト三国の一番南に位置するリトアニアである。バルト三国の中では一番人口が多いが、当時 370 万人程度だった。リトアニアはバルト三国中で独立運動を牽引し、ソ連からの最初の独立国となった。現在は小国であるが、15 世紀には、リトアニア大公国として現在のウクライナ、ベラルーシ、ロシアの一部にまで領土を拡大し、ヨーロッパで最大の領土をもつ国となった。16 世紀にはポーランド王国と合同、ポーランド・リトアニア共和国となった。

　ただ、リトアニア大公国の支配層となったリトアニア人は、現在のリトアニア人とは同じではなく、ウクライナ人やベラルーシ人の先祖も多かった。

　首都はヴィリニュスであるが、第 2 の都市、カウナスでも音楽は活発であった。カウナスは、杉原千畝がユダヤ人避難民のために約 6,000 人のビザ発給を行った日本領事館があった場所としても有名である（2015 年に映画化）。本書でリトアニア・アーティストとして紹介する 3 組中 2 組はカウナスを活動拠点としていた。

　リトアニアもソ連内では、他のバルト三国と同じく音楽的に先進的な地域であった。ペレストロイカ前のソ連時代、一般の人々が西側の音楽に触れる方法は、主に二つ。一つは不法に西側のレコードを持ち込み、それをテープにダビングして流通させる。もう一つは、ソ連での周波数で聴ける唯一の西側ラジオ局「ラジオ・ルクセンブルク」からの放送だった。ソ連のどの地域まで受信可能だったのかは不明だが、リトアニアでは聴けたとの記述がある。そんな背景もあり、60 年代末から The Beatles などをカヴァーするバンドが存在し、ここで紹介するバンドも含めて、80 年代には複数のバンドが活発に活動していた。

　ソ連が崩壊し、より自由な活動ができるようになると、ロックのような活動は盛り上がると考えがちだが、実際のところ、そうでもないという考察もされている。リトアニアに限った事ではないが、人々の興味は西側に向かい、ローカルのバンドやアーティストはかなりのクオリティがないと支持されない結果となり、ソ連崩壊後にローカル音楽シーンが沈滞してしまうという現象も見られた。

テイスティス・マカチナス　Teisutis Makačinas
リトアニア音楽院のクラシック音楽理論教授が突然テクノディスコを発表

　人は外見だけで判断してはいけない、そんな教
訓が学べるケースである。テイスティス・マカチ
ナス（Teisutis Makačinas）は、カウナスに 1938
年に生まれ、カウナス音楽院とヴィリニュス音楽
院が合体して出来た当時のリトアニア音楽院（現
在はリトアニア音楽演劇アカデミー）を卒業後、
音楽理論と作曲を教える教授となった。経歴から
しても、共産テクノとは全く縁のなさそうなクラ
シック畑の正統派音楽家である。

　1972 年には、『T. Makačino Estradiniai Kūriniai
（T. マカチナスの色々な作品）』というアルバム
をリリース。どこか愛嬌を感じてしまうジャケッ
トであるが、クラシックではなく歌謡曲なのであ
る。本人が歌っておらず、YouTube で確認する
と、眉毛が繋がったおじさんシンガー等が歌って
いる。時代的な流行も取り入れたちょっぴりサイ

Teisutis Makačinas
『T. Makačino Estradiniai Kūriniai』
（Мелодия, 1972）

Teisutis Makačinas
『Disko Muzika』
(Мелодия, 1982)

裏ジャケット

Teisutis Makačinas
『Vargonų Ir Simfoninė Muzika』
(Мелодия, 1986)

ケデリックなアレンジもされ、レアグルーヴ感もある。見かけによらず、流行には敏感な人である。

1982年、より純粋なテクノポップとしては先駆けとも言えるアルバム『Disko Muzika（ディスコミュージック）』を突然に発表。オープンリール・テープをモチーフにデザインされたジャケットもかっこいい。クレジットはヴィルギリユス・マカチナス（Virgilijus Makačinas）とあり、兄弟もしくは親戚と推測される。この手のディスコとタイトルが付けられたものには、フュージョン風インストルメンタル・ディスコが多いのだが、これは違う。男女ヴォーカリストを起用し、シンセサイザーを主体としたガチのテクノポップになっている。リトアニアの Kraftwerk と比喩する人がいるのにも納得する。

マカチナスを調べていて、アンドリュー・ミクシス（Andrew Miksys）というリトアニア系アメリカ人の書いた記事「Village discos of Lithuania（リトアニアの田舎ディスコ）」を見つけた。ミクシスは『DISKO』というフォトブックも出しており、ポストソ連のカルチャー・ウォッチャーと思われる。約10年かけて、リトアニアの田舎ディスコを探検・撮影してきた奇特な人（筆者はこういう人が大好きだ）である。彼の記事によると、ソ連でのディスコ文化はちょうど『Disko Muzika』のリリース時とも被る80年代初めにピークを迎えた。そして、DJ達にとってディスコは新しいアイデアのためのインキュベーターとしての役割を負っていた。また、面白いことに当時のリトアニア文化省は『Disko Muzika』を全面的に支援し、ヤマハ製シンセサイザーをこのプロジェクトのために買ったのだと。

当然であるが、マカチウスは『Vargonų Ir Simfoninė Muzika（オルガンと交響曲）』等のクラシック系の作品もちゃんとリリースしていることを最後に付け加えておく。

アルゴ　Argo

試作機シンセサイザー「Vilinus-5」を実験台にしたスペースディスコ

　アルゴ（Argo）とは、リトアニア語で「スラング」を意味する。これまでも、フュージョンから派生したスペースディスコを数多く紹介したが、リトアニアでその位置にいたのが、アルゴである。どうして、ソ連にはこのタイプのバンドが多かったのか？　ジャズ志向があった土壌、体制に目をつけられる心配がないインストルメンタル中心の構成、加えて、宇宙モノを受け入れる環境が宇宙開発をリードするソ連にはあった。具体的な着想は、スペースディスコの先駆者、フランスの Space から来たとの仮説を強く提唱する。アルゴに行く前に、Space の話をしたい。

　Space（ロシア語で「Спейс」）は、フランスで 1977 年にアルバム『Magic Fly』でデビューした。ヘルメットを被った 4 人組が演奏するタイトル曲「Magic Fly」を演奏する姿（クリップも YouTube で公開されている）は、Daft Punk を彷彿とさせる。Space は、同郷でかつ世界制

Space
『Magic Fly』
（Pye, 1977/）

Space
『Волшебный полёт』
(Мелодия, 1983)

Didier Marouani & Space
『Concerts En URSS』
(Vogue P.I.P, 1983)

Argo
『Discophonia』
(Мелодия, 1980)

覇をした Daft Punk にも影響を与えたというのも、もう一つの仮説である。1977 年に発表されたデビュー作は、フランスだけでなく、東欧も含めた世界的な人気を獲得し、ソ連では 1983 年に『Волшебный полёт（英語で「Magic Fly」)』をリリースしている。ソ連版のジャケットに写っているのは、中心メンバーのディディエ・マルアニ（Didier Marouani）である。元々は、フレンチポップのプリンスとして、1973 年にソロシンガーとしてデビューしており、日本盤『ディディエ』もリリースされている。

1981 年に Space はソ連のテレビ番組でも放映されたが、同年にバンドは解散となる。しかし、マルアニは、1983 年には Didier Marouani & Space という名義で、ソ連で合計 21 に渡るコンサートで 60 万人以上の観客を動員し、大成功を収めた。西側からのバンドであったにもかかわらず、インストルメンタルであった故、警戒されなかったから、実現したのだろう。このツアーからの音源は、『Concerts En URSS（ソ連でのコンサート）』としてリリースされた。英語では「USSR」だが、フランス語では、「URSS」となる。ソ連崩壊後も旧ソ連諸国は、マルアニにとっての活躍の場となり、モスクワの赤の広場でもコンサートを行った。

本題となるアルゴの話に移ろう。アルゴは、作曲家、音楽の先生でもあるギエドリウス・クプレヴィチウス（Giedrius Kuprevičius）がディレクター的な役目で中心となり 1979 年に結成された。リトアニアの第 2 の都市、カウナスの音楽劇場の楽団のメンバーで構成されている。電子楽器を取り入れたバンドとしては、リトアニアでは最も早い部類で、ラトビアのゾディアック（Зодиак）と並び、ソ連においても先駆者的存在である。彼らは、1987 年に解散するまで、3 枚のアルバムを残している。

デビュー作となる 1980 年の「ディスコサウ

ンド」とでも訳せる『Discophonia（ディスコフォ
ニア）』であるが、ここでの「ディスコ」とは、
ソウル、R&Bといったブラックカルチャー的
な要素は感じられず、前述のフランスのSpace
等にも通じるフュージョン寄りのスペースディ
スコである。不可解なことに、曲名は、単に
「A1, A2…B1, B2…」と表記されているだけだ。
「B2」は、リトアニア民謡のスペースディスコ・
カヴァーである。

　2作目の『Šviesa（光）』では、メンバーがジャ
ケットになっている。同じソ連の国営レーベル
のメロディヤからのリリースでも、リトアニア
語とロシア語のヴァージョンが存在し、レーベ
ルに地域性を反映しているのが興味深い。ロシ
ア語版はかなり手抜き感があるが…… どうせ
なら、Spaceのようにヘルメットを被ったメン
バーのジャケットにして欲しかった。サウン
ドの方は、ディスコ色は薄れ、よりフュージョ
ン的になっている。

　3枚目で実質的にラストアルバムとなるのが、
『Žemė L（ランドL）』。デビュー作から使われて
いる「Vilnius-5」というシンセサイザー（彼らは
電子オルガンと呼んでいる）の試作機を実験す
る役目も担っていた。リトアニアの首都である
ヴィリニュスに因んだソ連製シンセサイザーで
ある。ジャケットには電子楽器が写っているが、
これは「Vilnius-5」ではなく、Korg Poly-800であ
る。ここでは、スペースディスコ感はなく、ジャ
ズ的要素が入ったちょっとアヴァンギャルドなリ
トアニア民謡のように聴こえる。やはり、最初
の『Discophonia』はゾディアックがブレイクし
た時代の要請だったのだろうか？ リトアニア民
謡系のシンガーであるミカス・マトケヴィチウス
（Mikas Matkevičius）が歌うオープニング曲「Diana
I」等はその典型である。

Argo
『Šviesa』
（Мелодия , 1983）

Apro
『Свет』
（Мелодия, 1983）

Argo
『Žemė L』
（Мелодия, 1986）

フォーイェ　Foje

30 年後にディープハウス化されるも全く違和感なし

Foje
『Geltoni krantai』
(不明 ,1989/Bomba, 1997)

　フォーイェ（Foje）は、アンドリュス・マ
モントヴァス（Andrius Mamontovas）が中心
となって結成されたヴィリニュスのバンド。
1983 年の結成時には、「ハード・ミュージック」
を意味するスンキ・ムジカ（Sunki Muzika）と
いう名前であったが、翌年、「ロビー（英語な
ら Foyer）」を意味するフォーイエとなった。

　バンドとしてのデビュー作は、『Geltoni
krantai（黄色い海岸）』。当時の音楽性は、エ
レクトロポップを基調としているが、リトアニ
アという地勢から来るのか、洗練され、同時に
憂いを帯びている。多くのアンダーグラウンド
で活動したソ連のバンドと同じく、自主制作の

テープアルバムでデビューしたが、フォーイェはリトアニアでは人気の高かったバンドの一つであった。その証拠に、デビュー作に収録された8分を超える曲「Laužo šviesa（かがり火の光）」は、メディア関係者によって「20世紀におけるリトアニアの歌ベスト20」に選出されている。また、この曲はマーチン・ル（Martin Lu）というリトアニアのディープハウス系のミュージシャンによって2015年にリミックスされ、YouTubeやSoundCloudで公開されている。原曲がアルバム収録前に発表されたのは1986年であるが、30年近い時を経て、ハウスになっても全く違和感がない。

リトアニアでの人気を反映して、メロディヤからも1990年には『Žodžiai į tylą（沈黙の中の言葉）』がLPとして発売された。収録曲は、デビュー作とかなり重なるが、サックスが印象的なタイトル曲は、1988年と1990年の二つのヴァージョンを収録している。

90年代もバンドは活動を続けるが、1991年の『Gali skambėti keistai（これは奇妙に聞こえるかもしれない）』では、アコースティック路線へと転身をする（共産テクノ的には"転身してしまう"）。なお、このアルバムはリトアニアで初となるCDでもある。

フォーイェは1997年にリトアニアでのさよならコンサートをもって解散したが、リーダーのマモントヴァスはソロアーティスト、そして俳優としても活躍を続けた。また、2001年にはユーロヴィジョンのリトアニア代表として挑戦し、聴衆に選ばれたが、最終選考で代表は逃している。2013年にリトアニアで発売された2枚組CD『AM+Foje = 30』で、マモントヴァスとフォーイェの代表的楽曲を聴くことができる。

Foje
『Žodžiai į tylą』
（Мелодия, 1990）

Foje
『Gali skambėti keistai』
（Мелодия, 1991/Bomba,1995）

Andrius Mamontovas +Foje
『AM+Foje = 30』
（Mono Stereo Įrašai, 2013）

《コラム6》100枚のソ連ロック・テープアルバム
ソ連でインディーズとして機能したテープ文化

Юрия Морозова
『Свадьба кретинов』
(不明, 1976)

ソ連では、マグニートアルバムと呼ばれたテープアルバム（カセットとオープンリールの両フォーマットが混在）が、自主制作された。本書においてレーベル名が不明の場合が多いのは、そのためである。ペレストロイカが始まるまで、反体制的に見られがちなロック系は国営レコード会社、メロディヤからのリリースが難しく、テープアルバムはソ連においてはインディーズ的な機能を持った。同時にポップス系やディスコ系のテープアルバムも多く存在する。自主制作テープアルバムを開拓したのは、レニングラードに住んでいたロックミュージシャンかつサウンドエンジニアのユーリイ・モロゾフ（Юрий Морозов）とされる。彼はライヴに興味を失い、70年代に60作を超えるカセットまたはオープンリールのアルバムを自主制作する録音マニアと化した。

80年代において自主制作テープアルバムの多くは、市場で販売されている45分や60分カセットを使い、多くの場合はミュージシャン自身がその箱に写真を貼って家内制手工業的に制作された。20〜30個程度の1次制作物は「デザイン付き」と呼ばれ、ミュージシャンが親しい人たちに配るまたは売るという形で流通した。それらは、受け取った人たちによってさらにカセットにダビングされ、「デザイン無し」アルバムがねずみ算的に量産されていった。この手法は、メロディヤからリリースしているミュージシャンにも採用され、自主制作テープは広まっていった。

マーケティングの機能は、ディスコが果たした。当局は、ディスコでは西側の音楽は20%を超えてはならない（実際の数字は地域によって違う）とか、西側の音楽の締めだす圧力をかけていた。このような状況下で、自主制作テープが救世主と

Александр Кушнир
『100 магнитоальбомов советского рока』(Агра, 1999)

なり、ディスコを媒体として人々の耳に触れることになった。例えば、チルナフスキー＝マテツキー（Чернавский＝Матецкий）による「Робот（ロボット）」や「Здравствуй, мальчик Бананан!（ハロー、バナナボーイ！）」等がプレイリストとなった。

このような背景の中、2003 年にモスクワの音楽ジャーナリスト・プロデューサー、アレクサンドル・クシュニル（Александр Кушнир）が、『100 магнитоальбомов советского рока．1977—1991：15 лет подпольной звукозаписи（100 枚のソ連ロック・テープアルバム 1977 〜 1991 年：15 年間の地下レコーディング）』を出版した。この 100 枚のアルバムから、本書で定義するところの共産テクノ的な作品を 33 枚ピックアップした。ソ連ではニューウェイヴ的やエクスペリメンタル的な扱いをされているが、実際に聴いてみて、ピンとこなかったり、テクノポップの文脈から大きく外れるアーティストについては除外した。アーティストの章で既に 20 枚のアルバムについては何らかの言及があるが、13 枚については補足として、年代順に解説する。

V.A.
『100 магнитоальбомов советского рока』
（不明，2014）

チャス・ピク Час пик

「ラッシュ・アワー」を意味するが、同名のロックバンドがモスクワにも存在するので注意されたし。チャス・ピクはソ連初のラップ・ユニット（アルバム・タイトルも「ラップ」）。ロシア語ラップの誕生である。しかも、誕生地はモスクワでもレニングラードでもなく、ヴォルガ川が流れるクイビシェフ（現サマーラ）。こんなところにもディスコは存在したのだ。アルバムは、限りなく Grandmaster Flash & The Furious Five と Captain Sensible の影響下にある。

Час пик
『Рэп』
（不明，1984）

ナウチルス・ポンピリウス
『Невидимка』
(不明 , 1985/Moroz, 1997)

Алиса
『Энергия 』
(不明 , 1985/ Мелодия , 1988)

Телевизор
『Отечество иллюзий』
(不明 , 1987/RDM, 1994)

ナウチルス・ポンピリウス
Наутилус Помпилиус

1982 年にスヴェルドロフスクでヴャチェスラフ・ブツソフ（Вячеслав Бутусов）とディミトリー・ウメツキー（Дмитрий Умецкий）により結成され、1985 年にオウム貝の種名であるナウチルス・ポンピリウスというバンド名になった。メンバーは激しく入れ替わり、1997 年まで活動を続けた。憂いがある、でもどこか歌謡曲的なダークウェイヴで、トリビュートアルバムが企画されるほどファンが多い。

アリーサ Алиса

1983 年にレニングラードでスヴャヤトラフ・ザデリー（Святослав Задерий）が中心となり結成され、ロッククラブでの人気を獲得した。ハードロックがルーツのメンバーが多いが、1985 年のデビュー作は、時代を反映しニューウェイヴの影響も強い。翌年、アリーサの顔でもあったザデリーは脱退したが、コンスタンチン・キンチェフ（Константин Кинчев）が新しいリーダーとして活動を続け、アリーサは現在も人気のバンドだ。

テレヴィーザル Телевизор

レニングラード大学の学生だったミハイル・バルズィキン（Михаил Борзыкин）が率いたニューウェイヴ・バンド。他のメンバーは、前述のナウチルス・ポンピリウス、コーフェ（Кофе）にも在籍し、レニングラードのロック界で交流があったことが窺える。テレビを意味するテレヴィーザルは、サウンド以上に歌詞の政治的内容から物議を醸した。90 年代後半は休止状態だったが、現在も活動を続け、2015 年にキエフの公演で「Ты прости нас, Украина（私たちを許して、ウクライナ）」を演奏した。

アレクサンドル・ラエールツキー
Александр Лаэртский

　ラエールツキーは、1964 年にモスクワで生まれたシンガー・ソングライター。ジャケットにはソ連の象徴とも言える赤い星に、なぜかおっぱいがあしらってある。歌詞が理解できないのが残念だが、15 曲の短尺の曲は、民謡、ハードロック、フォーク、イージーリスニングなどジャンルのるつぼとなっている。でも、ギターとシンセサイザーで作られたスカスカのサウンドはユーモラスで、どことなくテクノポップ感がある。

Александр Лаэртский
『Пионерская зорька』
(不明 , 1988/ Элиас , 1996)

カミチェート・アフラーヌィ・テョープラ
Комитет Охраны Тепла

　「熱のための委員会」という名前のバンドは、バルト海に接するカリーニングラードで 1987 年に結成された。ソ連でレゲエを取り入れたバンドは意外とあるが、レゲエに特化したバンドはそれほどいない。ダブ的なアプローチもあり、さしずめソ連の UB40 のような存在。彼らとツアーした Joy Division のような名前のジャ・ディヴィジン（Джа Дивижн）という共産レゲエ・バンドもいた。

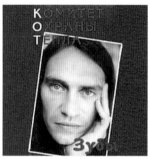

Комитет Охраны Тепла
『Зубы』
(Caravan, 1988)

アガサ・クリスティ Агата Кристи

　ミステリーの女王の名前にちなんだバンド名だが、ロシア語読みなら「アガタ・クリスチ」。スヴェルドロフスクにあるウラル工科大学の幼なじみだった学生たちが集まって 1985 年に結成された。ナウチルス・ポンピリウス等も輩出したスヴェルドロフスクは、ロッククラブが存在しただけあり、地方都市としては活気があったことが窺える。彼らの人気が出るのは 90 年代中盤以降であり、音楽嗜好性は時とともに変遷したが、ここではアートロックとニューウェイヴの折衷的サウンドとなっている。

Агата Кристи
『Второй фронт』
(不明 , 1988/Extraphone, 1997)

Раббота Хо
『Репетиция без оркестра』
（不明 , 1989/JRC, 2001）

ラブボッタ・ホ Раббота Xo

1987 年にキエフにて結成され、1995 年まで活動（2000 年に再結成）。ウクライナで最も輝かしいサイケデリック・ロックバンドとも評されたが、アンダーグラウンドの匂いがプンプンするポストパンク系バンドである。リーダーのセルゲイ・パポビッチ（Сергей Попович）は後にウクライナを代表するロックバンド、通称BB（VV）こと、ヴォプリ・ヴィダプリェサヴァ（Воплi Відоплясова）のプロデューサーとしても活躍した。

コミュニズム Коммунизм

共産テクノにはこれ以上相応しいバンド名はない。シベリアではノヴォシビルスクに次ぐ第 2 の都市オムスク出身の民謡、歌謡、パンク、朗読が散りばめられた実験系バンド。メンバーによると、聴衆のためではなくメンバー自身のために創られた活動である。1988 年に結成され、本作品は 14 作目（！）となる最後のスタジオ録音アルバムとなる。ノヴォシビルスク出身のヤンカ・ディヤギレワ（Янка Дягилева）もゲスト参加した。

Коммунизм
『Хроника пикирующего бомбардировщика』
（不明 , 1990/XOP, 2001）

ミッシヤ：アンチツィクロン
Миссия : Антициклон

ウラジオストクよりさらに北東へ、オホーツク海に面する小都市、マガダン、こんな最果ての地にもロッククラブは存在した。1987 年にマガダン・ロッククラブが輩出したのが、ミッシヤ：アンチツィクロンである。完全に間違ったグラムロッカーのような出で立ちの彼らは、アマチュアリズム丸出しで、ニューウェイヴっぽいロックンロールを演奏した。バンドは現在も活動中で、2003 年には エレクトロクラッシュ系アルバムを発表した。

Миссия : Антициклон
『С миссией в Москве』
（不明 , 1990）

ネアレトロ Неоретро

　ネアレトロは、フィンランドに接するカレリア共和国内にあるコストムクシャで結成された。共和国には、フィン人とも近縁であるカレリア人が1割程住んでいる。また、共和国内では、カレリア・ロック・フェスティバルも開かれた。バイオリンとシンセサイザーが奏でるミニマルかつクラシカル風味なエレクトロポップだ。ロシア語で歌われているが、土地柄から来るのか、ロシアというよりも北欧的な洗練された雰囲気も醸し出している。

Неоретро
『Грубые удовольствия для тонких натур』
(不明, 1990)

カリブリ Колибри

　「ハチドリ」を意味するカリブリは、レニングラード出身の女性のみのグループ。日本のショコラータを思わせるクラシカルなニューウェイヴ感、アート感覚の舞台衣装……この時期のソ連を考えると、やけにかっこいい。1988年にポップ・メハニカ（Поп-механика）にも参加したナタリヤ・ピヴォヴァローヴァ（Наталья Пивоварова）が結成し（後脱退）、エレーナ・ユダナヴァ（Елена Юданова）を中心に2011年まで活動し、海外でも人気を博した。

Колибри
『Манера поведения』
(Feelee, 1991)

スツク・バムブーカ・ヴ・11 チャソフ
Стук Бамбука В 11 Часов

　ソ連時代は兵器工場もあった閉鎖都市、イジェフスク出身の「11時に竹を叩く」という妙な名前のバンドである。80年代後半にポリヴォクス（Поливокс）というソ連製のシンセサイザーを手に入れたことから始まった、3人の非ミュージシャンによる実験電子音楽。後に加わった女性ヴォーカリスト、タチアナ・イローヒナ（Татьяна Ерохина）の歌は、メタリックなアンビエント・サウンドに憂いを添えている。

Стук Бамбука В 11 Часов
『Лёгкое дело холод』
(不明, 1991/Izhitsa, 2001)

	アーティスト名	曲名
	『100 枚のソ連ロック・テープアルバム』からの共産テクノ系セレクション	
	1981 年	
○	**ゼルテニエ・パストニエキ** Dzeltenie Pastnieki	**Bolderājas dzelzceļš** ボルデラーヤス鉄道
	1982 年	
○	**キノ** Кино	45
	1983 年	
○	**ツェントル** Центр	**Стюардесса летних линий** スチュワーデスの夏のライン
○	**チルナフスキー＝マテツキー** Чернавский＝Матецкий	**Банановые острова** バナナ諸島
○	**ストランヌィ・イーグルィ** Странные игры	**Метаморфозы** メタモルフォシス
○	**マヌファクトゥーラ** Мануфактура	**Зал ожидания** 待合室
	1984 年	
○	**ブラーヴォ** Браво	**Браво** ブラーヴォ
●	**チャス・ピク** Час пик	**Рэп** ラップ
○	**ゼルテニエ・パストニエキ** Dzeltenie Pastnieki	**Alise** アリス
○	**ツェントル** Центр	**Чтение в транспорте** 移動中の読書
○	**キノ** Кино	**Начальник Камчатки** カムチャッカの長官
	1985 年	
○	**DK** ДК	**Дембельский альбом** 退役アルバム
●	**ナウチルス・ポンピリウス** Наутилус Помпилиус	**Невидимка** インヴィジブル
●	**アリーサ** Алиса	**Энергия** エネルギー
○	**Brothers in Mind** Братья По Разуму	**Хали-гали** ハリ・ガリ
	1986 年	
○	**ニコライ・コペルニク** Николай Коперник	**Родина** ホームランド

1987年		
○	**アベルマネケン** Оберманекен	**Прикосновение нервного меха** 神経質な毛皮の接触
●	**テレヴィーザル** Телевизор	**Отечество иллюзий** 幻の父称

1988年		
○	**ヤンカ & ヴェーリキー・アクチャーブリ** Янка И Великие Октябри	**Деклассированным элементам** 落ちぶれたヤツが
○	**ナチノイ・プロスペクト** Ночной проспект	**Кислоты** アシッド
●	**アレクサンドル・ラエールツキー** Александр Лаэртский	**Пионерская зорька** パイオニアの夜明け
●	**カミチェート・アフラーヌィ・テョープラ** Комитет Охраны Тепла	**Зубы** 歯
●	**アガサ・クリスティ** Агата Кристи	**Второй фронт** 第二戦線
○	**キノ** Кино	**Группа крови** ブラッド・タイプ
○	**DK** ДК	**Непреступная забывчивость** 罪とまでは言えない程度の忘れっぽさ

1989年		
○	**ペトリヤ・ネステロワ** Петля Нестерова	**Кто здесь?** ここに居るのは誰？
●	**ラブボッタ・ホ** Раббота Хо	**Репетиция без оркестра** オーケストラなしのリハーサル

1990年		
●	**コミュニズム** Коммунизм	**Хроника пикирующего бомбардировщика** 急降下爆撃機のクロニクル
●	**ミッシャ：アンチツィクロン** Миссия : Антициклон	**С миссией в Москве** 使命を帯びてモスクワで
●	**ネアレトロ** Неоретро	**Грубые удовольствия для тонких натур** 繊細な現実に荒っぽい快楽を

1991年		
○	**Ivanov Down**	**Best Urban Technical Noises**
●	**カリブリ** Колибри	**Манера поведения** 振る舞い方
●	**スツック・バムブーカ・ヴ・11チャンソフ** Стук Бамбука В 11 Часов	**Лёгкое дело холод** 寒さなんてまだ楽な方さ

○アーティストの章に掲載　●本コラムに掲載

コラム6　100枚のソ連ロック・テープアルバム

《番外編》JOYTOY

日本にもあった反米・親露路線の共産テクノ？

JOYTOY
『愚民の戀』
(Victor, 2003)

　　　最後の番外編は、日本の共産テクノとして
JOYTOY を紹介する。日本が共産陣営に入っ
たことはないので、あくまでも共産趣味（ここ
では親ロシアと言うべきかもしれない）を取り
入れた日本のテクノ的なもの（このあたりは柔
軟に）と捉えて欲しい。政治的意図は全くない
が、さしずめ日本の中のソ連（ロシア）、あえ
て言えば、北方領土のような存在だ。

　　JOYTOY とは、インリン（ヴォーカル）、ヒ
ラオカノフスキー・クラタチェンコ（プロデュー
サー & コンポーザー）、エレキハチマキの坂井
壱郎（マニピュレーター）からなる 3 人組。ま
た、クラタチェンコは、母親の熟年離婚を機に、
2006 年にクラタノフに改名している。インリ
ンは DVD や写真集も多く、その内容について
買ったことがないのでコメントはできないが、
冒頭に掲載した DVD のタイトルはなぜか、「決
して」を意味する『ニカクダ（Никогда）』、「反
対の」を意味する『ヴァプリキー（Вопреки）』
等、全てロシア語である。

　　どちらかと言えば親日の国、台湾出身のイ

ンリンは反戦主義にもとづいた政治的発言でも知られるが、JOYTOY のコンセプトは、インリンの総合プロデューサー兼写真家でもあるクラタノフが主導したと言える。彼のプロフィールからも、チャイコフスキー、人気ダンス系グループであるディスコテカ・アヴァリヤ（Дискотека Авария）など親ロシア的趣向が窺える。クラシカルな「ПРАВДА の朝（プラーヴダの朝）」から始まるデビューアルバム『愚民の戀』（2003 年）は、ユーラシア大陸的なミクスチャー歌謡集となっている。大陸バラード曲「莫愁 1922-1938」は、歌詞だけからは読み解けないが、解説によると日本兵に強姦され殺された中国人少女の初恋の歌とある。ラストの DVD のタイトルにもなった映画「ヴァブリキー」からの「T-34」は、19 分以上延々と続く壮大なテクノ組曲。インリンのヴォーカルはないが、このアルバムの目玉だ。

　翌年にはなぜか、JOYTOY は DJ KAORI とコラボと世俗的なアプローチを取り、ヒップホップ系シングル『Be My Lover!!』をリリースした。

　2005 年のセカンドアルバム『愛ゎまぼろし』のジャケットでは、世間の期待に応えて、インリンは M 字開脚と手ブラを披露。シングルとなった「堕落のバーシニャ」が 3 曲も収録されているが、オープニングのやたらに長いタイトルが付けられた「DJ o.b.A:Q があなたに贈るあの JOYTOY の堕落の башня」では、インリンは中国語ラップ。「До свидания（さようなら）」は、ロシアのダンス系女性シンガー、モナキニ（Монокини）のカヴァーである。クラタノフ自身の解説を読んでみると、このアルバムには、歌詞に隠れた反米的思想に溢れている。政治的スタンスについてあえて意見をしないが、JOYTOY とはクラタノフにとっての闘争であったような気がする。

DJ KAORI feat.Yinling of JOYTOY
with DOBERMAN INC
『Be My Lover!!』
(Victor, 2004)

JOYTOY
『堕落のバーシニャ』
(Victor, 2005)

JOYTOY
『愛ゎまぼろし』
(Victor, 2005)

番外編　JOYTOY

219

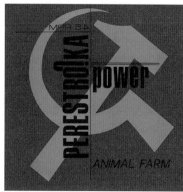

Perestroika Power 『Animal Farm』

Hectic Electric 『Glasnost』

共産テクノ West 支部

ゴルビーは共産テクノ West のスーパースター！

　この度、共産テクノ West 支部を設立することになった。West 支部が扱うのは、ソ連崩壊まで（ほぼ 80 年代）の時期において西側のアーティストが共産主義、ソ連、ゴルバチョフ、ペレストロイカ、グラスノチなどをネタにしてつくったテクノポップ〜ニューウェイヴ系楽曲である。こうして収集してみると、いくつかの興味深い傾向が見える。リリース数を分析すると、そのピークは 1987 年〜 1989 年（21 曲）である。1985 年にゴルバチョフがソ連の共産党書記長に就任し、1987 年にペレストロイカが提唱され、浸透し始めた時期に一致する。国別で見ると、西ドイツ（14 曲）、ベルギー（3 曲）、イタリア（3 曲）、オランダ（3 曲）、その他となり、ベルリンの壁で引き裂かれた西ドイツがぶっちぎっている。テクノポップ〜ニューウェイヴ系と言いながら、実の所、イタロディスコ（多くはイタリアではない）、ニュービートも多く、80 年代後半の時代性を反映している。楽曲紹介からは残念ながら漏れたが、このページのタイトル画像は、ともに 1988 年にリリースされたオランダのイタロディスコ系 Perestroika Power の『Animal Farm』とドイツのニュービート系 Hectic Electric の『Glasnost』である。やけに赤がチラつくジャケットが多いが、模範となるロシア・アヴァンギャルド的アートワークとしてもこの 2 枚をイメージ画像として選んだ。

▊▊Telex

ドイツに Kraftwerk、日本に YMO、そしてベルギーには Telex。馬の蹄音を聞けば、YMO の「Rydeen」、汽車の音を聴けば、「Moskow Diskow」を条件反射的に思い出す。PV を見ると、シベリア鉄道でモスクワから東京に行こうとしているが、それは無理がある。アルファ・レコードが 1994 年にリリースした『Is Release A Humour? ~We Love Telex~』に収録の「Kimitaka Matsumae Remix」もお勧め。ちなみにドイツのディスコバンド、Dschinghis Khan の「Moskau（めざせモスクワ）」がヒットとしたも 1979 年。

Telex
『Moskow Diskow』
(Vogue/Windmill, 1979)

▬▬The Monotones

「Disco Njet Wodka Da」は、元々 1977 年に Catapult というオランダのグラムロック・バンドが出したディスコ・チューン。「ディスコ No、ウォッカ Yes」という意味になる、ディスコをディスっている変なディスコ曲。見かけはグラムロックなのに音楽性はころころ変わり、The Monotones は Catapult のニューウェイヴとしての変名。当時流行っていた The Buggles の「ラジオスターの悲劇」や M の「Pop Muzik」に触発されたパロディー的アレンジらしいが、テクノ度はちょっと中途半端。

The Monotones
『The Monotones』
(CNR, 1980)

🎌Visage

Visage はロンドンのクラブ「Billy's」で「David Bowie Night」を主催していた Steve Strange が率いたバンド。ニューロマンティックの立役者とも言える存在。強引に自分の好みで入れた「モスクワの月」は、まだ Ultravox に専念する前の Midge Ure が居た 1980 年のデビューアルバム『Visage』に収録され、翌年日本で（本国ではなし）リリースされたインストルメンタル・テクノポップの名曲。

Visage
『Moon over Moscow』
(Polydor, 1981)

Berlin Express
『The Russians Are Coming』
(Portrait, 1982)

Laban
『Love in Siberia』
(Panarecord/Alfa, 1985/1987)

C.C.C.P.
『American-Soviets』
(Clockwork, 1986)

▰ Berlin Express

　クラウトロック界の大御所、Tangerine Dream の Conrad Schnitzler と Peter Baumann に Conrad の息子 Gregor が加わったトリオ。しかし、サウンドは、ポストパンク的、ノイエ・ドイチェ・ヴェレ（詳しくは『共産テクノ 東欧編』で解説）と言える内容だ。「The Russians Are Coming」に加えてドイツ語版も収録。ちなみに「ロシア・アヴァンギャルド・ジャケット展」で紹介した 1980 年のパワーポップ系の Bram Tchaikovsky のアルバム名も同じ。

▰▰ Laban

　Laban は、1982 年に結成された Ivan Pedersen と Lecia Jönsson からなるデンマーク人のデュオ。原曲のタイトルは「Kold som is（Cold as Ice）」で、1985 年に「Love in Siberia」として米国でもビルボードチャート最高 88 位と 6 週間チャートインという微妙な記録を残した。曲調的はかなりポップに近いユーロディスコ。1987 年にはなぜか縁深いアルファ・レコードから日本盤シングルもリリース。

▰ C.C.C.P.

　C.C.C.P. とは U.S.S.R. のロシア語表記。Japan、UK、America など国名をそのまま使ったバンドは結構いるが、バンド名からして覚悟が感じられる。中心メンバーは、ドイツ人なのに Rasputin Stoy の異名を持つ Rainer Streubel。1986 年のデビューシングルの「American-Soviets」はアートワークからも連想できるように冷戦をテーマにしたテクノポップで、米国・ヨーロッパで小ヒットとなった。翌年リリースされた「Made in Russia」は、より EBM 的、ニュービートを感じさせる。C.C.C.P のメンバーだった Frank Schendler は並行してニュービート系の Beat-A-Max でも活動した。

▰ The Laser Cowboys

チェルノブイリ原子力発電所事故が起こった
1986 年にリリースされたのが、「Radioactivity
(from the Ukraine)」。メンバーに関しては謎であ
るが、Italoheat という企画ものイタロディスコ
系レーベルからリリースされている。Kraftwerk
の「Radioactivity」を下敷きにして、イタロディ
スコっぽく仕上げたと想像してもらって、ほぼ
良い。Knight Rider 名義で「Theme from Knight
Rider」のカヴァーなどもしている。

The Laser-Cowboys
『Radioactivity』
(Italoheat, 1986)

▨ Eddy Huntington

英国出身の Eddy Huntington はロンドンのダン
ススタジオで働いている時にイタロディスコ系
レーベルの Baby (Esquire) Records にスカウト
され、ミラノでこの「U.S.S.R.」をレコーディン
グ。ロシア女子に惹かれるたわいのない歌詞のこ
のデビュー曲は、1986 年にリリースされ、ヨー
ロッパでそこそこヒットした。1989 年にリリース
された唯一のアルバム『Bang Bang Baby』は当
時ユーロビート推しだったアルファ・レコードの
要望だったらしい。

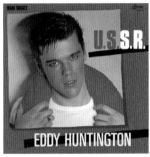

Eddy Huntington
『U.S.S.R.』
(Esquire/ZYX, 1986)

▮▮ The Midnight's Moskow

「Tovarisc Gorbaciov」はゴルビー・ソングの
先駆的存在となるパロディー仕様のイタロディス
コ。「Tovarisch」とはウォッカベースのショート
ドリンクの名前でもあるが、「同志」という意味だ。
ロシア語で歌っているように聴こえるが、スター
リン、シベリア、レーニン、ラスプーチン、ガー
ガーリン、ドフトエフスキーなどの固有名詞にロ
シア語の挨拶を混ぜて適当に歌っているデタラメ
さが笑える。PV ではソ連共産党の評議会のよう
な場所で Frank Zappa とマルクス似のおじさん
が登場するが、The Midnight's Moskowのメンバー
である。

The Midnight's Moskow
『Tovarisc Gorbaciov』
(Merak/ZYX, 1987)

Mr. Zivago
『Little Russian』
(BMS/ZYX, 1987)

Carl Max
『Bolschevita』
(Splash/Transparent, 1987)

Kreml Flyers
『Ka-Ka-Kasatschok』
(Hicut, 1987)

▌▌Mr. Zivago

　Mr. Zivago こと、Massimo Rastrelli が放ったイタロディスコ（彼は本当のイタリア人）。その後も「Love In Moscow」（1991 年）、比較的最近では「Russian Paradise」（2007 年）としつこくロシアネタ曲をやっている。ロシアでどれほど人気があるかは不明だが、ロシア語の公式サイトもある。彼の「Tell by Your Eyes」は 1992 年にアルファ・レコードから発売され、田原俊彦が「雨が叫んでる」という邦題でカヴァーをした。

▆▆ Carl Max

　マルクス主義の Karl Marx ではなく Carl Max である。「Bolschevita」のイントロから明らかに Kraftwerk の「The Robot」を意識して作られたメロディー。そこにロシア風メロディーを掛け合わせて、ラップを入れて、イタロディスコ調に仕上げたてんこ盛りのトラック。カップリングの「Glasnost」も Kraftwerk の「The Telephone Call」をなぞっている。後述の Fancy の「Moscow is Calling」は、Cark Max に触発されたらしい。

▆▆ Kreml Flyers

　ニュービートとは、ベルギー発のニューウェイヴ、EBM、アシッドハウス、ヒップホップなどを融合させ、回転数を落とした低速ニューウェイヴ・ディスコビート。ベルギーの DJ が 45 回転の EBM のレコードを間違って 33 回転でプレイしたことが発端となり、BPM は 110 辺りが多い。BPM が 107 くらいの「Ka-Ka-Kasatschok」はかなりニュービートに聴こえる。ロシア語のラップのパートは Heike という名の女子。グループの情報はほとんどないが、この曲は、Kreml Flyers の他にも Go East、Cam-E-Lot と別名義でもリリースされおり、混乱する。

Silicon Dream

ドイツの Klaus Munzert が結成したいかにもテクノポップ系グループにありそうな名前。オリジナルの「Albert Einstein - Everything Is Relative」はテレビ出演動画があるが、Munzert は白塗りで Einstein を演じ、二人のダンサーを添えてステージパフォーマンスを披露している。全体にFrankie Goes to Hollywood の「Relax」っぽい。大事なのはその「Russian Mix」。サウンドを変えただけでなく、歌詞も部分的にロシア語になっているが、「Tovarisc Gorbaciov」と同じく意味不明。

Silicon Dream
『Albert Einstein - Everything Is Relative
(Russian Mix)』(Blow Up, 1987)

Modern Trouble

Modern Trouble は、英国出身でドイツで活動する Geff Harrison とドイツ人の Holly Post とArno Kann の三人で結成。「Fly to Moscow」はKraftwerk 的テクノポップに「ポーリュシカ・ポーレ」「カリンカ」などの懐かしのロシア曲がマッシュアップされている。PV でも使われているが、この曲は 1987 年にヘルシンキからモスクワまで小型飛行機を操縦し、赤の広場に着陸したパイロット、Mathias Rust が起こした事件に基づいている。

Modern Trouble
『Fly to Moscow』
(Chic, 1987)

Garbo

Garbo は、Cora von dem Bottlenberg とSwetlana Minkow の二人によるプロジェクトだが、シュラガー（ドイツの歌謡曲）系のLadygirls、大衆的なノイエ・ドイチェ・ヴェレ系の Cora としても活動していた。「Perestroika」はダ・ダ、グラスノスチ、ペレストロイカ、コカコーラ、タンツバチ（ダンス）を意味なくリピートし、ソフトなイタロディスコに「Fly to Moscow」と同じくロシア曲をマッシュアップするという構成。ここまでくると、一種の様式美を感じる。

Garbo
『Perestroika』
(IMP, 1988)

TRASH X

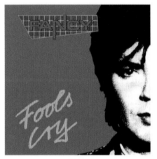

Trash X
『Perestroika (Глазност - Пэрэстрыка - Мэдлз) 』(Toledo, 1988)

Fancy
『Fools Cry / Moscow is Calling』
(Metronome/ZYX, 1988)

Red Flag
『Russian Radio』
(Enigma/Synthicide, 1988)

▰▰ Trash X

　Trash X は、Holger Flesch と Norbert Endlich からなるドイツのデュオ。The Twins の Ronny Schreinzer、TV War の David Heilmann も参加。『共産テクノ 東欧編』でも紹介したが、最初は東ドイツで H+N として活動、その後西ドイツに移住し、Boys Next Door に改名。同じ年のリリースなのでどちらが先かはわからないが、Garbo の「Perestroika」に近い構成の同じタイトルの曲。でも、こちらの方が懐かしのロシア・メロディーの曲が多いイタロディスコ系チューン。

▰▰ Fancy

　ミュンヘンに生まれ、本名は Manfred Alois Segieth。でも芸名はなんだか恥ずかしくなる Fancy。Carl Max の「Bolschevita」に触発されて作られたと言われている「Moscow is Calling」は、御多分に洩れず、Kraftwerk を換骨奪胎したようなテクノポップ。「Moscow is calling」の歌詞のパートは、ほぼ「We are the robot」である。でも侮ってはいけない。Fancy は、Pet Shop Boys の「West End Girls」を Tess 名義でリミックスもした。

▰▰ Red Flag

　リヴァプール出身の Chris & Mark Reynolds 兄弟は、サンディエゴに移住し、1984 年に Shade of May を結成。Naive Art、そして Red Flag に 1998 年に改名した後、リリースしたのが、「Russian Radio」。忠実な Depeche Mode フォロワーである。影響を受けたのかは不明だが、Depeche Mode の 1987 年のアルバム『Music for the Masses』に収録の「To Have and to Hold」は、「報告書は、核兵器の進化と軍拡競争の社会心理的問題を検証している」というロシア語の語りで始まる。

🇬🇧 Sheree

英国の女優・歌手である彼女は複数の名義を持ち、その内の Anna Fantastic は、あの Prince が命名した。彼女は 15 歳で Prince のコンサートに行き、17 歳で Prince と一緒に住んでいた、立派な Prince ファミリー。「Ronnie - Talk to Russia!」はレーガン（Ronnie）とゴルバチョフをフィーチャリングしたイタロディスコ。Prince の 1981 年のアルバム『Controversy』に「Ronnie, Talk to Russia」という曲があるが、タイトル以外は異なる曲。

Sheree
『Russian Radio (Glasnost club mix)』(Hansa, 1988)

▌▌Sacher Musak

Sacher Musak は、サイバーアクティヴィストを名乗る Bob Vanderbob と James Desaules を中心としたベルギーのニュービート系ユニットである。ちょうどベルリンの壁が崩壊した 1989 年にリリースされた「Gorba the Chief」は、東西冷戦の終焉が期待される中、ゴルビーを讃えた曲。BPM は 117 くらいでちょっと速いが、さすがニュービートの発祥地、ベルギーのユニットらしい仕上がりとなっている。Amiga で制作された PV は、ソ連でも流行り、VHS のコピーが出回ったらしい。

Sacher Musak
『Gorba the Chief』
(SSR, 1989)

▬ Nina Hagen

東ドイツ時代の Nina Hagen については、『共産テクノ 東欧編』で特集をした。「Gorbachev rap」の副題を持つ「Michail, Michail」は、1989 年のセルフタイトル・アルバム『Nina Hagen』に収録され、シングルカットもされた。この曲はドイツ語で歌われ、作詞作曲をした Wolf Biermann は、東ドイツ時代から Nina の養父であり、Nina の西ドイツからの亡命のきっかけを作った人物だ。この時期、PV の Nina もそれほどケバケバしくなく、シックなジャケットのアートワークは、Jean-Paul Gaultier。

Nina Hagen
『Michail, Michail (Gorbachev Rap)』
(Mercury, 1989)

Loco Mia
『Loco Mia/Gorbachov』
(Hispavox/EMI, 1989)

C-Mobility
『Kozack House』
(USA Import, 1989)

Fable Time
『Russia』
(Pink, Pink, 1989)

🪭 Loco Mia

　18世紀風闘牛士コスチュームをまとったファッション的にはスペイン風ニューロマンティックなバンド。セルフタイトル曲「Loco Mia」の PV では、Xavier Font、Carlos Armas、Manuel Arjona、Juan Antonio Fuentes の イケメン男子がデカい扇子を振り回しながら艶やかにステージ上で舞う。この曲のカップリングの「Gorbachov」は、ニュービート寄りの「ポーリュシカ・ポーレ」風イタロディスコ。「ゴルバチョフはスター、スーパースター」と褒め上げている。

▌▌C-Mobility

　C-Mobility の母体は、ベルギーのアントワープを拠点に活動したニュービート・グループの Confetti's。メンバーは、Peter Renkens をセンターに4人の女性ダンサー。Confetti's としては、「C in China」という中華風ニュービートに挑戦している。C-Mobility では、中国からソ連へ舞台を移し、こちらも伝統的なコサックを題材に「Kozack House」と企画物ニュービート攻勢である。

▬ Fable Time

　Fable Time は覆面プロジェクトでその正体は謎に包まれているが、作曲したのはドイツのミュージシャンの Günter Lammers。彼は80年代前半に Bogard というデュオとして2枚のアルバムをリリースし（2枚目は日本盤もあり）、「踊るリッツの夜」で有名な Taco にも楽曲提供をしていた。「Russia」は、「Russia, Russia」の後に「ウッ、ハッ」と続く、Dschinghis Khan の伝統芸を継承している。実際、今回紹介した楽曲に「ウッ、ハッ」は多い（笑）。不思議なのは、ドイツ以外でリリースされたのは韓国で、意外な需要があったのだろうか？

David Lyme

元々オペラをやっていたバルセロナ出身のイタ
ロディスコ系シンガー。スペイン製イタロディス
コの変種を Sabadell Sound と呼ぶらしく、その
中心的存在。Discogs には「いくつかのヒット曲
で日本でのナンバーワンになった」と書かれて
いる。確かに日本盤はリリースされており、当
時ディスコでもプレイされたようだが、1 位に
なった形跡はない。キャリアのピーク後となる
「Perestroika」には複数のトラックがあり、お勧
めはよりダイナミックなアレンジの「Perestroika
(Machine Vocal Version)」。

David Lyme
『Perestroika』
(Record, 1990)

Fatal Morgana

Mr Fact こと Ad De Feijter と Ed Smidt の EBM
ユニット。Mr Fact はアムステルダムの地下クラ
ブ で Front 242、D.A.F.、Nitzer Ebb、Laibach、
Test Dept などをプレイする EBM 系 DJ であっ
た。「Glasnost」のオリジナルは 1990 年にリリー
スされた彼らの唯一のアルバム『The Destructive
Solution』に収録され、ジョージブッシュ Jr. の
スピーチをサンプリングした「Imperial Black
Unit Remix」「Terrorist Mix」も 2020 年にリリース。

Fatal Morgana
『The Destructive Solution』
(Antler-Subway, 1990)

Mark Farina

Mark Farina（または Mauro Farina）はプロ
デューサー、楽曲提供者として日本のユーロビー
ト・ブームに多大な貢献をした人。「Russian」
は日本では間違いなくユーロビートにカテゴライ
ズされる曲だが、本国では多分イタロディスコ。
日本では、またまたアルファ・レコードから「燃
えるロシアン」という邦題で CD シングルとし
てリリースされた。2、3 年でアメリカンもロシ
アンも仲良く Love & Peace みたいな楽天的な歌
詞だが、30 年後の今、世界は思ったほど Love &
Peace でないのは残念である。

Mark Farina
『Russian』
(Asia/Alfa, 1990)

El Club de La Computadora

アルゼンチンの El Club de la Computadora にインタビュー
メロディヤも認めたスポーツテクノの真の継承者

　2016 年、筆者はフコンタクテ（ロシアの facebook に相当する SNS）で El Club de la Computadora というアルゼンチンのグループを発見した。これはちょうど初版の『共産テクノ ソ連編』を出版した直後であった。彼らが 2014 年に Bandcamp で無料配信で発表した問題作が『パルス 4（Pulse 4）』である。現在は、Apple Music、Spotify でも配信されている。なぜ問題作なのか？　「ラジオノフ＆チハミロフ」の章でメロディヤがリリースした「スポーツと音楽」の一環として『パルス 1』から『パルス 3』というアルバムを紹介したが、その続編となる、いや少なくともそう思わせる作品である。なぜゆえにアルゼンチンでこんな作品が作られたのか、好奇心が収まらず、メンバーの Nicolás Marino（ニコラス）に直接コンタクトした結果、今回のインタビューとなった。

四方：アルゼンチンの人たちが「パルス」シリーズの後継として『パルス 4』をリリースしているのを見つけた時、僕はショックを受けて興奮しました。どうしてソ連に興味を持ったのですか？

El Club de la Computadra
『Pulse 4』
(自主制作, 2014)

ニコラス：ソ連が崩壊したのは僕が 3 歳の時でした。子供時代からソ連の「希少性」に常に魅了されてきました。僕たちは、ソ連から見て、地球の反対側におり、家族の中でも当時の孤立したソ連は日常的な話題だったのです。時が流れ、20 代になったある時点で、今まで聴いてた音楽がどれも同じように聴こえてしまうことに気がつきました。すべてが Fender または Gibson のギター、Marshall または VOX のアンプ、同じ退屈な構造……だから、「奇妙な」ソ連は異なる何かを探すのに最適な場所だと考えたのです！

四方：なるほど。日本には「共産趣味」という言葉がありますが、アルゼンチンにも同志がいることがわかり、嬉しいです。

ニコラス：はい、僕も共産趣味者だと思います！　僕はペロン主義者（アルゼンチンの元大統領 Juan Domingo Perón の支持者）で、共産主義者ではありません。でも、共産主義に関して読んだり、集めたり、話し合うことが好きです。2017 年にはロシアに行って、多くのレコード、本、年鑑などを集めました。

四方：オリジナルの「パルス」シリーズをどのようにして発見しましたか？

ニコラス：僕はブログ投稿で「パルス」シリーズに出くわしました。そこでは、ソ連の奇妙な「笑えるレコード・ジャケット」を投稿していました（正直なところ、いくつかは本当に笑えました）。そこで、3 つの「パルス」シリーズのグラフィックデザインに完全に打ちのめされました。すぐに彼らの音楽を Google で検索し、音楽も本当に大好きになりました。出勤する際、毎日聴いて、想いを巡らせていったのです！　それから、他の多くのソ連のバンドを聴き始めました。ロシアのアーティストだけでなく、ウズベキスタン、ラトビア、リトアニア、ウクライナ、その他の民族の音楽を発見し、愛していたので、ロシアよりソ連という言葉を使用することを好みます。

四方：ロシア語は理解できるのですか？

ニコラス：彼らの歌詞で何を言っているのか、『パルス 1』の後ろにある「不思議な」テキストの意味は何かなど、知りたかったのです。僕はウクライナ人の先生と一緒にロシア語のレッスンを受け始めました（7 年後、僕はまだ学んでいます！）。

四方：それは奇遇です！　僕も共産テクノに興味を持った結果、約 10 年前にロシア語のレッスンを始めたんです。しかも、3 人の歴代の先生はみんなウクライナの女性です。

ニコラス：こういった経緯があって、「パルス」シリーズの「アルゼンチン版」をいつか自分で作ることを夢見るようになりました。サッカーの美学に関連したフォローアップに、サウンドの小さなアップデートも必要と考えました。そこで、El Club de la Computadora の前から多くのバンドを結成した友人の Facundo Barrera（ファンクド）にそのアイデアを伝え、同じ音楽のビジョンを共有しました。彼も賛同し、夢中になってくれました。

四方：「パルス」シリーズの中でお気に入りのアルバムと曲は何ですか？

ニコラス：僕のお気に入りアルバムは、アルセナルの『パルス 3』です（他のアルセナルの作品、コズロフのソロ作品も大好きです）。彼らがジャズのルーツを完全に前衛的なエレクトロ、プログレッシブ、ラップアルバムに繊細に注入する方法は驚くほど素晴らしい。僕のお気に入りの曲は、『パルス 1』の最初の曲「Догоняй , Компьютер (Кросс) = Catch Up, Computer (Cross-Country Race)」です。

四方：ソ連で他に好きなアーティストは誰ですか？

ニコラス：僕は自分が探していたものを遂に見つけることができました。今日まで本当に異彩を放つサウンドのバンドやアーティストを発見し続けています。好きなアーティスト（本章に記載されていないオリジナルがロシア語表記のアーティストのみロシア語表記も併記）は、エレクトロクルブ、ナウチルス・ポンピリウス、キノ〜ヴィクトール・ツォイ、ジャンナ・アグザラワ、アレクサンドル・グラドスキー（Александр Градский）、アレクサンドル・ロゼムバウム（Александр Розенбаум）、ジャンナ・ビチェフスカヤ（Жанна Бичевская）、ウラジーミル・クズミン、コーラ・ベルドィ、モンゴル・シュダン（Монгол Шуудан）、そしてもちろん、アーラ・プガチョワ。他にもマーシャ・ラスプティナ（Маша Распутина）の 80 年代後半の作品、ラリサ・ドーリナ（Лариса Долина）、DDT……ウズベキスタン出身のヤラ（Ялла）は愛するレベル。ジョージア出身なら、ヴィア・イヴェリヤ（ВИА Иверия）と子供ジャズロックバンドのアリオニ（Алиони）。リトアニア出身の Argo。ソ連ではないですが、ブルガリアの Biser Kirov、ポーランドの Marek Biliński、ルーマニアの Electric Cord、ハンガリーの

Neoton Familia……他にもこれらの国々からの新しいアーティストも聴いています。もっと挙げたいのですが、この辺りでやめておきます。

四方：アルゼンチンの人とこんなに共通の話題で語り合えるのはびっくりです。僕たちは音の琴線が近い、つまりとても似た趣向を持っていると確信しました。挙げられたアーティストの半分ほどは、『共産テクノ』に収録されています。Marek Biliński に至ってはポーランドで実際に会って、『共産テクノ 東欧編』でインタビュー記事を書きました。El Club de la Computadora の名前はどのようにして思いついたのですか？　ラジオノフ＆チハミロフにはアルバム『512KB』があり、ラジオノフはシングル『パーソナル・コンピュータ』をリリースしており、どちらもコンピューターに関連しています。単なる偶然ですか？

ニコラス：アルゼンチンには Johnny Allon という非常に奇妙なテレビ司会者がいました。80 年代には、「El Club de la Computadora」という名前のコンピューターを題材にした非常に珍しい番組がありました。悲しいことに、今ではその番組に関する宣伝広告が YouTube に残っているだけです。しかし、僕は古いコンピューターが大好きで、作る音楽も常に「レトロゲーム」を彷彿とさせるので、これ以上の名前はありえないと確信したのです。『512KB』を知ったのは、名前を選んだ後です。レトロへの愛が僕たち両方にインスピレーションを与えてくれたのでしょう（笑）。

四方：どのように El Club de la Computadora のメンバーは一緒に活動することになったのですか？

ニコラス：ファクンドと僕は同級生でした。僕たちはいくつかのプロジェクトで一緒に演奏しており、『パルス 4』を作る前から一緒に音楽をやっていました。アルバムの作曲と録音が完了してから Luciana Sayanes（ルシアナ）に出会いましたが、彼女はビデオクリップ、写真のコーディネーション、ソーシャルメディアなどのポストプロダクションに大活躍をしてくれました。彼女も素晴らしい歌手ですが、今ではギリシャに幸せに暮らしています。

四方：『パルス 4』を制作する当たっては、どのような楽器や機器を使用しましたか？

ニコラス：僕の謙虚な（そして当時はさらに謙虚な）ホームスタジオで完全に録音、ミックス、マスタリングが行われました。まだソフトウェアや録音技術を学習している中、非常に初歩的な VST（Virtual Studio Technology）だったので、まともなサウンドの作品を作るのに多大な時間を費やしました。機材としては、Yamaha DX7, Linn Drum, Roland TR 909, Jupitor の VST を使用しました。僕たちはそれらの機材についてあまり知りませんでしたが、「パルス」シリーズのレコードにクレジットされて

いるので、オリジナルの素晴らしいサウンドを再現するために挑戦したかったのです。ファクンドは、エレキギターの Schecter Diamond Series と Line-6POD HD500、および Guitar Rig5 のようないくつかのデジタルサウンドを演奏しました。

四方：『パルス4』は、スポーツテクノの継承者として非常に巧妙に作り上げられたエレクトロニック・インストルメンタル・ミュージックだと思います。楽曲はすべて体操、ジョギング、フェンシングなどのスポーツに関連しているようです。でも「Real Oruro（本物のオルロ）」についてはよくわかりませんでした。オルロはボリビアの都市の名前のようですが、どのような意味を持つのですか？

ニコラス：どうもありがとう♥。そのような言葉は本当に満たされた気分にしてくれます。「Real Oruro」の背後にある物語は、かなりローカルなものです。ボリビア人はアルゼンチンで大きなコミュニティを作っており、彼らも本当にサッカーが大好きです。もちろん、彼らには独自のプレイスタイルがあり、もっと激しいのです。ボリビア人が公園でサッカーをするのを見るのはいつも面白いです。彼らは試合ではそこまで激しくなく、妥協しています。そこで、そのラフなプレースタイルを反映した「Real Oruro」という架空のサッカーチームを考えました。

四方：なるほど、これはサッカーの曲なんですね。僕のお気に入り曲は「Retina de Suelo（床運動ルーチン）」です。躍動感あふれながらも、どこか郷愁感が漂います。床運動で使われるイメージでこの曲を作りましたか？

ニコラス：どうもありがとう。はい、確かに。当時、僕は体操の先生、Patricia Melin（パトリシア）と付き合っていましたが、さまざまな競技会に彼女と同行することで、楽曲制作のムードをつかむことができました。ビデオクリップは、1980年のモスクワオリンピックの公式映画『Оспорт, ты - мир！（O Sport, You Are Peace!）』をフィーチャーしたものです。

四方：『パルス4』のジャケットが大好きです。オリジナルの「パルス」の市松模様の背景、ペインティング、ロゴを新しいサッカー選手と丁寧に再現しています。アートワークを制作したのは誰ですか？

ニコラス：アートワークの背後にはラブリーな物語があるんです。パトリシアがアートワークのグラデーションを注意深く再現するのを手伝ってくれました。そして、アルゼンチンの色、水色を選びました。彼女はオリジナルから注意深く、背景のデザインを再現しました。

四方：ゴールキーパーは誰ですか？

ニコラス:Walter Mussin（ウォルター）です。彼は実生活でのゴールキーパーであり、ロマス・デ・サモラのクラブ・ロスアンデスでプレーしていました。素晴らしい人物であり、ロシアの写真家であるアニャ・コヴァルトチョウクが撮影しました。二人ともルシアナの友達で、ルシアナを通して彼らに出会いました。しかしもちろん、これはすべて、ユーリイ・バラショフのオリジナルの素晴らしい作品のお陰です。「パルス」シリーズだけでなく、多くのメロディヤのアルバムで彼が作り上げた素晴らしいアートワークに敬意を表したいです。彼は飛び抜けた才能を持ったユニークなアーティストです。

マテ茶を飲むニコラスとウォルター

四方:「Real Oruro」以外にもサッカーの曲はあるのですか？

ニコラス:「Select Your Team」 は、90年代のゲーム「International Superstar Soccer Deluxe」から着想を得ています。ゲームのイントロが特徴です。また、「Atletas de un País Desconocido（未知の国からの選手）」では、メキシコのミッドフィールダーである Marcelino Bernal がネットに巻き込ま

アートワーク撮影

れたナレーションと、1994 年のワールドカップ USA でのゴールキーパーの Jorge Campos の偉業が取り上げられています。

四方:「パルス」シリーズのオリジナルレーベルであるメロディヤは、なんと『パルス 4』のアートワークを過去のリリースと組み合わせて掲載しました。どういった経緯でこの偉業は達成できたのでしょう？

ニコラス:僕はそれを人生で最も幸せな日のひとつとして覚えています。ほとんど宣伝していなかったので、どうして起こったのか本当にわかりませんが、どういうわけか『パルス 4』はメロディヤまで到達しました。ある朝、目が覚めたら、彼らからメッセージが届きました。僕たちの仕事を祝福し、『パルス 4』について投稿してもいいかという内容でした。オリジナルのレーベルが認めてくれるとは思ってもみなかったので、とても誇りに思いました。

メロディヤが掲載してくれたアルバム・ジャケット画像

四方：いつの間にか『パルス 4』のアートワークが日本語で書かれた「コンピュータークラブ」の帯が加わり、更新されていることに気づきました。どうして日本語を追加したのですか？

ニコラス：奇妙なことに Spotify は、ジャケットにバンドの名前が記載されていないという理由で、アルバムを受け入れてくれませんでした。それは要件であり、元のアートワークを変更したくなかったので、「日本盤」のレコードのように追加しました。

El Club de la Computadra
『Pulse 4』
(自主制作, 2014)

四方：『パルス 4』の後、3 枚のシングル『Tiempo』『Fancella y el Pai』、最近では『Provincio』がリリースされています。『Fancella y el Pai』では、クラブではなくビデオクラブのクレジットが使われています。これらについて教えてください？

ニコラス：「Tiempo」はソ連の終焉を彷彿とさせるノスタルジックな曲です。ビデオクリップで

は赤旗が最後に下がったことを表現しています。Spotify バージョンにはシークレットエンディングが含まれています。「Fancella y el Pai」は、Guillermo Francella（とても有名なアルゼンチンの俳優）をフィーチャーした珍しいローカルな映画についてですが、彼が有名になる前のオカルト主義や心霊主義に焦点を当てています。「Videoclub de la Computadora」としての最初のリリースであり、リスナーに奇妙な映画を見てもらうことを目的としています。

四方：「Provincio」は 11 分以上のトラックで、プログレッシブロックの感触が少しあり、楽しみました。背後にある物語は何ですか？

ニコラス：「Provincio」は、ファクンドと僕が 2010 年から取り組んでいる長らく伸ばし伸ばしにしてきたプロジェクトです。これは、僕たちが想像した一種の神、ブエノスアイレス州の労働と繁栄の守護聖人に関するものです。このインストルメンタルの物語は、アルゼンチンの連邦主義の歴史を通して作られました。アートワークには、アルゼンチン、特に僕たちの州で最重要人物の一人である Juan Manuel de Rosas 知事が登場します。

四方：El Club de la Computadora を結成する前から音楽活動をしていたのですか？　特定のアーティストやジャンルからの影響はありますか？

ニコラス：僕はあらゆるジャンルの音楽のフィールドで以前から活動していました。僕はスラッシュメタル系バンドでベースを演奏しましたが、多くのロック～ポップ系バンドでもキーボードとシンセサイザーを演奏しました。また、ファクンドと一緒に Politca と呼ばれるサイドプロジェクトをやっていて、その名義で『Broda

El Club de la Computadra
『Tiempo』
(自主制作 , 2019)

El Club de la Computadra
『Francella y el Pai (Videoclub de la Computadora)』(自主制作 , 2020)

El Club de la Computadra
『Provincio』
(自主制作 , 2020)

Espert Melconian』をリリースしました。現在、僕たちは分裂し、ファクンドは Politica に、僕は El Club de la Computadora に専念しています。

四方：アルゼンチンの音楽シーンについてどう思いますか？　好きなアルゼンチンのアーティストはいますか？

ニコラス：幸いなことに、アルゼンチンには常に良い音楽シーンがありました。もちろん、パンデミックのためにすべてが保留になっていますが、以前は多くの素晴らしいバンドやアーティストが精力的に活動していました。COVID-19 の前に僕が参加した最後のショーのいくつかは、Litto Nebbia、Tonolec、Nosotras Tan Bien、Mala Fama、Axel Krygier、Leo García、Ine Maguire、Sudor Marika、Daniel Agostini、Los Besos……でした。

四方：いつか『パルス 5』のリリースがあること、ブエノスアイレスに行けることを願っています。

ニコラス：さて、僕たちは今分割されているので、各々がさまざまなプロジェクトに取り組んでいます。『パルス 5』のアイデアを貯めていますが、保留になると思います。現在、僕はボクシングに多くの時間を費やしています。El Club de la Computadora として、90 年代の架空のボクサーを題材とした超奇妙なアルゼンチンのアルバム『Boxing Music』のフォローアップに取り組んでいます。このプロジェクトでは、ポーランドの

実在のボクサー、Andrei Gołota に焦点を当てたいと思います。また、80 年代のカナダのテレビシリーズ「Night Walk」に触発されて、ブエノスアイレスの街と郊外の特定の場所を歩くことを音楽化しています。もちろん、アルゼンチンに来るなら、あなたを素晴らしくかつ親切な人として歓迎します。そして僕たちはあなたと一緒に街をご案内します。

Hard Bass Type Beat Russian "Slav"

ロシアン・ハードベースとゴプニクの世界
ネットミームが盛り上げたスラヴ的不良サブカルチャー現象

　共産テクノはソ連崩壊までの共産圏におけるテクノポップ～ニューウェイヴを対象としており、本来ならこのロシアン・ハードベース（ロシア語ではハードバスと聞こえる）は対象外となる。しかしながら、今回、改訂増補版を出版するにあたって、番外編としてロシアン・ハードベースについて調査を行い、書くことにした。編集者の熱量の高い希望もあったのだが、ロシアン・ハードベースは、単にサウンド様式を指すのではなく、ゴプニク（あとで解説するが、短く言うと、「スラヴ的不良」）に代表されるソ連時代から続くサブカルチャーの世界観で成り立っているからだ。共産趣味的な視点で作られた音楽・動画も多い。

　ソ連時代と違うのは、そのアンダーグラウンド・ムーヴメントがネットを経由したミーム（一部のコミュニティで流行っていたものが模倣やパロディ化によって伝播する一種のネタ）によって拡散していくことで、世界的に脚光を浴びることになった点である。ロシアン・ハードベースと言いながら、実はロシア以外の国々も絡んでいる。それらの背景がないと、動画を見ても、adidas のトラックスーツを着た悪そうな奴らが極めて単調なビートで踊り狂っているようにしか見えない。でも、ロシアン・ハードベースの主人公とも言えるゴプニクのことが理解できれば、きっとクスッと笑えるはずだ。一度感染すると、中毒化の恐れあり！

The Blackout Crew
『Put A Donk On It』
(All Around The World, 2008)

Klubbheads
『Kickin' Hard』
(Edel, 1998)

Hi-Per
『Gimme More』
(Mo'Bizz Recording, 2000)

ロシアン・ハードベースのサウンドとは？

　ハード○○、○○ベースなどというジャンルは結構あり、その二つが合わさったハードベースには、いまいちイメージがわかない人もいるかもしれない。筆者も最初名前を聞いた時、マイアミベースがハードコア化したものとか想像してしまった。現在は、チュートリアルもサンプルも存在し、DTM環境で基本となるサウンドは初心者でも作れる。その基本となる特徴は以下である。

・BPMは140以上の速いテンポの四つ打ち
・パイプや竹を叩いたようなドンクベース
・ドンクと同じテンポで進むサブベース
・ドラム、シンバル、ブラスで構成
・リヴァース、ダウンリフターなどのエフェクト

　この中でハードベースとして最も象徴的なサウンドは、ドンクベースである。バンブーベースやパンピングベースとも呼ばれるが、ドンクは音楽ジャンルとしても存在する。英国の The Blackout Crew が 2008 年に発表した「Put A Donk On It」はドンクの先駆者とは言えないが、タイトルからも代表的なドンク曲である。

ロシアン・ハードベースのルーツはどこに？

　ハードベースは、少なくともそのサウンドという意味では、90 年代中期に英国で始まったハードハウスをルーツとしている。前述のドンクもハードハウスのサブジャンルであり、ハードバウンス、バウンステクノ、スカウスハウス、パンピングハウスと呼ばれるものも、ドンクとほぼ同義、少なくとも近縁のジャンルである。
　ドンクの先駆者と考えられるのが、Klubbheads である。メンバーはオランダ出身だが、英国でドンクの発展に貢献したハードハウス系ユニットだ。メンバーのインタビュー記事によると、ドンクベースは偶然の産物だった。シンセ

サイザー・サンプラーの Yamaha TX81Z からの
奇妙なベース音を見つけて、1998 年に「Kickin'
Hard」に使用、2 年後 Hi-Per の「Gimme More」
のリミックス曲に再利用した時点で一つのスタイ
ルを確立した。ちなみにリミックスは 2 種類あり、
「Gimme More (Klubbheads Hi-Pe Klubb Mix)」は
ドンク、「Gimme More (Klubbheads Hi-Pe Hard
Mix)」はハードベースとされるので、聴き比べて
欲しい。

　2000 年初期からドンクはサンクトペテルブル
クの DJ に注目され始め、シーンを形成していっ
た。シーンの中心となった Juntonish というレー
ベルがある。そこから DJ Nemets が 2002 年に
リリースした『Klubber 3』に収録された「Da
Bomb (Hard Bass Mix)」で初めてハードベース
という名前が曲名の一部に使われている。2000
年初めにはハードベースという言葉はすでに使わ
れているが、ロシアで最初に使われたのはこの曲
と考えられる。Juntonish のディレクターでもあ
る Sonic Mine、ハードベースのゴッドファーザー
の異名を持つ DJ Snat、その後のシーン発展に貢
献した XS Project、マドリッドに移って Poky と
いうシーンを作った Dr. Poky などがハードベー
ス第一世代と位置付けられる。この時点でドンク
をさらに歪ませたようなハードベースは、サウン
ドとしてはほぼ確立している。しかし、まだサン
クトペテルブルクのローカルシーンに留まり、モ
スクワにもまだ伝播していない状態だった。

ロシアン・ハードベースはなぜ広まったのか？

　2009 年頃になって、ハードベースに合わせて
ダンスをする若者たちの集団の動画がフコンタク
テをはじめとしたロシア語のネット（Runet と呼
ばれる）に投稿し始められた。パンピングダンス
と呼ばれるもので、腰をかがめ、足踏みをし、拳
を握り、曲げた腕を上下させる、まあ誰でもでき
そうなダンススタイルだ。ストリート、公園、学

DJ Nemets
『Klubber 3』
(Jutonish, 2002)

DJ Snat
『Vol 1: Intro』
(Jutonish, 2003)

Sonic Mine
『Pump This Party』
(Jutonish, 2003)

XS Project
『Мы Колбасим На
Танцполе』
(KDK, 2003)

Hard Bass School
『Album』
(自主制作, 2012)

校、ショッピングモール、公共交通機関、運動場などで、数人、時には群衆となってフラッシュモブ化した状態で踊り狂うのである。また街のランドマーク的な場所で撮影されることも多く、一種の地元愛にも繋がっている。これらの動画は増殖し、Runetだけでなく、YouTubeなどにも伝播していき、ミーム現象として10年代の後半にはグローバルな広がりが起こった。

また、この時期でのハードベースの拡大には、先駆者であったXS Project、Hard Bass Schoolが大きく貢献をしている。Hard Bass Schoolが2012年に自主制作し、XS Projectも2曲参加したアルバム『Album』は、それ以降のハードベースの流れへとつながる先駆的作品である。「Наш Гимн（俺たちのアンセム）」の歌詞から、「俺たちが履くのはadidas」「公園でキメるばあちゃんのクワス」と、ハードベースはサウンド以上の意味を持ち始め、後述するゴプニク的要素が顕著になっている。

「Наркотик КАЛ（ドラッグはくそ）」では、「クワスはドラックより良い」「これはドラックなしのハード音楽」と素行の悪いゴプニクに向けての啓蒙ソングだ。さすが、Schoolと名乗っているだけのことはある。

ゴプニクとは？

ロシアン・ハードベースはドンク（サウンド）にゴプニク（世界観）を加えることによって意味づけがなされた。ゴプニクはハードベースのコンセプトであり、ゴプニクという視点がなければ、ハードベースはここまで注目されることはなかったと言っても、言い過ぎではなかろう。

Eli Loebという米国のPomona Collegeの学生が、「Gopniki: Peripheral Masculinity in Post-Soviet Russia」というタイトルの論文を2020年に発表している。カリフォルニアの学生がゴプニクをテーマに研究するとは誠に興味深い。この論文及び周辺情報を総合してゴプニクについて解説したい。ゴプニクは、原語となるロシア語では「гопник」、英語では「gopnik」となる。複数で使われることも多く、その場合は「гопники」、英語では「gopniks」と単純に「s」をつけることも多い。ゴプニクは男性であり、女性の場合はゴ

プニツァ（гопница、gopnitsa）となる。

ロシア語の Wikipedia でゴプニクは、「社会的地位が低く、教育が不十分で道徳的価値観が不足している、機能不全の家族に由来することが多い層の代表」と解説されている。全く身も蓋もない説明で、ほとんど犯罪者予備軍のような扱いである。ゴプニクの語源に関しては諸説ある。1917 年の十月革命後のサンクトペテルブルクに略称「ゴプ（ГОП）」と呼ばれる下層階級のための施設が設立され、そこにホームレスの子供や若者たちが収容された。そして、ゴプは非行少年の溜まり場、犯罪の温床でもある危ない場所という認識になっていった。その「ゴプ」に「-er」「-ist」にあたるロ

Зоопарк
『Белая Полоса』
(AnTrop, 1984)

シア語の接尾辞の「- ник」が付くことで、「ゴプの人（ГОП—ник）」という意味のゴプニクが誕生したとされる。もう一つの説は、囚人俗語で「盗難（する）」を意味する「гоп - стоп（ゴプストプ」または「гопать（ゴーパチ）」に由来するというものだが、時系列からしても、最初の説が有力だと考える。

時は流れて、ゴプニクという呼称は、80 年代に再燃の兆しを見せた。マイク・ナウメンコ（Майк Науменко）が率いるサンクトペテルブルクのロックバンド、ザーパルク（Зоопарк）によるアルバム『Белая Полоса（White Stripe）』に収録の「Гопники（ゴプニキ）」という曲がある。マイクがベースギターを抱えて歩いていた時、ゴプニクに襲われて彼のベースギターは奪われたという悲惨なエピソードが発端になっている。彼は「ゴプニクは俺の人生の邪魔をする」と歌っている。ここでもゴプニクは悪者である。ソ連崩壊により社会情勢がさらに不安定になった 90 年代に、ロシアをはじめとする旧ソ連諸国においてゴプニクはさらに増えていった。

ゴプニクと対抗するサブカルチャー族

ここでソ連〜ロシアにおけるサブカルチャーに関して解説をしたい。ソ連においてコムソモール（Комсомол）という共産党の青年組織が、14 歳から 28 歳までの若者に対する社会的教育的活動を行っていた。コムソモールを公式とした場合、それ以外の理念で行動する若者たちは、非公式、ロシア語ではネフォルマル（неформал）と呼ばれる。コムソモールに対する反体制派である。彼らはさらに細分化され、50 年代にはソ連版ロックンローラーのスティリャグ（стиляг）、ヒッピー、パンク、メタリスト（日本ではメタラーと呼ぶ方がわかりやすい）などの族がいた。彼らは意識高い系の族とも言え、明らかに西側文化の影響を受けている。この時代のゴプニクに関して言えば、彼らは公式にも非公式にも入らない、ローカル度が高い、サブカルチャーとしての認識もない、意識低い系の族である。ゴプニクは自称というよりも、社会の下層にいる若者への蔑称である。ゴプニクとネフォ

ルマルの相性はよくない。他にもネフォルマルを敵対視する族としては、70年代から80年代にかけてモスクワ近郊のリュベルツィを起源とするリュベルィ（люберы）またはルーバー（luber）がいた。彼らは、ボディービル、ボクシング、陸上競技などのスポーツなどの活動に精を出し、西側のカルチャーの影響を浄化する価値観を持っていた。彼らがスポーツテクノを聴いていたのかどうかは興味あるが、知る由もない。ゴプニクの方がやさぐれているが、ある程度重複する族であるとも言える。

　文化的背景の違うゴプニクを日本語に訳すことは難しいが、あえてそれに近い言葉をあげれば、「ヤンキー」である。不良を表す族の名称は、ほとんどの国にある。英国には「チャヴ（Chav）」という族がおり、Wikipediaでは「スポーツウェアを着た反社会的な若者についてのステレオタイプをあらわした蔑称」と説明されている。その社会的背景、ファッションという観点から、チャヴとゴプニクには共通点も多い。ドンクの代表として紹介したThe Blackout Crewsの「Put A Donk On It」のPVを見ると、そこに描かれているチャヴにはロシアン・ハードベースにおけるゴプニクと重なる部分も多い。

　他のサブカルチャー族が音楽と深く結びついているのに対して、ゴプニクは音楽をアイデンティティにはしていなかった。しかし、それを変えたのが、ロシアン・ハードベースだ。もちろん、ロシアン・ハードベースを愛するゴプニクもいるだろうが、ゴプニクの世界観をロシアン・ハードベースに取り込むことによって、ハードベースをゴプニクにとってのアイデンティティに仕立て上げたというのが正しいであろう。

ロシアン・バードベース第二世代

　Google Trendでロシア語のハードベースにあたる「хардбас」を検索キーワードとして調べてみると、2011年に最初の人気のピークがあり、2016年から上昇、2018年〜2020年に2回目のピークがある。英語圏でのトレンドを見るため、「Russian Hardbass」を検索キーワードとした場合、その人気は2017年あたりから上昇し、現在も持続している。結果、ロシアン・ハードベースの人気はロシア語圏では2016年、1年くらい遅れてグローバルに伝播したと考えられる。

　2016年以降、多くの第二世代とも呼べるアーティストが登場し、第一世代も交えて、多くのゴプニクを題材としたPVが配信されており、ちょうどこのトレンドと一致する。これらのPV、加えてゴプニクやスラヴを題材としたYouTuber動画がさらに大きなミーム現象を起こした。この章で紹介したロシアン・ハードベースの重要アーティストたちを初リリース年から時系列で整理すると次のようになる。

第一世代

2002 年：DJ Nemets

2003 年：DJ Snat、Sonic Mine、XS Project

2012 年：Hard Bass School

第二世代

2015 年：Russian Village Boys, Aparje.

2016 年：Gopnik McBlyat、Davay

2017 年：DJ Blyatman、Uamee

2018 年：HBKN

2019 年：длб (dlb)

いまどきのゴプニクの特徴

　ソ連における長い歴史的背景を持つゴプニクであるが、ロシアン・ハードベースの PV で描かれているゴプニクをペルソナとして以下の表にまとめてみた。

人物像	攻撃的に見える男性
服装	adidas が基本！ FILA、Puma、Nike などをミックスしたアレンジも OK
靴	adidas のスニーカーも当然ありだが、革靴とのミックスがゴプニク的
髪型	短髪で前髪だけをちょろっと長くした髪型が典型と言われているが、実際は多種多様
帽子	ハンチング帽、ニット帽もあり、寒い時にはウシャーンカ（ロシア帽）
武器	真鍮製ナイフやバット
食べ物	セメチュキ（ひまわりの種）、シャシリク（肉の串焼き）、黒パン
飲み物	クワス（アルコールが入ったジュース）、ビール、そして当然ウォッカ
趣向品	国産の安いタバコ
生息地	フルシチョフカ（ボロい高層の共同アパート）の中庭、学校の外
体勢	スラヴスクワット、平たく言えば、ヤンキー座りまたはうんこ座り
ダンス	パンピングダンス
愛車	古い Lada（ソ連の国産車）、UAZ（ソ連のジープ）、Kamaz（ソ連のトラック）、戦車に憧れる
よく使う言葉	スーカ（Сука/Cyka）、ブリャット（Блядь/Blyat）、チーキ・ブリーキ（Чики-брики/Cheeki Breeki）
ガールフレンド	ゴプニツァ
警戒対象	西側のスパイ

DJ Blyatman
『Hardkvas』
(自主制作 , 2017)

DJ Blyatman とその仲間たち

　では、ここからはロシアン・ハードベースの
アーティスト、代表曲を紹介しながら、ゴプニ
クとの関係性を探ってみる。ロシアン・ハード
ベース第二世代の代表格が、DJ Blyatman。名
前もゴプニクが多用する「ブリャット」を含み、
英語にすると「Shit-man」または「Fuck-man」
に近い。出身はロシアではなく、スロバキアで
あるが、ほとんどのハードベース系アーティス
トとコラボレーションをしているハードベース
界のハブ的存在である。2017 年のデビュー・ア
ルバムの『Hardkvas』で人気が出て、主にゴプ
ニクをネタにした楽曲を PV にしている。この
アルバムにも収録されている「Gopnik」の PV では、柄の悪そうなゴプニクたちとちょっ
とかわいいゴプニツァが登場し、クワスを飲み、セメチュキを食べ、パンピングダンスを
するゴプニクの生態が窺える。ラップ調で歌われる歌詞はロシア語だが、訳せないほど低
俗な内容で、最後は「地域全体が俺たちを怖がっている」と自慢げに締めくくっている。
　ゴプニクの生態を理解する上で、このアルバムからもう一つお勧めする PV は「Slav
King」だ。こちらは Boris をフィーチャーしたものだ。Boris は、330 万人を超える登録
者がいる「Life of Boris」という YouTube チャネルをやっている覆面 YouTuber である。
諸説ある中、ロシア系のエストニア在住者である可能性が高い。「Life of Boris」のコンセ
プトは、料理、車、ファッション、トラベルなどスラヴのライフスタイルである。ここで
のスラヴは、自らをスラヴのスーパースターという立ち位置にした、ゴプニク的解釈がな
されたスラヴである。DJ Blyatman 以外にも XS Project、Uamee、Alan Aztec とコラボレー

DJ Blyatman feat. Boris
『Slav King』
(自主制作 , 2017)

ションをした PV を発表しており、「Slav King」
はその中でも最も人気が高い 2,800 万の視聴回
数を超える PV である。黄色い adidas のトラッ
クスーツをまとった Boris は、adidas3 本線を
黒いビニールテープでデコレーションした Lada
に乗りながら、時にスラヴ・スクワットをしな
がら、強いロシア語訛りの英語でスラヴの王道
としてのゴプニク的なあるべき姿を歌っている。
「スラヴ＝ゴプニク」というステレオタイプ化し
た表現には若干の批判があるのも事実だが、自
らがスラヴであることで自虐によるパロディで
巧妙にその批判をかわしている。
　DJ Blyatman の PV の 中 で 最 も 多 く の

YouTube 視聴回数（3,000 万回達成間近）を獲得
しているのが、Russian Village Boys とコラボレー
ションした「Cyka Blyat（スーカ・ブリャット）」だ。
「スーカ」は英語だと「bitch」、「ブリャット」は
「fuck」または「shit」で、合わせて使うとまあ
「fucking bitch」みたいな感じの罵倒の表現であ
る。「CS:GO（Counter Strike: Global Offensive）」
という 2012 年に始まったオンラインシューティ
ングゲームでロシア人が「Cyka Blyat」を多用し
たため、ミームとして拡がったと言われている。
PV ではゴプニクとゴプニツァがひたすら「Cyka
Blyat」と歌いながらパンピングダンスをしてい
る。

DJ Blyatman & Russian Village Boys
『Cyka Blyat』
(自主制作 , 2018)

　「Cyka Blyat」に続く YouTube 視聴回数（2,100
万回を超える）を獲得しているのが、длб（dlb）
をフィーチャーした「Kamaz」だ。dlb はエカ
テリンブルク出身の、男二人女一人のトリオ。
Kamaz は、ソ連時代に国営企業として設立され
たトラック製造会社である。マスタングという軍
用トラックもあり、ロケットランチャーを積め
ば、立派な兵器である。ちょっとプーチンに似た
ビッチキャラのローラ・オボレンスカヤ（Лола
Оболенская）は、字幕には出ないイケない英語
を発しながら、Kamaz の荷台でパンピングダン
スで弾けている。

DJ Blyatman feat. длб
『Kamaz』
(自主制作 , 2020)

　「Kamaz」も収録した最新アルバム『Vodka
No Limit』では、Loli、レーラ・ヴァレリヤン
カ（Лера Валерьянка）、HBKN などの女性ボー
カルをフィーチャーした楽曲が増えている。DJ
Blyatman は、他にも大御所の XS Project、Hard
Bass School、それ以外の第二世代など、節操の
ないほどの David Guetta 的コラボ企画を連発し、
成功を収めている。
　dlb はこれまで 3 枚のアルバムを発表している
が、アルバム未収録ながら、最も人気がある曲は
「Welcome to Russia」だ。ローラを含めた三人
のビッチ然としたお姉さんは、ロシア民族村の伝

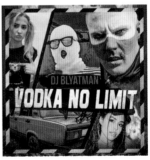

DJ Blyatman
『Vodka No Limit』
(自主制作 , 2021)

длб
『Welcome to Russia』
(自主制作 , 2020)

統衣装を身にまとっている。ただ、ドンクベース
はなく、ハードベースというよりもロシア民謡的
なメロディーを混ぜて大衆化された EDM っぽい。
歌詞は「Kamaz」よりさらにタガが外れた状態で、
「私はロシアが好きなのでパンティーが濡れてし
まった」「ようこそロシアへ、ビッチ」とビッチ
道を突き進んでいる。

ゴプニクはなぜ adidas が好きなのか？

　ゴプニクのユニフォームとも言えるのが adidas
のトラックスーツだ。昭和的にはジャージである。
英国のチャヴも尼崎のヤンキーもトラックスーツ
を愛用している人が多いので、これはグローバル
な不良集団のトレンドとも言える。ソ連崩壊後、多くの刑務所には囚人服がなかったの
で、トラックスーツを着ていたなどという歴史的理由、単に動きやすく楽であるという機
能的理由を挙げる人もいる。実は、ゴプニクを意識したわけではないが、筆者もコロナ禍
以降リモートワークが増える中、トラックパンツを履いている日が多かったということを
白状しておく。ゴプニクに限ったことではないが、多くの旧ソ連諸国の人たちにとって
adidas は憧れのブランドである。

　adidas への執着は 1980 年のモスクワオリンピックがきっかけだった。当時かっこいい
国産ユニフォーム・メーカーがなかったソ連は、adidas にソ連チームのユニフォームを
発注した。しかし西側の資本主義のブランドを着るわけにいかないという面子を保つた
めに、adidas のロゴは外され、三本線は二本線となった。でも、靴は三本線。これは三
本線が Moscow の「M」に見えるという理由をつけて乗り切ったのである。これを機に

adidas ブランドへの熱
狂は始まり、当時ソ連
では「adidas を着る者
は、明日故郷を売る」
と言われた。結果、ソ
連の人たちにとって、
adidas は単なるトラッ
クスーツ、スニーカー
ではなく、最初の憧れ
の西側ブランドとなっ
た。結果、adidas を着
ていれば、おしゃれな
レストランにも劇場に

モスクワオリンピックで adidas 製ユニフォームを着たソ連の女子ハンドボール・チーム

も行けるくらいのステータスを勝ち得たのだ。ちなみに東京 2020 オリンピック・パラリンピックでロシア（正確にはロシア・オリンピックまたはパラリンピック委員会）のユニフォームを提供したのは、adidas ではなく、ロシアの ZASPORT である。

　では、ここで adidas にまつわるロシアン・ハードベースの楽曲を紹介する。adidas ネタのハードベース PV として先鞭をつけたのが、エストニア出身の Davay による「Tri Poloski」。これは「Three Stripes（三本線）」、そう adidas の別称でもある。2016 年から現在までに 9,900 万を超える YouTube 視聴回数を達成している超人気 PV だ。落書きだらけの廃墟でクワスを飲みながら、adidas を着たゴプニクたちがパンピングダンスをする、ゴプニクを題材にしたブームを作った重要作品とも言える。

　前述のサンクトペテルブルク出身の Russian Village Boys とポーランド出身でオランダを活動拠点とするラッパー、Mr. Polska によるその名もズバリ「Adidas」だ。adidas のトラックスーツを着た男女が「adi-adi-adi-adi-adi-adidas」と叫びながらパンピングダンスする adidas 讃歌ハードベースとなっている。Russian Village Boys は自らをレイヴ・バンドとして呼んでおり、ハードベースも含む広い意味でのハードスタイルとなっている。adidas の特別なステータスは旧ソ連だけでなく、東欧にも及んでいるのであろう。

　ゴプニク要素を濃縮したような名前の Gopnik McBlyat もポーランド出身だ。2016 年に『Snakes in Tracksuits EP』でデビュー。曲名自体からも adidas 愛が感じられるが、彼の場合は存在自体が adidas だ。adidas のトラックスーツだけでなく、三本線が入ったマスクを被り、adidas 風一人 Daft Punk の趣がある。サウンド的には、あまりおふざけはなく、インストルメンタル中心の硬派のハードベースである。2020 年には、英国

Davay
『Tri Poloski』
(自主制作 , 2016)

Russian Village Boys & Mr. Polska
『Adidas』
(自主制作 , 2021)

Gopnik McBlyat
『Snakes in Tracksuits EP』
(自主制作 , 2016)

HBKN & Umaee
『Gopnitsa』
(自主制作 , 2018)

HBKN & Umaee
『Gopnitsa 2』
(自主制作 , 2020)

『S.T.A.L.K.E.R. : Shadow ofChernobyl』
(GSC Game World, 2007)

出身の Alan Aztec と adidas ネタの「Temple of Three Stripes」をリリースしている。

ゴプニツァへの求愛

　ゴプニツァをネタにした PV も存在する。HBKN と Umaee が 2018 年に共同でリリースした「Gopnitsa」だ。ハードベース系アーティストに関してはネット上でも情報は限られており、世界最大のディスコグラフィー・サイト、Discogs にも全く掲載されていない、されていても網羅していない場合が多い。HBKN に関する情報はほとんどない。Umaee についてわかっていることは、サイバーパンク風ペストドクターマスクを被ったラトビアのリガ出身の DJ である。ロシアン・ハードベースと言いながら、ロシア以外の旧ソ連〜東欧諸国出身者が幅を利かせている。

　ゴプニツァも当然 adidas でキメている。ジャケットからも窺えるが、スラヴスクワットでクワスのボトルを持っている。でも、フード付き adidas のパーカーにチュールスカート、adidas のハイソックを合わせたファッションへのこだわりも感じさせる。PV の登場人物が多いので、誰がメンバーで誰が単なる出演者がわからないのだが、HBKN のメンバーだと思われる男女が掛け合いで歌っている。歌詞の内容は、「僕たちは adidas の三本線、一つが君で、二つが俺、三つがハードベース」「俺のワイフになってくれ、愛しのゴプニツァ」とゴプニツァへの求愛ソングになっている。2020 年には続編となる「Gopnitsa 2」の PV もリリースしている。また、HBKN は「ゴプニツァをひっかける方法」「ゴプニツァとの最初のデート」といった How-to 動画も配信している。

チーキ・ブリーキの謎

　ハードベース曲でよく出てくるフレーズは、「スーカ」「ブリャット」そして「チーキ・ブリーキ（Cheeki Breeki）」だ。「チーキ・ブリーキ」はハードベースのミーム現象を理解する上で重要なフレーズである。2007 年、PC ゲーム「S.T.A.L.K.E.R.」の第 1 作となる「Shadow of Chernobyl」がリリースされた。二度目の原発事故が起こったチェルノブイリで任務をこなしながら敵と戦うシューティングゲームだ。そこの登場するキャラクターの一人が「Чики брики и в дамки（チーキ・ブリーキ・イ・ヴ・ダームキ）」というフレーズを使っていた。「ワン、ツー、は

ki Hardbass Anthem」
（自主制作 , 2015）

い、おしまい」という意味の敵に対して優位に立った時に使う乱暴な言葉である。

　2011 年に「チーキ・ブリーキ」のフレーズを使ったゴプニクたちがダンスする動画（この時点ではハードベースは使われていない）「Meet the Bandits」が YouTube にアップロードされ、人気となった。2015 年に Aparje. が「S.T.A.L.K.E.R.」からサンプリングした「チーキ・ブリーキ」の雄叫びから始まるハードベース曲「Cheeki Breeki Hardbass Anthem」がアップロードされ、4,100 万回を超える視聴回数となっている。YouTube コメント欄から、Aparje. はドラッグのオーバードースで死亡したとの未確認情報もあるが、2016 年以降新しいアップロードはない。さらに Life of Boris は、「Meet the Bandits」のゴプニク動画と「Cheeki Breeki Hardbass Anthem」のハードベースを合体させ、さらに「チーキ・ブリーキ」のミームに貢献した。

　サンクトペテルブルクが震源地となりドンクの派生として始まったロシアン・ハードベースであるが、歴史的にも蔑視されていたゴプニクという世界観と合体することで、現在のロシアン・ハードベースがある。正確には、ロシア以外のアーティストも多いので、スラヴィック・ハードベースまたはゴプニク・ハードベースと呼ぶべきかもしれない。ミームの力で、ロシアだけでなく旧ソ連～東欧諸国、さらにそれ以外の地域の一部の好事家たち（筆者もその一人）へと波及していった。ゴプニクを極端にステレオタイプ化しすぎた結果、そんなゴプニクは見かけないという人もいるかもしれない。まあ、ヤンキーだって、古くは横浜銀蝿、ビー・バップ・ハイスクール、氣志團、「下妻物語」のヤンキーちゃん、「今日から俺は！！」「東京リベンジャーズ」の面々など、そう簡単にそんなヤンキーに出会うことはない。

　本章を読んでいただいた方、今回紹介した楽曲のほとんどは PV となっており、YouTube で視聴することができるので、これらの背景をベースにしてぜひハードベースとゴプニクの世界を体感してみてほしい。チーキ・ブリーキ！

あとがき

　「共産テクノ」の時代はほぼ 80 年代、今から 30 〜 40 年前の話である。その間に、音楽フォーマットの劇的な変化が起こった。簡単に言えば、人々がどのような手段で音楽を購入したり、聴いたりするかである。国によってタイムラグはあるものの、80 年代に三つの革命的変化が起こった。一つ目は、80 年代中頃から起こったアナログ盤、カセットから CD への移行である。結果、アナログ盤もそこそこあるが、それを遥かに凌ぐ数の CD に僕の部屋は占拠されてしまっている。二つ目は、Sony の Walkman。1979 年 7 月 1 日に初代 Walkman が発売されたが、入荷日に近所の Sony 製品を扱う小さな電気屋でワクワクしながら手にしたのを覚えている。これでどこにいても好きな音楽が聴けるようになった。三つ目は、1981 年の MTV の出現によるプロモーションビデオこと PV が普及である。MTV での最初にオンエアされた The Buggles の「ラジオスターの悲劇」は、これ以外に考えられない宿命的な選曲である。

　さて、2021 年の現在、三つの革命はどうなったのだろう。世界的には Apple Music、Spotify、Amazon などのストリーミングで音楽を聴くのが主流だ。楽曲ごとのダウンロード購入からほぼ世界中の新旧の楽曲が定額で聴き放題に移行中である。もちろん、アナログ盤の復興や日本での CD の延命などの例外はあるものの、持たない消費へと確実に向かっている。そして、それらの音楽を Walkman にとって代わった iPhone に代表されるスマホで聴いている。PV は 2005 年に誕生した YouTube で見ている。こちらも世界中の動画が見れて、時には外れるけど、AI レコメンドまでしてくれる。モノに対する愛着、レコード針を落とすときの快感、レコード屋への哀愁を捨てきれないものの、音楽フォーマットの主流は便利で、安くて、コンテンツが豊富なデジタルに向かうのである。音楽を発掘するという観点では大進歩である。

　なぜこんな話をするかというと、『共産テクノ』という書籍もデジタルの恩恵を受けているからである。というか、80 年代的状況であったとしたら、この本を書くことは不可能だった。本書で紹介している過去のアーカイブ音源を見つけ出すことも、聴くこともできなかった。もちろん、現地に行って、現場検証、当事者へのインタビューなどは重要だが、それとてそこに行き着くまでネット検索・データベース系サイト、SNS などを駆使してやっている。「共産テクノ」が極めて懐古的なトピックであることを考えると、これはパラドックスである。

　懐古的な「共産テクノ」が中心となるこの本で、今回の〈増補改訂版〉の目玉として 13 ページにわたり現在進行形のジャンル「ロシアン・ハードベース」について書き下ろしをした。こちらは、そのムーヴメントそのものが、デジタル、より具体的にはインターネット・ミームによってもたらされた。ミームとは、進化学者のリチャード・ドーキンスが名付けた「文化の中で人から人へと拡がっていくアイデア・行動・スタイル・慣習」のことである。こ

れがネット上で模倣、パロディーなどのネタとして拡がっていく場合、インターネット・ミームとなる。そしてこのネタとなったのが、スラヴ的不良の「ゴプニク」である。ゴプニクは極端にステレオタイプ化しているが、ゴプニクなしでロシアン・ハードベースの盛り上がりはなかったと言える。ロシアン・ハードベースと言いながらも、意外とロシア以外のアーティストがこのブームに貢献していることも興味深い。

　編集者として最後まで併走してくれた濱崎氏はデスメタル・ヒップホップを研究分野とする。ロシアン・ハードベースにもハマっているらしい。ジャンルは違えど、共産趣味にもつながる辺境的・マージナルなモノへの愛情という点では同志である。私の原稿に対する彼のツッコミは的確かつ刺激的で、数々のインスピレーションを与えてくれた。一緒に仕事ができて、本当に良かったと思う。

　本書を執筆するにあたっては、多くの方々の協力を得た。インタビューに応じていただいたり、ソ連の文化や音楽事情についてご教授いただいたり、ロシア語が決して堪能でない私の疑問にご回答いただいたり、モスクワとキエフに訪問した際にお世話になった以下の方々には、ここで格別の謝意をお伝えしたい。

（あいうえお順）
アンドレイ・ウレノフ（Andrey Urenöv）〈ウクライナ〉
アンドレイ・ラジオノフ（Андрей Родионов）〈ロシア〉
イリーナ・ビリク（Ирина Билык）〈ウクライナ〉
大嶋明〈日本〉
オクサーナ・アルシュニコワ（Оксана Аршникова）〈ウクライナ〉
オリガ・アントニューク（Ольга Антонюк）〈ウクライナ〉
ニコラス・マリノ（Nicolás Marino）〈アルゼンチン〉
ボリス・チハミロフ（Борис Тихомиров）〈ロシア〉
ヤロスラフ・ゴドィナ（Ярослав Годына）〈ウクライナ〉
ユーリイ・ニキティン（Юрий Никитин）〈ウクライナ〉

参考文献

書籍

アルテーミー・トロイツキー、菅野彰子（訳）『ゴルバチョフはロックが好き？』晶文社、1991 年

モード学園出版局（編）『モスクワ 不思議の国の都』モード学園出版局、1990 年

「勝手にロシア通信」編集部『ロシアの正しい楽しみ方』旅行人、2001 年

ペン編集部『ペンブックス 21 ロシア・東欧デザイン』CCC メディアハウス、2013 年

奥村 靱正、田中 一光『奥村靱正 ggg Books 16』トランスアート、1995 年

トーキングヘッズ叢書『特集★アヴァンギャルド 1920―前衛に、遊べ！』アトリエサード、2006 年

アイデア『IDEA 289 THE STUDIO TOKYO JAPAN』誠文堂新光社、2001 年

海野弘『ロシア・アヴァンギャルドのデザイン　未来を夢見るアート』パイインターナショナル、
　　2015 年

松本瑠樹コレクション『ユートピアを求めて　ポスターに見るロシア・アヴァンギャルドとソヴィエ
　　ト・モダニズム』東京新聞、2013 年

川端香男里、佐藤経明、中村喜和、和田春樹（監修）『ロシア・ソ連を知る事典』平凡社、1989 年

服部倫卓『不思議の国ベラルーシ　ナショナリズムから遠く離れて』岩波書店、2004 年

ジョン・ブシュネル、島田進矢（訳）『モスクワ・グラフィティ - ロシア・落書き・裏文化』群像社、
　　1992 年

野中進、ヴァレリー・グレチュコ、井上まどか、三浦清美（編）『ロシア文化の方舟 - ソ連崩壊から20年』
　　東洋書店、2011 年

堀江則雄『ユーラシア胎動 - ロシア・中国・中央アジア』岩波新書、2010 年

カトリーヌ・ブジョル、宇山智彦、須田将（訳）『カザフスタン』文庫クセジュ、2006 年

鈴木徹『バルト三国史』東海大学出版会、2000 年

志摩園子『物語バルト三国の歴史　エストニア・ラトヴィア・リトアニア』中央公論新社、2004 年

Юрий（Хипов）Непахарев『Кто есть кто в Советском роке』Останкино、1991 年

Александр Кушнир『100 магнитоальбомов советского рока』Agra、1999 年

Владимир Марочкин、Наталья Сычева、Андрей Игнатьев『Песни нашего поколения Восьмиде
　　сятые』Феникс、2012 年

Александр Алексеев、Андрей Бурлака、Алексей Сидоров『Кто есть кто в советском роке』И
　　здательство МП « Останкино »、1991 年

Mart Juur『101 Eesti Popmuusika Albumit』Vaata raamatu treilerit、2010 年

Eli Loeb『Gopniki: Peripheral Masculinity in Post-Soviet Russia』Pomona Senior Theses、2020 年

ウェブサイト

Wikipedia（主としてロシア語）
https://ru.wikipedia.org/

ВКонтакте（フコンタクテ）
https://vk.com/

YouTube（動画サイト）
https://www.youtube.com/

SoundCloud（音源サイト）
https://soundcloud.com/

Discogs（音楽データベース）
http://www.discogs.com/

Русская Музыка（ロシア音楽データベース）
http://smssend-rock.blogspot.jp/

Rockanet.ru（ロシア音楽）
http://www.rockanet.ru/

Popcorn Songs（「ポップコーン」カヴァーのデータベース）
http://www.popcorn-song.com/

Soviet Groove（ソビエト・グルーヴ）
http://www.sovietgroove.com/

SOFT POWER（ロシア・カルチャー）
http://www.toastormulch.com/

Museum of Soviet Synth（ソ連シンセ博物館）
http://www.ruskeys.net/

Термен - центр（テルミン・センター）
http://theremin.ru/

THE CALVERT JOURNAL（「リトアニアの田舎ディスコ」記事）
http://calvertjournal.com/

Baran Records（復刻盤レーベル）
http://baranrecords.com/main.html

Aby Sho Mzk（復刻盤レーベル）
http://www.abyshomusic.com/en/

mamamusic（ウクライナ・レーベル）
http://www.mamamusic.net/

四方宏明（しかた・ひろあき）
（Hiroaki Shikata　Хироаки Шиката）

1959 年京都市生まれ。神戸大学卒。
2014 年に P&G 退社後、（株）conconcom
にてコンサルタントとして活動する。
2001 年より All About にてテクノポップの
ガイドとなり、インタビュアー、音楽発掘家
としても情報を発信し続けている。
研究対象は、「共産テクノ」「中南米テクノ」「世
界の渋谷系」「シンセウェイヴ」「ヨットロッ
ク」等。

All About テクノポップ
http://allabout.co.jp/gm/gt/1694/

四方宏明の "音楽世界旅行"
http://music.sherpablog.jp/

Twitter @hiroaki4kata

共産趣味インターナショナル Vol5

共産テクノ
ソ連編　増補改訂版

2021 年 11 月 1 日　初版第 1 刷発行
著者：四方宏明
発行人：濱崎誉史朗
発行所：合同会社パブリブ
〒 103-0004
東京都中央区東日本橋 2 丁目 28 番 4 号
日本橋 CET ビル 2 階
電話 03-6383-1810
publibjp@gmail.com
印刷 & 製本：株式会社シナノ